재무제표 모르면
주식투자 절대로 하지마라

최신 개정판

스타강사 사경인 회계사의

재무제표 모르면 주식투자 절대로 하지마라

최신 개정판

사경인 지음

베가북스
VegaBooks

투자의 시작은 재무제표다

이 책의 초판을 펴낸 지 3년이라는 시간이 흘렀다. 재무제표라는 딱딱한 주제와 '모르면 주식투자 절대로 하지마라'는 도전적인 제목에도 불구하고 많은 분께서 사랑해주셨다. 처음 써낸 책이 10쇄를 찍었다는 것은 저자에게 크나큰 영광이다. 하지만 상업적인 성공보다 더 내 마음을 울리는 것은 책을 읽고 난 독자분들의 후기다.

'이 책을 낸 사람이 우리 아빠라면 나는 참 뿌듯하고 자랑스러울 것 같다. 내가 느낀 것처럼 아마 글쓴이의 아드님도 그리 생각하지 않을까?'

'내 인생의 희망이 생겼다. 이런 책을 써주신 사경인 님께 너무 감사드린다. 정말 생명의 은인이다.'

유튜브에 이런 댓글을 남겨주신 분도 있었다.

'회계사님 책 덕분에 우정도 지키고 돈도 지켰습니다. 감사합니다.'

우정과 돈을 지켰다니 궁금해져서 여쭤보니, 이런 사연이었다. 아는 분이 종목을 추천하면서 사라고 하는데 이 책에 나온 위험한 종목에 해당했다. 그냥 말려서는 납득을 못 할 것 같아 내 책을 권해 드렸는데, 결국 그 종목이 하한가를 맞고 관리종목에 편입됐다고 한다. 그래서 책 덕분에 우정도 지키고 돈도 지켰다는 얘기였다.

자신의 블로그에 이렇게 적어주신 분도 있었다.

'내 포스팅은 잘 검색도 되지 않을뿐더러 검색 되도 맨 끝 페이지쯤에나 있어서 노출이 잘 안 될 거다. 그럼에도 내 포스팅을 본 사람이라면 이 책을 반드시 사서 보기 바란다. 부끄럽지만 이 책의 마지막에 내가 쓴 글귀이다.
–이 책을 써주셔서 감사합니다. 제 마음이 전달되지는 않겠지만 저자에게 행운이 깃들길–
나는 이 책의 저자에게 감사한다. 갈팡질팡하고 어지럽게 널려있던 내 주식투자를 기초와 기본부터 다시 잡아준 책 같다.'

책을 읽고 나서 마지막 페이지에 '책을 써주셔서 감사합니다'라는 글귀를 적어두었다니. 마치 중학교 시절 누군가가 남몰래 나를 좋아하고 있다는 고백을 전해 들은 것처럼 설레었다. 책의 독자들이 느꼈을 기쁨보다 훨씬 더 큰 감동과 보람을 느꼈다. 그 고마움에 답하는 길은 계속해서 더 좋은 책을 써내고 개선하는 일일 것이다. 그래서 3년이 지난 시점에서 개정판을 펴내기로 했다. 내가 책을 통해 전달하고자 했던 내용은 3년이 지났음에도 여전히 변함없고 유효하다. 다만 책에서 다루었던 사례들을 업데이트하였다. 초판에서 사례로 분석한 삼성전자의 경우 그 뒤로 50:1의 액면분할을 했다. 그러다 보니 책에는 160만 원으로 기술된 주가가 현재는 5만 원 내외여서 혼란스럽다는 분도 계셨다. 이 때문에 개정판을 통해 이왕이면 최신의 자료로 업데이트하였다. 또 법 규정이나 제도가 일부 개정된 부분이 있어서 이를 반영하였다. 마지막으로 초판에서 언급했던 회사들이 그 뒤로 실제 어떻게 되었는지 의미 있는 사례 일부에 대해 '저자 후기'를 더하였다.

경제적인 의사결정에 있어서 가장 중요한 지표 중의 하나는 금리다. 그런데 금리가 계속 하락해서 1%대를 기록하고 있으며, 선진국에서는 유례없는 마이너스 금리마저 나타나고 있다. 초저금리 시대에 과거처럼 '아끼고 모으면 부자가 될 수 있다'는 생각은 맞지 않는다. 은행예금만으로는 도저히 재산을 증식할 수 없게 됐다. 이제는 위험을 무릅쓰고라도 적극적인 투자를 해야 하는 시대가 되었다. 초판을 써내던 당시와 비교해서 생겨난 생각의 변화가 있다면 '재무제표 모르면 주식투자 절대로 하지마라'에서 이제는 '재무제표 공부해서 제대로 투자하라'고 얘기하고 싶다는 점이다. 노동소득에만 의존해서는 안 된다. 어떻게든 추가적인 파이프라인을 구축해야 한다. 이 책이 '주식은 투기'라고 알려지게 된 잘못된 투자문화를 바로 잡고 올바른 투자환경을 구축하는 데 조금이나마 도움이 되기를 바란다.

마지막으로 여전히 아름다운 아내 지영, 이제는 아빠 책 제목을 읽을 줄 알게 된 첫째 이준, 그리고 초판 출간 뒤에 태어난 둘째 이담에게 부끄럽지 않은 책으로 오래 남길 바란다.

2019년 겨울, 사 경 인

익숙하지 않은 '재무제표 분석'은 주식투자의 가장 기본이지만, 귀찮고 어렵다는 이유로 쉽게 간과하는 일이기도 하다. '카더라'와 경제 뉴스로는 승자가 될 수 없는 것이 주식 투자이다. 이 책은 회계감사와 컨설팅 경력을 실전 주식투자로 연결한 전문 지식을 일반 독자의 시각으로 쉽게 풀어냈다. 소설책처럼 술술 넘어가는 저자의 말을 따라 책장을 넘기다 보면 어느새 투자의 성공 확률이 높아질 것이다. 처음 주식을 시작하는 사람, 과거 주식 투자에 실패한 사람, 그리고 제대로 된 투자를 하고 싶은 사람 등 모두에게 매우 유용한 책이 될 것이다.

박종성 (네이버 '딸기아빠의 펀펀재테크' 카페 운영자, 동부증권 광주지점 부지점장)

금리 1%의 시대, 자본주의 사회에서 노예로 살지 않으려면 투자는 필수다. 많은 사람이 투자에 있어 재무제표가 기본이라는데, 왜 그런지를 정확하게 짚어주는 책이다. 투자의 출발을 이 책과 함께 한다면 많은 이들이 겪던 시행착오를 줄이고, 묻지마 투자로 치러야 할 값비싼 비용을 절약할 수 있을 것이다.

박범영 (다음카페 '텐인텐' 주인장)

왜 유독 증권사에서 사경인 회계사를 찾는지 이 책을 보고서야 의문이 풀렸다. 투자자 입장에서 회계 자료가 어떻게 정보가 되는지, 그리고 그 정보를 어떻게 수익률로 연결하는지 군더더기 없이 다루고 있다. 주식계좌를 만들기 전에 반드시 읽어봤으면 하는 책이다.

강대준 (『지금 당장 회계공부 시작하라』 저자, 회계사)

저자의 말처럼 무작정 오래 걸었다고 걸음걸이 전문가가 되는 건 아니다. 주식투자도 단순히 경력과 경험만으로는 성공할 수 없다. 운이나 요행으로 가능한 것도 아니다. 회사를 이해하고, 가치를 고민해야 한다. 그리고 그 바탕에는 항상 재무제표가 있다. 주식 초보라고 불안해하고 두려워 망설이고 있다면, 당장 재무제표 읽기를 시작하기 바란다. 실패하지 않는 힘, 당신의 확실한 비기가 될 것이다.

이성수 (하나금융투자 법인영업본부 본부장)

CONTENTS

3부 수익을 내는 방법

1부 재무제표와 주식투자

정말 재무제표가 수익률을 올리는 데 도움이 될까?
'그렇다' 고 대답하지 못한다면 이 책을 시작할 이유가 없다.
그래서 이 주제를 가장 먼저 다룬다.

재무제표가 정말
수익률에 도움이 될까?

"그래서… 그 수업 들으면 우리 직원들 수익률이 몇 프로나 오르는데요?"

　모 증권사 인재개발 담당자가 했던 말이다. 필자가 직접 듣지는 못하고 영업사원에게 전해 들었다. 회계법인에 근무하던 시절, 증권사에서 했던 몇 차례 강의가 뜻밖에 좋은 반응을 얻자 회사 차원에서 본격적인 영업을 시작했다. 그런데 최고의 평점을 받았다고 우쭐대던 영업사원이 다른 증권사에서 이 질문을 받고서는 말문이 막혔다는 것이다. 영업사원은 사무실로 돌아와 나에게 푸념을 늘어놓았다.

"형님, 말이 돼요? 투자하려면 재무제표는 반드시 알아야 하는 거지, 그것만 안다고 '수익률이 몇 프로 더 난다' 이런 게 어떻게 가능하겠어요?"

얘기를 듣는 순간, 뒷목이 뻣뻣해졌다. 나는 그 말에 답을 할 수 있을까? 영업사원은 내게 불만을 토로했지만, 손익을 따져 묻는 증권사의 질문은 당연했다. 회사의 이익이 자신들이 지급하는 강의료보다는 늘어야 한다.

나는 강의 교안을 꺼내 한 장씩 다시 살폈다. 계정과목에 대한 쉬운 설명, 이해를 돕는 흥미로운 사례들, 적절한 예제와 도표… 나름대로 쉽게 설명하려고 노력한 것들이다. 많은 생각과 함께 자괴감이 들었다. 이런 게 수익률에 정말 도움이 될까? 결국 어떤 회사에 투자해야 하는 거지? 어려운 회계용어를 이해하고 회계처리가 어떻게 되는지 알면 주가의 움직임도 예측할 수 있을까? 난 주식에 대해서 아무것도 모르고 그저 재무제표만 줄곧 얘기하고 있었던 거다. 왠지 사기꾼이 된듯한 느낌도 들었다. 주식투자가 무슨 교양이나 자기만족은 아닐 텐데, 결국에 수익률을 올릴 수 없다면 그 모든 게 무슨 소용이란 말인가? 투자자에게 수익률과 무관한 회계 지식을 떠들고서는 박수갈채를 받았으니 명백한 사기였다.

애써 만든 교안을 모두 폐기하고 처음부터 다시 고민했다. 무엇보다도 스스로 확신이 필요했다. 정말 재무제표가 수익률에 도움이 될까? 왜 증권사에서 재무제표를 가르쳐달라고 하는 걸까? 재무제표만가지고도 수익을 낼 수 있을까? 그때부터 필자의 반쪽 투자가 시작되었다. 차트도 볼 줄 모르고 기업탐방도 해본 적 없이 기업의 재무제표와 공시자료에만 의존하는 반쪽투자 말이다. 그냥 시험 삼아 해보는 투자는 아니었다. 집을 사는 것도, 차를 바꾸는 것도 미룬 채 빚까지일부 내었으니 말이다. 수익이 나지 않는다면 강의를 그만두기로 다짐했다.

이제 필자는 정말 재무제표가 수익률에 도움이 된다고 확신한다.

왜냐면 필자 자신이 재무제표를 이용해서 계속 수익을 내고 있기 때문이다. 물론 운이 좋았을 수도 있다. 투자 기간에 IMF나 금융위기 같은 상황을 겪어보지도 못했고, 지금까지 통했던 방법이 앞으로도 계속 통한다 자신할 수도 없다. 그런데도 확신을 가지는 이유는 재무제표가 요리법이 아닌 재료에 해당한다고 생각하기 때문이다. 어떤 요리를 하든지 재료 손질을 잘해두면 반드시 좋은 요리가 나온다.

투자와 관련된 모든 지식은 수익률과 연결되어야 한다!

앞으로 이 전제를 잃지 않고 책을 쓸 것이다. 그러니 독자들께서는 성급함과 의심을 잠깐 내려놓고 따라오시면 좋겠다. 어린 시절 즐겨보던 무협영화에서 무림고수 사부가 등장해 주인공 제자를 단련시키는 장면들이 있다. 사부님은 가르쳐 달라는 무술이나 비기는커녕 매일 장작 패기, 빨래하기, 잡초 뽑기로 부려먹기만 한다. 답답한 주인공은 점점 불만이 쌓여 그만 뛰쳐나가기도 했지만, 나중에 그 모든 것들이 자신을 강하게 하는 훌륭한 수련 과정이었음을 깨닫는다.

여러분도 재무제표의 비밀을 이해하는 과정이 힘들더라도 조금만 참으시기 바란다. 그러나 미리 희망을 한 가지 드리자면, 서두에 언급한 질문을 했던 증권사는 그 뒤로 2년이 지나서야 내게 첫 강의를 맡겼다. 그리고 그 후로 16차례의 강의를 더 부탁했고, 지난달에도 새로운 주제로 강의를 진행했다. 그 증권사는 왜 그랬을까?

이 책은 필자가 '확인한 사실'과 '얻게 된 깨달음'에 대한 첫 번째 보고서이다.

재무제표는 당신의 수익률을 위한 비기가 될 것이다!

왜 회계사들은
수익률이 그 모양일까?

"재무제표를 보는 것만으로 수익을 낼 수 있다면,
 시중의 모든 돈은 회계사들이 다 쓸어갔을 것이다"

　투자에 재무제표가 큰 도움이 되지 않는다는 무용론을 말하는 사람들이 자주 언급하는 내용이다. 이 말대로 정말 재무제표를 이용해서 수익을 낼 수 있다면 회계사들의 투자수익률은 일반 투자자들보다 훨씬 높아야 할 것 같다. 통계적인 수치를 낼 수는 없지만, 필자 주변 회계사들의 사례를 보면 전혀 그렇지 못하다. 오히려 주변에 좋은 회사라고 추천해줬다가 끝없이 미끄러지는 주가에 비웃음만 잔뜩 사는 경우가 훨씬 많다. 그러니 회계를 공부하고 재무제표를 분석하는 것이 막상 투자에 큰 도움이 안 된다고 생각하는 것도 무리가 아니다.

　하지만 '회계사조차 수익을 못 내니, 재무제표를 보는 것은 투자에 큰 도움이 되지 않는다'는 주장에는 짚어야 할 한 가지 의문점이 있다. 과연 회계사들이 재무제표를 제대로 볼 줄 아느냐, 하는 점이다. 필자가 강의 중에 자주 던지는 질문이 있다.

"과연 회계사들이 재무제표를 제대로 볼 줄 알까요?"

질문을 받은 사람들은 순간 눈을 둥그렇게 뜨며 의아해한다. 대부분 '당연한 거 아냐. 회계사가 가장 잘 보겠지'라는 생각을 한다. 정말 그럴까? 질문을 바꿔서 던져본다. "우리나라에서 운전을 제일 잘하시는 분들은 누굴까요?" 조심스럽게 '택시기사' 또는 '운전기사'라는 답이 돌아온다. 이 질문에 여태껏 누구도 '현대자동차 직원'이라고 답하는 사람은 없었다. 물론 차에 관해서는 자동차 회사 직원들이 일반인보다 잘 알 것이다. 하지만 자동차를 잘 안다고 운전까지 잘할 수 있을까? 차를 만드는 것과 운전하는 것은 별개의 영역이다. 엔진의 구조나 철의 특성, 디자인과 도색에 대해 잘 아는 것이 운전에 크게 도움이 될지도 의문이다. 회계도 마찬가지다. 회계사들이 자동차를 만드는 영역에 있을까, 운전하는 영역에 있을까? 회계사가 하는 업무는 자동차회사로 따지면 품질검사 업무와 비슷하다. 완성차가 출고되기 전에 최종 검사를 거치듯, 회사가 만든 재무제표는 공시되기 전에 최종적으로 회계사에게 감사를 받는다. 감사에서 회계사들이 재무제표를 분석하며 '이 회사에 투자할지 말지' 고민하는 것은 아니다. 그저 사실대로 잘 만든 재무제표인지 검사만 한다. 회계사들은 재무제표를 '만드는 법'에 대해서는 잘 알지만, '보는 법'에 대해서는 잘 모른다. 품질검사는 할 줄 알지만, 운전을 해본 적이 없는 것이다. 앞에서 언급한, '회계사들이 수익을 못 내니, 재무제표를 보는 것이 투자에 큰 도움이 되지 않는다'는 주장은 다음을 간과하고 있는 것이다.

"회계사라고 모두 재무제표를 잘 보는 것은 아니다.
 재무제표를 만드는 것과 보는 것은 별개의 영역이다!"

　　투자자 입장에서 재무제표를 공부하기 위해 가장 먼저 짚고 가야 할 것이 바로 이 부분이다. 재무제표를 '만드는 데 필요한 지식'과 '읽는 데 필요한 지식'이 서로 다르다는 점이다.

　　간혹 "회계를 모르고 투자해서는 안 된다. 분개는 할 줄 알지?"라고 하는 경우를 보는데, 필자가 보기에는 이상한 질문이다. "차에 대해 모르고 운전해서는 안 된다. 용접은 할 줄 알지?"라는 말처럼 들리기 때문이다. 일부러 과장된 비유를 사용했다. 물론 엔진이나 변속기에 대해 잘 안다면 차량 관리와 안전한 운전에 도움이 될 것이다. 하지만 엔진과 변속기에 관해 공부하더라도 작동원리를 아는 것이 필요하지 그것을 어떻게 만드는지 제조법까지 알아야 하는 것은 아니다.

　　학교에서 이루어지는 대부분의 회계교육, 혹은 대다수의 회계 서적이 '복식부기'나 '분개의 원리'를 배우는 것에서부터 시작한다. 필자는 이것이 사람들에게서 재무제표를 등지게 만든 원인이라고 본다. 운전면허를 취득하기 위해 학원에 갔는데, 용접기술을 가르쳐준다면 어떻게 운전의 재미를 느낄 수 있을까? 이제부터 우리가 다뤄야 할 것은 회계사들이 잘하는 '재무제표 만드는 법'이 아니라 투자자가 잘해야 하는 '재무제표 보는 법'이다.

볼 줄 아는 것과 만들 줄 아는 것은 다르다고!

'묻지마 투자' 는
제발 그만 하자!

"땅을 직접 보지도 않고 샀다는 게 너무나 후회된다"

토크쇼에서 연예인 A가 부동산에 투자했던 에피소드를 들려주며 했던 말이다. 우리나라에 아직 주 40시간 근무제가 도입되기 전, 자신의 지인과 술을 마시는데 이런 얘기를 하더란다.

"조만간 우리나라에 주 40시간 근무제가 도입되면 대박 날 사업 아이템이 하나 있다."

"어떤 사업?"

"이제 일주일에 이틀씩 쉬면 사람들이 산과 들로 놀러 다니기 시작할거야. 그런데 막상 휴양지에 가보면 대부분 숙박시설이 부족하지. 그래서 경치 좋은 곳에 펜션을 지어두면 앞으로 대박 날 거야. 마침 내가 서해안에 땅을 하나 봐둔 게 있는데 기가 막혀. 경치도 멋지고 입지도 너무 좋아서 펜션부지로 아주 딱 맞아. 너니까 내가 특별히 알려주는데, 대출을 받아서라도 투자해라. 펜션을 지어서 운영해도 되고, 네가 연예인이라 직접 하는 게 부담되면 땅만 사둬. 나중에 펜션 부지로 되팔아도 지금 가격의 몇 배는 받을 거다."

이야기에 솔깃해진 A는 결국 그 땅을 샀다. 그리고는 한창 잘나가고 바쁘던 때라 한동안 잊고 지내다가, 나중에 인기가 시들해지고 경제적으로도 어려워지니 마침 땅을 사둔 게 생각이 나더란다. '맞다. 나 서해안에 땅 사둔 거 있었지? 그거 많이 올랐겠지? 팔아서 어려움도 해결하고, 사업자금도 마련해야겠다'. 그래서 땅을 팔려고 중개업자에게 의뢰했더니 중개업자가 난처해하면서 '이 땅은 팔 수가 없는 땅'이라고 했단다. '아니 왜 땅을 팔 수 없나? 무슨 문제가 생긴 거냐?'는 질문에 중개인은 땅을 살 때 직접 보고 샀는지를 물었다. 직접 가보지는 않고 믿을 만한 사람이 추천해줘서 샀다고 했더니, 그럼 지금이라도 가서 팔 수 있는 상태인지 땅을 확인해 보란다. 부동산 중개인의 말에 A는 의아해하며 차를 몰아 땅을 찾아갔다. 충남에 위치한 땅은 경치 좋은 바닷가 휴양지에 자리 잡고 있었다. A가 그곳에 서서 기막힌 경치와 자연환경에 감탄하고 있던 차에 부동산 중개인이 말한 땅의 문제점이 드러났다. 시간이 흘러 밀물이 들어오고 땅이 점점 바닷물에 잠기기 시작하더니, 만조가 되자 완전히 물속으로 자취를 감추고 말더라는 거다.

토크쇼의 게스트나 시청자 모두 크게 웃고 넘겼을 거다. 어떻게 땅을 사는데 직접 보지도 않고 샀을까? 그렇게 허술하니 어이없는 사기를 당해도 싸다는 생각도 든다. 우리가 땅을 사면서 직접 확인하지 않는 경우는 드물다. 토지를 매매할 기회도 적을뿐더러, 소위 '떴다방'에서 '묻지마 투자'를 하지 않는 이상 대부분 부동산은 실물을 확인하고 거래한다.

내 것인 듯
내 것 아닌
내 것 같은 땅…

그런데 주식에 투자할 때는 어떨까? 투자자들은 주식을 살 때 재무제표를 확인하고 살까? 필자가 만나본 대다수의 투자자가 재무제표를 보지 않았다. 땅을 살 때 실물을 보지 않는 것과 주식을 살 때 재무제표를 보지 않는 것은 별반 다르지 않다. 본다고 주장하는 사람도 있었지만, 몇 가지 질문을 하면 자신이 재무제표를 봤다고 할 수 없음을 깨닫는다. 멀리 가지 말자. 지금 책을 읽고 있는 독자가 스스로 물어봐도 어느 정도 답이 나오지 않을까? 연예인 A의 에피소드를 읽고, '땅을 보지도 않고 샀으니 사기를 당해도 싸지'라고 생각했다면, 똑같이 말씀드릴 수 있다.

재무제표도 안 보고 주식을 샀으니, 깡통을 차도 할 말 없지요!

재무제표로 지켜낸
후배의 결혼자금

"형님, 제가 술 한잔 크게 살게요"

필자가 회계법인에 근무하던 시절 교육부서에서 영업을 담당하던
후배가 갑자기 술을 사겠다고 했다. 무슨 좋은 일이라도 생겼냐고 묻
는 내게 후배는 "1년 전에 제가 여쭤봤던 회사 생각나요?"라고 한다.
어렴풋이 1년 전의 기억이 떠올랐다.

후배는 금융권에 영업을 다닌다. 여의도에서 같이 미팅을 마치고
회사로 돌아오는 택시 안에서 갑자기 후배가 질문을 던졌다.

"형님, 혹시 '디초콜릿'이라는 회사 아세요?"

"초콜릿? 아니 처음 들어보는 회사인데, 왜?"

"제가 여의도에 영업 다니다 보니, 만나는 분들이 가끔 종목을 추
천해 주시더라고요. 저는 주식 안 하니까 그냥 그런가 보다 하고 흘려
들었는데, 나중에 보면 그 종목들이 많이 올라 있더라고요. 뭐가 있긴

있나 봐요. 그래서 주식 한번 해볼까 하던 참에 '디초콜릿'을 추천하길래 결혼자금 모아놓은 거로 사봤어요. 그리고 두 달 정도 지났는데, 터진다는 대박은 안 터지고 주가가 한 20% 빠지더라고요. 그래서 형님이 시간 날 때 잠깐 봐주셨으면 해서요. 회사가 괜찮은 것 같으면 그냥 장기적으로 투자한다 생각하고 잊어버리고, 아니다 싶으면 20%라도 손해 보고 팔아버리는 게 마음이 편할 것 같아서요."

"그래? 내가 한번 볼게"

필자를 포함해 책을 읽고 계신 독자들도 한두 번은 겪어봤을 만한 상황일 것이다. 주식 좀 한다는 친구들이 술자리에서 무슨 종목이 괜찮다고 얘기한다. 몇 달 뒤 다시 만난 자리에서 '전에 내가 말했던 종목, 샀냐? 안 샀어? 그거 엄청 올랐는데… 내가 뭐랬니? 얘길 해줘도 못 먹는구먼' 바로 이런 상황 말이다.

후배가 추천을 받았다던 '디초콜릿이앤티에프'라는 회사에 관한 내용이다.(박스 안의 내용은 사업보고서의 표현을 그대로 옮겨왔다. 앞으로 이 책에서 언급할 사업보고서나 재무제표는 되도록 원문 그대로를 옮긴다. 책을 읽을 때는 쉬웠는데, 실제로 보니 어렵게 느껴지는 차이를 줄이기 위함이다.)

주요 사업내용

당사는 연기자 매니지먼트 및 영화, 드라마, 비디오의 투자, 제작, 배급, 상영 등의 엔터테인먼트 사업과 커피 프랜차이즈 유통 사업 등을 영위하고 있습니다. 기타 자세한 사항은 동 보고서의 'Ⅱ. 사업의 내용'을 참조하시기 바랍니다.

사업내용을 보니 업종이 이른 바 '엔터회사'다.
사업보고서에 기재된 소속 연예인 명단이다.

당사의 전속 연예인으로는 강호동, 유재석, 김용만, 고현정, 김태우, 우승민, 윤종신, 강수정, 박지윤, 아이비 등 20여 명이 있습니다.

전속 연예인 명단이 화려하다. 가장 놀라운 점은 바로 '유재석'과 '강호동'이 모두 이 회사 소속이라는 점이다. 당시는 2009년인데, 2008년 방송 3사 연예대상 수상자가 '강호동, 강호동, 유재석' 2009년에는 '강호동, 유재석, 유재석'이었으니 가히 최고의 기획사라고 해도 과언이 아닐 터였다.

연예기획사가 가지고 있는 리스크 중 하나는 '매출의 불확실성'이다. 영화나 음반을 제작하는 연예기획사는 흥행 여부에 따라 매출 편차가 매우 크게 나타난다. 연예기획사들이 자꾸 외식업이나 화장품, 부동산임대업 등에 관심을 보이는 이유가 바로 본업에서 생기는 불확실성을 줄이고, 꾸준한 현금흐름을 확보하기 위함이다. 그런데 이 회사는 영화나 음반이 아닌 다른 매출처를 확보하고 있다. 바로 방송물 제작이다. 사업보고서에서 확인할 수 있는 '제작 중인 방송물 현황'이다.

프로그램명(작품명)	계약기간(방송시기)	계약금액(제작비)	계약대상
놀라운 대회! 스타킹	08.8.2~52회분	900백만 원	SBS
강심장	09.1.1~52회분	857백만 원	SBS
일요일이 좋다	08.5.11~종료 시	722백만 원	SBS
황금어장	09.4.29~25회분	467백만 원	MBC
해피선데이-남자의자격	09.3.29~종료 시	171백만 원	KBS
소녀시대의 헬로베이비	09.6.8~12회분	300백만 원	KBS-N

'황금어장'은 강호동이 진행하던 '무릎팍 도사'가 있는 프로그램이

고, '일요일이 좋다'는 유재석이 출연한 '패밀리가 떴다'로 당시 시청률 순위 1, 2위를 다투던 프로그램들이다. 방송물 제작이 영화나 음반 제작보다 좋은 점은 표에서도 보이듯이 계약 기간과 계약금액이다. 흥행 결과에 따라 매출에 변동이 있는 것이 아니라, 사전에 계약된 금액에 따라 일정 기간 꾸준한 매출이 발생한다는 점이다. 여기에 더해 이 회사는 새로운 사업을 하나 시작했다.

> 2008년 10월 (주)디초콜릿코리아 지분 100% 인수를 통하여 커피 프랜차이즈 유통사업에 본격 진출하였습니다. 자회사인 ㈜디초콜릿코리아 소속의 압구정 1호점을 포함하여 직영점 7호점과 가맹점 5호점, 총 12개 매장을 운영하고 있으며, 가맹 사업을 지속적으로 확대할 예정입니다.

연예기획사는 앞에서 언급했던 본업의 불확실성을 줄이기 위해 부업을 하는 경우가 많다. 소속연예인을 통해 마케팅비용을 절감할 수 있다는 장점을 살려 부가사업을 하는 거다. 당시 언론에 공개된 기사 중 일부를 소개하면 다음과 같다.

> 디초콜릿은 이어 "하반기에는 고현정, 강호동 등을 커피제품 광고모델로 해 내수시장과 동남아시아 한류시장에 완제품 커피제품을 수출할 계획"이라며 "유재석, 신동엽 등 스타를 앞세운 다양한 홍보와 마케팅 전략을 통해 커피 전문점 시장에서 차별화된 수익모델을 현실화할 것"이라고 밝혔다.

이런 계획들이 성공했는지 이 회사의 매출액은 2008년 73억 원에서 2009년 214억 원으로 무려 3배나 뛰었다. 현황을 요약해보면 다음과 같다.

① 최고의 인기 연예인 유재석과 강호동이 동시에 소속된 연예기획사

② 시청률 1, 2위를 다투는 방송물 제작을 통해 안정적인 수익 확보

③ 신규사업 커피 프랜차이즈를 통해 성장 기대

④ 한류시장에 소속 연예인들을 활용한 완제품 커피 수출 계획

어떤가? 매력적인 종목이 아닌가? 매수 버튼을 누르고 싶은 마음이 꿈틀대지 않는가? 이런 유혹에서 당신의 재산을 지켜줄 수 있는 게 재무제표다. 회사 재무제표를 보고 나서 필자는 후배에게 이 매력적인 종목을 처분하라고 얘기했다.

매출액이 3배나 늘었는데

회사는 왜 망했을까?

"그때 안 팔았으면 큰일 날 뻔했어요! 1,200원 하던 게 1년 만에 70원 됐어요!"

앞의 사건이 있고 1년 뒤에 후배가 했던 얘기이다. 그리고 회사는 이후 상장폐지에 이르게 된다. 방송물 제작수입이라는 안정성과 신규사업이라는 성장성을 두루 갖추고, 매출이 3배씩이나 증가하던 회사가 일순간 왜 이렇게 됐을까?

스스로 자신의 치부를 드러내는 회사는 없다. 회사가 자발적으로 만드는 IR 자료나 언론 인터뷰에는 장점만 드러난다. 회사가 제공하는 전망자료에 의존할 수밖에 없는 애널리스트의 보고서에는 매도의견을 찾기가 힘들다. 하지만 감사보고서는 다르다. 회사가 숨기고 싶은 부분이 있더라도 법률에 따라 기재하고, 반드시 외부감사인의 감사를 거쳐 공시하도록 하고 있다. 이것이 바로 재무제표를 포함한 감사보고서를 꼭 봐야 하는 이유다. 회사가 내세우는 광고만 보고 물건을 살 것인가, 아니면 실사용자의 후기를 한번 읽어보고 살 것인가 하는 문제와 같다.

사람들은 재무제표라고 하면 지레 겁을 먹는 경우가 많다. 앞에서 언급한 '차변, 대변도 모르는 내가 재무제표를 어떻게 봐'라는 생각 때문인지도 모르겠다. 필자는 아직 이 책에서 재무제표나 회계에 관한 기초를 언급하지 않았다. 지금까지 재무제표가 중요하단 얘기만 하고, 아무것도 가르쳐주지 않아 답답한 독자도 있을 것이다. 하지만 굳이 가르쳐드리지 않아도 대부분의 사람은 기초가 되어 있기 때문이다. 다음 질문에 답해보자.

"회사는 이익이 많이 나는 게 좋을까, 적게 나는 게 좋을까?"

이 질문에 답을 할 수 있겠는가? 속임수나 반전은 없다. 그냥 생각나는 그대로 답을 하면 된다. 많이 나는 게 좋다고 답을 했다면 이미 기초가 된 거다. 하지만 중요한 것은 알고 있어도 실행하지 않는 게 문제이므로, 실제 회사의 이익을 확인해야 한다. 투자하려는 회사의 재무제표를 어떻게 찾는지 모르는 분들을 위해 〈Check Point〉에서 전자공시 보는 방법을 설명했으니, 꼭 실습 삼아 재무제표를 찾아 확인해보기 바란다. 후배가 투자했던 디초콜릿이앤티에프의 2009년과 2008년 손익계산서다. 과연 회사의 이익은 얼마일까?

재무제표로 이익을 살펴봅시다!

과 목	2009년	2008년
Ⅰ. 매출액	21,437,506,931	7,340,694,282
Ⅱ. 매출원가	20,965,786,818	8,832,073,687
Ⅲ. 매출총이익	471,720,113	(−)1,491,379,405

과 목	2009년	2008년
Ⅳ. 판매비와관리비	7,747,562,468	4,860,882,857
Ⅴ. 영업이익	(−)7,275,842,355	(−)6,352,262,262
Ⅵ. 영업외수익	1,177,503,118	1,627,246,034
Ⅶ. 영업외비용	4,234,687,512	7,646,020,581
Ⅷ. 법인세비용차감전순이익	(−)10,333,026,749	(−)12,371,036,809
Ⅸ. 법인세비용	−	−
Ⅹ. 당기순이익	(−)10,333,026,749	(−)12,371,036,809

앞에서 언급한 대로 매출이 73억 원에서 214억 원으로 3배가량 늘었다. 하지만 이익은 어떠한가? Ⅴ.영업이익과 Ⅹ.당기순이익 모두 적자이다. 매출은 늘었지만 영업손실은 되려 증가했고, 당기순손실 역시 2년 연속 100억 원대를 기록하고 있다.(매출총이익, 영업이익, 당기순이익의 차이는 〈Check Point〉 '손익계산서의 구조'에서 자세히 설명했다.) 외형은 성장했지만 실속은 하나도 없는 것이다. 그 이전에는 어땠을까? 2007년과 2006년의 손익계산서를 확인해보자.

과 목	2007년	2006년
Ⅰ. 매출액	4,860,650,267	1,487,367,118
Ⅱ. 매출원가	4,584,053,485	4,074,217,373
Ⅲ. 매출총이익	276,596,782	(−)2,586,850,255
Ⅳ. 판매비와관리비	3,410,272,793	674,616,750
Ⅴ. 영업이익	(−)3,133,676,011	(−)3,261,467,005
Ⅵ. 영업외수익	726,445,349	96,065,227
Ⅶ. 영업외비용	7,232,125,487	18,672,744,032
Ⅷ. 법인세비용차감전순이익	(−)9,639,356,149	(−)21,838,145,810
Ⅸ. 법인세비용	−	−
Ⅹ. 당기순이익	(−)9,605,022,081	(−)25,050,814,279

2007년 역시 마찬가지로 전년도보다 매출이 3배 이상 늘었지만, 영업손실 규모는 같고, 당기순손실은 각각 96억 원과 250억 원이다. 4년 연속 100억 원대의 적자가 발생한 회사인 것이다. 재무제표를 볼 때 필자는 보통 4년 치를 확인한다. 하지만 이 회사의 경우는 더 봐야 할 것 같다. 최소한 마지막으로 언제 이익이 났는지는 확인해야 하지 않을까? 여기서 질문을 하나 더 해보자.

상장사가 적자를 몇 년 연속 기록하면 상장폐지가 될까?

떠오르거나 짐작 가는 햇수가 있는가? 필자가 강의 도중 이 질문을 하면 대다수 사람은 4년 또는 5년 정도로 대답한다. 과연 그럴까? 아래는 이 회사의 2005년 이전 손익계산서이다. 내용이 많아서 매출액과 영업이익, 당기순이익만 표기했다.

과 목	2005년	2004년	2003년
I. 매출액	6,996,546,186	12,712,867,127	14,164,195,525
V. 영업이익	(−)5,763,381,924	(−)1,902,597,335	(−)1,433,487,375
X. 당기순이익	(−)8,322,217,818	(−)4,992,287,923	(−)2,731,572,450
과 목	2002년	2001년	2000년
I. 매출액	15,899,972,377	25,266,028,822	27,074,991,918
V. 영업이익	(−)5,367,352,455	(−)6,900,415,437	1,031,920,311
X. 당기순이익	(−)15,705,664,678	(−)7,289,558,875	913,081,786

회사가 마지막으로 이익이 났던 게 2000년이다. 그 뒤로 9년간 연속해서 적자이다. 앞에서 했던 질문에 몇 해 정도 적자가 지속하면 상장폐지가 된다고 생각했는가.

회사는 9년 연속 적자에도 상장폐지가 되지 않았다.

뒤에서 이 부분을 별도로 자세히 다루겠지만, 적자(당기순손실)를 지속한다고 해서 상장폐지가 되는 규정은 없다. 다만, 자본이 잠식되면 상장폐지에 해당한다. 자본잠식은 자산보다 부채가 더 많은 경우를 말한다. 아래 그림과 같은 상황이다.

자산이 100억이고 부채가 80억이라면, 주주는 빚을 갚고 남는 20억을 가져갈 수 있다(A). 하지만 자산이 100억이고 부채가 120억이라면 주주가 가져갈 수 있는 몫이 없고, 이 경우에는 투자가치가 없다(B). B의 경우를 자본잠식이라고 하며, 상장폐지사유에 해당한다.

적자를 지속하면 그 자체로는 상장폐지 사유가 아니더라도, 적자가 발생한 만큼 자본이 줄어들어 결국엔 자본잠식이 될 확률이 높다. 그런데 왜 10년 연속 적자에도 자본잠식이 되지 않았을까?

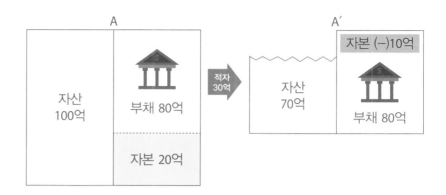

    자본이 20억인 상태(A)에서 적자가 30억 발생하면 자산이 30억 줄어들고, 자본은 (−)10억으로 자본잠식 상태가 되어야 한다. 그런데도 상장폐지를 막으려면 무언가 다른 방법으로 자본을 늘려야 한다. 다음 장에서 이 방법에 대해 알아볼 것이다.

재무상태표의 구조

과거에 '양대 재무제표'라고 하면 대차대조표와 손익계산서를 일컫는 말이었다. 대차대조표는 국제회계기준(IFRS) 도입으로 이름이 바뀌었는데, 새로 바뀐 이름이 바로 '재무상태표'이다. 재무상태표는 말 그대로 회사의 재무상태를 보여 주는 표이다. 회사가 가진 재산과 갚아야 할 채무가 얼마나 있는지 보여 주는 것이다. 가진 재산을 회계상으로는 '자산'이라고 부르며, 갚아야 할 채무는 '부채'라고 부른다. 자산에서 부채를 빼고 나면 가져갈 수 있는 몫이 남는데 이를 '자본' 혹은 '순(純)자산'이라고 부른다.

여러분이 3억 원을 주고 아파트를 구매했다고 하자. 3억 원 중 1억 원은 당신이 가진 돈이지만, 나머지 2억 원은 은행에서 대출을 받아 구매했다. 그렇다면, 당신의 재산은 얼마일까? 당신 소유의 아파트 가치는 분명히 3억 원이지만, 이를 전부 당신의 재산이라고 보기는 힘들다. 은행 빚 2억 원이 있으므로 빚을 차감한 당신의 순수한 재산은 1억 원이 될 것이다. 이를 재무상태표로 나타내면 다음과 같다.

	부채 2억
자산 3억	
	자본 1억

그리고 우리가 구입하는 주식은 바로 저 자본에 대한 권리이다. 자산에서 부채를 갚고 나면 남게 될 순자산(자본)에 대한 권리를 일정하게 쪼개 놓은 것이 바로 주식이다. 그래서 투자자 입장에서 중요한 것은 '자산의 규모'가 아니라 '자

본의 규모'가 된다. 단순히 자산의 규모로 회사의 건실함을 주장한다거나 '총자산증가율'로 회사의 성장성을 판단해서는 안 된다. 아래와 같은 회사를 1년 만에 자산이 2배가 넘었다는 이유로 성장하는 회사로 보아서는 안 된다는 얘기다.

(단위: 억원)

IFRS(별도)	2011/12	2012/12	2013/12
자산	**122**	**115**	**263**
유동자산	44	38	97
비유동자산	78	77	166
기타금융업자산			
부채	**9**	**15**	**184**
유동부채	7	13	101
비유동부채	2	2	83
기타금융업부채			
자본	**113**	**101**	**79**

그 회사 자산이 1,000억 넘으니까 걱정하지 말라고?

위 그림에서 자산과 부채는 다시 유동자산과 비유동자산, 유동부채와 비유동부채로 나뉜다.* 자산은 쉽게 말하면 '돈 되는 것'을 말한다. 그리고 '돈이 얼마나 빨리 되느냐'에 따라 유동자산과 비유동자산으로 나눈다. 일반적으로 1년 이내에 돈이 되는 자산을 유동자산이라고 부르며, 1년 이상 걸리는 자

* '기타금융업자산'과 '기타금융업부채'라는 항목도 있지만 회사가 금융업과 비금융업을 동시에 수행하거나, 자회사 중에 금융업이 있는 경우에 나타나는 특수한 경우에만 나타나는 예외적인 항목이다.

산은 비유동자산이다. 부채도 마찬가지로 1년 안에 갚아야 하는 부채는 유동부채, 만기가 1년 이상 남아 있는 부채는 비유동부채로 구분한다. 유동자산을 유동부채로 나눈 것을 '유동비율'이라고 하는데, 회사의 안정성을 판단할 때 많이 사용하는 비율이다. 앞선 사례에서 소개한 회사의 경우 2013년 말 유동자산은 97억 원이고, 유동부채는 101억 원이다. 1년 안에 돈 되는 자산은 97억 원인데, 갚아야 할 부채는 101억 원이므로, 이대로라면 4억 원이 부족한 상태이다. 이 때문에 유동비율이 100%가 안 되면 유동성이 위험하다고 판단한다.

회사는
어떻게 돈을 벌까?

　　회사가 돈을 버는 방법에는 크게 두 가지가 있다. 첫째는 열심히 장사해서 버는 방법이고, 둘째는 바로 '주주들에게 타내는 방법'이다. 부잣집 망나니 아들이 술 마시고 사고 친 다음 아버지에게 손 벌리듯, 장사해서 생겨난 적자를 주주에게 메꾸어달라고 손 벌리는 것이다. 자본은 손실이 나면 그만큼 감소하지만, 증자를 통해서 늘릴 수 있다. 아래는 9년 연속 적자에도 끄떡없이 거래되던 '디초콜릿이앤티에프'가 그 기간 증자를 한 내역이다.(이 내용은 회사의 사업보고서에서 'Ⅰ. 회사의 개요 → 3. 자본금 변동사항'을 통해 알 수 있다.)

주식발행일자	발행형태	발행한 주식의 내용				
		종류	수량	주당액면가액	주당발행가액	비고
2000년 01월 10일	유상증자(제3자배정)	보통주	80,000	5,000	70,000	–
2000년 07월 25일	유상증자(제3자배정)	보통주	1,270,000	500	10,000	–
2001년 03월 26일	유상증자(제3자배정)	보통주	303,980	500	–	–

2003년 01월 27일	유상증자(제3자배정)	보통주	6,538,462	500	520	−
2003년 07월 31일	유상증자(제3자배정)	보통주	7,818,186	500	550	−
2004년 12월 29일	유상증자(제3자배정)	보통주	3,243,245	500	1,110	−
2005년 04월 01일	유상증자(제3자배정)	보통주	832,630	500	2,390	−
2006년 01월 18일	유상증자(주주배정)	보통주	5,755,400	500	2,780	−
2006년 12월 20일	유상증자(제3자배정)	보통주	960,280	500	997	−
2006년 12월 27일	유상증자(제3자배정)	보통주	2,275,000	500	1,025	−
2007년 03월 23일	유상증자(제3자배정)	보통주	6,513,679	500	3,650	−
2007년 03월 27일	유상증자(제3자배정)	보통주	680,489	500	8,030	−
2008년 04월 03일	유상증자(일반공모)	보통주	1,668,400	500	960	−
2008년 05월 09일	유상증자(일반공모)	보통주	414,930	500	960	−
2008년 10월 17일	유상증자(주주배정)	보통주	8,072,078	500	1,470	−
2008년 11월 07일	유상증자(제3자배정)	보통주	709,219	500	1,410	−
2009년 01월 17일	유상증자(일반공모)	보통주	1,999,990	500	1,000	−
2009년 05월 16일	유상증자(일반공모)	보통주	12,000,000	500	845	−
2009년 09월 15일	유상증자(일반공모)	보통주	980,390	500	1,020	−

10년 동안 19번의 증자를 했다. 발행가액을 기준으로 금액을 계산해 보니 1,081억 원이다. 같은 기간 동안 발생한 회사의 적자가 964억 원이니, 10년간 어떻게 회사를 끌고 왔는지 정리가 된다. 10년 동안 1,000억 원을 까먹어도 계속해서 돈을 주는 부자 아빠가 바로 이 회사의 주주들인 셈이다. 어떻게 주주들은 이런 회사에 끊임없는 신뢰를 보내고 계속해서 소위 '깽값'을 물어줄까? 책에 어울리지 않는 단어를 써버렸는데, 그 이유를 들자면 더한 표현도 나올 것 같아 이쯤 하겠다. 궁금한 독자들은 아래에 몇몇 신문기사 제목을 옮겨 두었으니, 인터넷을 통해 검색해 보기 바란다. 뭐, 제목만 읽어도 대강 짐작할 수 있을 테고, 비슷한 얘깃거리와 기삿거리에 많이 당한 독자들은 무릎을 칠 수도 있겠다. 참고로 기사에 등장하는 회사명이 달라서 헷갈리지 않도록 한 가지를 더 짚도록 한다. 안 좋은 회사의 특징 가운데 하나

가 바로 회사명이 자주 바뀌고, 대표와 최대주주가 자주 교체된다는 점이다.

이 회사의 이름이 바뀐 내역이다.(사업보고서 'Ⅰ. 회사의 개요 → 2. 회사의 연혁'에서 확인할 수 있다.) 결국 기사 제목에 등장하는 회사는 모두 같은 회사인 셈이다.

날 짜	내 용
2003.10.	상호변경 (하이퍼정보통신㈜ ⇒ 트루윈테크놀로지㈜)
2006.06.	상호변경 (트루윈테크놀로지㈜ ⇒ ㈜팝콘필름)
2007.02.	상호변경 (㈜팝콘필름 ⇒ ㈜도너츠미디어)
2008.03.	상호변경 (㈜도너츠미디어 ⇒ ㈜워크원더스)
2008.12.	상호변경 (㈜워크원더스 ⇒ ㈜디초콜릿이앤티에프)

뉴스

- 팝콘필름 사흘째 상한가... 'M&A, 시장이 먼저 알았나?'(2006)
- 강호동 · 윤종신, 팝콘필름 증자 참여(2007)
- 팝콘필름, '연예인 유증 참여'로 3일 연속 상한(2007)
- '원더보이' 강호동, 새 소속사 주가 폭등… 이적설 두 달도 안 돼 배 뛰어(2008)
- 워크원더스, 유재석에 강호동 전속 이어 주가까지 상승(2008)
- 신동엽 경영참여 발표에 디초콜릿 시가총액 125억 원 증가 대박(2009)

수년간 이 회사가 보인 행보를 정리하면 다음과 같다.

1. 100억 원대의 손실로 자본잠식 위기

2. 합병, 인기 연예인과의 계약, 연예인의 경영 참여 등으로 이슈를 만들어 주가를 띄움

3. 주가가 상승하면 신주를 발행해서 자본 확충

4. 다시 처음부터 '실적 악화 → 이벤트 → 유상증자'를 반복

이러기를 수년째 반복했다. 그리고 위의 2번째 단계, 주가를 띄워야 하는 단계에서 수많은 투자자를 유혹한다. 장밋빛 전망과 IR, 심지어 '이건 너한테만 알려주는 건데…'가 여기서 등장한다. 바로 여러분 손에 '좋은 투자정보'라고 쥐어주는 단계이다. 이런 회사가 마지막에는 결국 뭘 할까? 그 당시 필자가 후배에게 이 주식 당장에 내다 팔라고 하며 덧붙였던 말을 그대로 옮겨보겠다.

"내가 보기에 이 회사 앞으로 2~3년 안에 업종에 신규사업 추가할 거다. '바이오' 아니면 '에너지'… 그리고 잘하면 보물섬이나 다이아몬드 발견했다고 할걸?"

이런 회사가 진짜로 다이아몬드나 보물섬을 발견한다고 해서 그걸 주주에게 이익으로 돌려줄까? 무언가 한 가지를 10년 동안 한 해도 빠짐없이 한다는 건, 그게 업무이든 취미생활이든 그 분야의 전문가가 되는 거다. 회사가 10년 동안 한 해도 빠짐없이 적자를 낸다는 건 그 방면에 있어서 전문가가 된 거다. 무얼 가져다줘도 적자로 바꿔버리는 그런 능력이 있는 회사란 말이다. 자, 이런 회사에 정말로 당신의 소중한 돈을 투자하고 싶은가?

땅을 사기 전에 반드시 실물을 확인해야 한다는 데 동의한다면, 주식을 살 때도 반드시 재무제표를 확인하기 바란다. 무슨 회계사나 애널리스트처럼 분석하라는 얘기가 아니다. 앞에서 필자가 예를 들었던 A연예인이 투자해서는 안 되는 땅이란 걸 알기 위해서 부동산 권리분석을 해야 할까? 유동인구를 파악하고 상권분석을 해봐야 할까? 그냥 눈으로 땅을 보기만 했어도 투자해서는 안 될 땅이란 걸 알았을 거다. 이처럼 필자는 지금 제시한 사례에서 비율을 따지거나 숫자를 계산해서 분석하지 않았다. 그냥 공시된 당기순이익이 얼마인지 10년 치 재무제표를 독자 여러분께 보여드렸을 뿐이다. 그래도 기본적인 판단은

내 소중한 돈을 투자하려면 재무제표는 반드시 살펴야죠.

서지 않는가?

혹시나 필자가 극단적인 예를 들면서 과장하는 게 아닐까 생각할 분들이 있을까 봐 두 가지만 더 보여드리겠다. 2010년 회계법인에서 근무하던 시절 어느 후배 회계사가 종목 하나를 추천해줬다. 이유는 간단했다.

"회사가 다이아몬드를 발견했어요. 10배는 갈 거예요."

나중에 주가조작 혐의로 대표가 구속되고, 결국엔 상장폐지가 된 '씨앤케이인터내셔널'이다. 후배의 적극적인 추천에도 사지 않았던 이유는 재무제표와 사업보고서에서 확인한 내용 때문이다. 상장폐지는 됐지만, 여전히 영업 중인 회사이므로 언급하기 조심스럽다. 분석한 내용은 배제하고 팩트 몇 가지만 보여드리겠다. 첫 번째로 회사 실적이다. 2010년 이전 10년간 회사의 영업이익과 당기순이익이다.

	영업이익	당기순이익		영업이익	당기순이익
2000년	2,097,327	1,535,048	2005년	-2,900,478,732	-6,911,779,308
2001년	1,382,466	1,598,677	2006년	-3,718,603,127	-5,725,332,751
2002년	-1,046,858,448	-1,688,750	2007년	-3,134,293,209	-5,275,790,804
2003년	-1,422,392,745	-3,853,336	2008년	-3,812,402,746	-7,028,291,749
2004년	-2,847,201,375	-5,230,775	2009년	-4,433,590,941	-6,335,700,587

2000년과 2001년 백만 원 단위의 흑자를 낸 이후 8년간 계속해서 적자다. 그 사이 10년간 증자 현황이다.

일자	발행 형태	수량	주당발행가액
2000년 03월 11일	유상증자(일반공모)	110,000	70,000
2001년 08월 11일	유상증자(제3자배정)	89,336	14,400
2005년 06월 28일	유상증자(주주배정)	6,000,000	1,530
2006년 03월 14일	유상증자(제3자배정)	877,000	2,280
2006년 08월 17일	유상증자(주주배정)	3,500,000	1,130
2007년 09월 15일	유상증자(제3자배정)	9,842,520	1,270
2008년 04월 18일	유상증자(일반공모)	1,459,408	1,370
2009년 02월 28일	유상증자(제3자배정)	20,472,441	635
2010년 01월 14일	유상증자(일반공모)	418,400	2,390

해당 기간 적자는 313억 원이고, 자본을 조달한 금액은 526억 원이다. 그냥 조달하긴 힘들 것이다. 회사가 2년에 한 번씩 사업목적에 추가한 내용이다.

연도	월		주요사항
2005	07	사업목적 추가	사료첨가제 제조판매, 돈육유통
2007	10	사업목적 추가	− 국내외 바이오에탄올, 바이오디젤 제조, 생산 및 판매업 − 바이오에너지 원료 재배 및 판매업 − 석유류 저장업 및 판매업, 주유소 운영업 − 청정개발체제(CDM) 사업 − 이산화탄소 및 온실가스배출권 판매사업
2009	03	사업목적 삭제 및 추가	21. 삭제(건강보조식품판매업) 32. 다이아몬드 원석, 금, 사파이어 등 기타 금속광물을 포함한 국내외 자원의 탐사 및 개발 33. 다이아몬드 원석 및 나석, 금, 사파이어 등 기타 금속광물을 포함한 국내외 자원의 수출입 및 가공, 유통업 34. 쥬얼리 매장 운영업 및 도소매업 35. 무역업 36. 시설물 방호, 경비업 37. 위 각호에 관련되는 부대사업 일체

대표이사 변경 내용이다.

연도	월	주요사항
2001	10	대표이사 변경(전명옥 → 이동욱)
2003	03	대표이사 변경(이동욱 → 전명옥)
2005	07	대표이사 변경(전명옥 → 최준식)
2008	07	대표이사 변경(최준식 → 김성하)
2008	08	대표이사 변경(김성하 → 최준식)
2009	03	대표이사 변경(최준식 → 오덕균)

적자가 계속되는 기업이 사업목적과 대표이사가 바뀌었으니 앞으로는 달라질 거라고 얘기한다. 그러니 한 번만 더 믿고 자금을 달라고 증자를 한다. 반에서 꼴등 하는 아들놈이 참고서와 과외 선생을 바꿨으니, 이제는 달라질 거라고 다시 또 책값과 과외비를 달라고 하는 것과 차이가 없다. 저렇게 타낸 돈으로 술 마시는 친구들을 많이 봤다.

필자가 후배에게 추천받은 뒤로도 이 회사의 주가는 2배 가까이 올랐다. 하지만 후회하지는 않는다. 크게 이익을 본 후배가 술을 사며 "그러길래 왜 안 사셨어요. 다이아몬드 발견했다는데 무슨 재무제표예요."라고 했다. 이후에도 후배는 회사가 발표한 매장량을 계산해보더니 주가가 앞으로 5배는 더 가야 한다며 추가매입을 했다. 주가가 내려가자 오히려 기회라고 대출까지 받아서 물타기를 하면서 말이다. 그리고 어떻게 됐을까? 술은 같이 마셨지만, 대출금은 후배 혼자서 몇 년 동안 갚았다. 앞에서 말한 대로 후배 역시 회계사이다. 서두에서 회계사들이 수익을 내지 못하는 이유가 막상 '재무제표를 잘 볼 줄 몰라서'라고 했다. 그리고 한 가지 이유가 더 있다.

회계사들도 투자할 때 재무제표를 안 본다.

하나만 더 사례를 들어보겠다. 텔런트 견미리 씨가 투자해서 크게 이익을 내고 화제가 된 '보타바이오'라는 회사이다. 과거 10년간 영업이익과 당기순이익이다.

	영업이익	당기순이익		영업이익	당기순이익
2006년	−7,959,204,386	−13,787,378,225	2011년	−2,826,457,246	−4,189,503,869
2007년	−6,964,320,437	−22,026,377,671	2012년	−3,699,782,172	−12,929,258,541
2008년	−3,149,464,383	−5,925,233,507	2013년	−430,413,042	−2,323,723,654
2009년	−2,415,427,995	−1,273,581,409	2014년	−3,605,834,216	−7,876,608,195
2010년	−2,946,661,023	−16,090,584,557	2015년	−4,608,835,192	−21,298,754,498

10년 내리 적자로 합계가 1,077억 원이다. 10년간 회사가 증자한 내역이다.

일자	발행형태	수량	주당발행가액
2006년 06월 06일	유상증자(주주배정)	8,000,000	1,610
2007년 02월 28일	유상증자(주주배정)	2,197,800	910
2008년 01월 09일	유상증자(제3자배정)	3,060,000	650
2008년 02월 12일	유상증자(제3자배정)	4,000,000	500
2009년 02월 25일	유상증자(제3자배정)	1,598,000	500
2009년 08월 25일	유상증자(제3자배정)	400,000	500
2009년 12월 10일	유상증자(제3자배정)	1,840,000	2,500
2010년 02월 26일	유상증자(제3자배정)	579,704	1,380
2010년 08월 26일	유상증자(제3자배정)	675,675	1,850
2010년 10월 27일	유상증자(일반공모)	144,000	1,380
2010년 11월 09일	유상증자(제3자배정)	463,768	1,725
2010년 12월 23일	유상증자(제3자배정)	1,585,365	2,050
2010년 12월 30일	유상증자(제3자배정)	1,250,000	1,600
2011년 03월 04일	유상증자(일반공모)	824,000	970
2011년 10월 14일	유상증자(제3자배정)	2,252,251	667
2011년 11월 25일	유상증자(일반공모)	350,000	570

일자	발행형태	수량	주당발행가액
2011년 12월 22일	유상증자(제3자배정)	3,000,000	500
2012년 07월 04일	유상증자(일반공모)	1,600,000	500
2012년 09월 19일	유상증자(제3자배정)	1,160,000	500
2012년 12월 14일	유상증자(일반공모)	399,999	500
2012년 12월 14일	유상증자(제3자배정)	519,860	500
2013년 06월 29일	유상증자(일반공모)	843,373	1,660
2013년 08월 06일	유상증자(일반공모)	610,687	1,310
2013년 09월 27일	유상증자(제3자배정)	277,264	1,082
2013년 10월 29일	유상증자(제3자배정)	300,000	800
2013년 12월 12일	유상증자(제3자배정)	1,315,787	760
2013년 12월 20일	유상증자(제3자배정)	1,854,449	701
2013년 12월 24일	유상증자(제3자배정)	285,714	700
2013년 12월 31일	유상증자(제3자배정)	1,381,574	760
2014년 01월 30일	유상증자(제3자배정)	789,476	760
2014년 04월 03일	유상증자(제3자배정)	161,289	1,240
2014년 05월 03일	유상증자(제3자배정)	620,840	1,237
2014년 08월 07일	유상증자(제3자배정)	223,048	1,345
2014년 08월 07일	유상증자(제3자배정)	291,970	1,370
2014년 09월 12일	유상증자(제3자배정)	285,509	1,401
2014년 11월 21일	유상증자(제3자배정)	285,714	1,750
2014년 11월 21일	유상증자(제3자배정)	7,417,165	1,750
2014년 12월 02일	유상증자(제3자배정)	817,142	1,750
2015년 01월 31일	유상증자(제3자배정)	239,006	4,184
2015년 03월 05일	유상증자(제3자배정)	650,000	5,456
2015년 03월 14일	유상증자(제3자배정)	1,053,756	3,274
2015년 06월 13일	유상증자(제3자배정)	166,479	9,010
2015년 07월 11일	유상증자(제3자배정)	199,997	9,000

10년간 조달한 자금의 합계가 738억 원이다. 내용이 너무 많아서 신주인수권 행사는 제외한 금액이다. '재무제표는 얼마든지 속일 수 있고 분식이 가능하기에, 그보다는 경영자가 어떤 사람인지가 더 중요하다'는 주장이 있다. 경영자의 자질이 중요하다는 주장에는 필자

도 물론 동의한다. 그러기에 재무제표나 사업보고서를 더 잘 봐야 한다. 앞에서 사례로 살펴본 회사의 경영자들이 어떤 능력을 갖췄을까? '제품과 서비스'를 잘 파는 경영자일까, 아니면 '주식'을 잘 파는 경영자일까? 영업에 특화된 경영자인지, 재무에 특화된 경영자인지는 재무제표에 고스란히 드러나는 경우가 많다.

여전히 문제가 있는 일부 회사에 한정된 얘기로 들릴 수 있기에 마지막으로 한 가지 팩트를 더 언급하겠다. 상장사 중에 5년 연속 적자인 기업이 몇 개나 될까? 2018년 기준으로 대략 150개 정도의 상장사가 5년 연속 당기순손실을 기록하고 있다.

여러분이 투자하는 기업 14개 중 하나는 최근 5년 동안 한 푼도 이익이 난 적이 없는 회사라는 얘기다.

전자공시 보는 방법

회사의 재무제표는 어디서 찾을 수 있을까? 여기 작은 중소기업이 하나 있다. 연매출 100억 원에 자산 규모도 120억 원을 넘지만, 비상장사이고 외부에 잘 알려지지도 않은 회사다. 주주는 창업자인 아버지에게 주식을 물려받은 형제 2명이 전부다. 이 회사의 재무제표를 외부인들이 가서 아무나 들여다보고 확인할 수 있을까?

수업시간에 이 질문을 해보면 대부분 고개를 가로젓는다. 공개도 안 된 비상장사 재무제표를 어디서 보냐는 거다. 하지만 정답은 '누구라도 볼 수 있다'이다. 우리나라 법 중에 '주식회사의외부감사에관한법률', 줄여서 이하 '외감법'으로 부르는 법률이 있다. 이 법에 따르면 직전 사업연도 말의 자산, 부채, 종업원 수 또는 매출액 등이 일정 기준*에 해당하는 주식 회사나 유한회사(유한회사는 종업원 수 대신 사원 수 50명 이상의 조건을 적용한다)는 외부의 공인회계사에게 감사를 받고 그 결과를 공시하도록 하고 있다.

*4가지 조건(자산총액 120억 원 이상, 부채총액 70억 원 이상, 매출액 100억 원 이상, 종업원 100명 이상) 중 둘 이상을 만족하는 경우

이렇게 감사받은 결과를 공시하는 곳이 바로 '금융감독원 전자공시시스템', 줄여서 영어약자로 '다트(DART: Data Analysis, Retrieval and Transfer System)'라고 부르는 사이트이다. 주변에 컴퓨터가 있거나 손에 스마트폰을 쥐고 있는 독자라면 인터넷 검색창에 '전자공시'를 입력한 다음 검색해 보기 바란다. 아래와 같이 생겼다.

모바일로도 서비스가 되므로 길을 가다 궁금한 회사가 있으면 언제든지 재무제표를 찾아볼 수 있다. 전자공시는 재무제표만 확인하는 것이 아니라 회사가

자본시장법에 따라 공시해야 하는 각종 정보를 가장 빠르고 정확하게 조회할 수 있는 '투자자를 위한 보물창고' 같은 존재이다. 화면 좌측에 있는 '많이 본 문서'의 목록만 확인하더라도 최근 어떤 종목과 기업이 투자자의 관심을 끌고 있는지 확인해 볼 수 있다.

회사의 재무제표는 전자공시 메뉴 중 기본적으로 두 군데서 찾을 수 있다. 하나는 '외부감사관련 – 감사보고서'라는 메뉴이다. 회사명에 원하는 회사(여기서는 '삼성전자')를 입력하고 기간은 '전체'를 선택한다. '외부감사관련'항목을 체크하고, 하위 메뉴 중 '감사보고서'를 선택하면 된다.

위와 같이 선택하고 검색한 결과는 아래와 같이 나타난다.

회사의 감사보고서가 나타나는데 한 가지 이상한 점이 있다. 무슨 이유인지 2009년에서 2011년까지의 보고서는 나타나지 않는다. 왜일까? 감사보고서의 제출인을 확인해 보면 '삼일회계법인'이다. 감사보고서는 감사인이 감사결과를 금융감독원에 제출하고 공시하는 보고서이다. 그런데 삼성전자와 같은 상장법인들은 회사 자체적으로 매년 '사업보고서'라는 것을 제출해야 하고, 이 사업보고서에는 감사보고서가 첨부된다. 사업보고서는 선택사항 중 '정기공시 – 사업보고서'를 택해서 확인할 수 있다.

이렇게 회계법인이 제출한 감사보고서와 회사가 제출한 사업보고서의 첨부 문서가 중복해서 공시되기 때문에 2009년부터 사업보고서를 제출하는 법인에 대해서는 회계법인의 감사보고서 제출의무가 선택사항으로 바뀌었다. 따라서 최근에는 사업보고서를 선택해야 회사의 재무제표를 확인할 수 있다. 정기공시에는 사업보고서뿐만 아니라 3개월마다 공시되는 분기보고서와 반기보고서도 포함되므로 이를 선택하면 매 분기 회사의 재무제표를 확인할 수 있다.

사업보고서를 선택하면 다음과 같은 문서를 볼 수 있는데, 상단의 '첨부'를 선택하면 감사보고서나 연결감사보고서를 선택해서 볼 수 있다.

감사보고서를 선택하면 아래와 같이 독립된 감사인의 감사보고서(감사의견), 재무제표, 재무제표에 대한 주석, 내부회계관리제도 검토의견(재무제표를 산출하는 회사의 시스템이나 내부인력에 대한 통제 등이 믿을 만한지에 대한 의견), 외부감사 실시내용(감사투입인원 및 시간) 등을 확인할 수 있다.

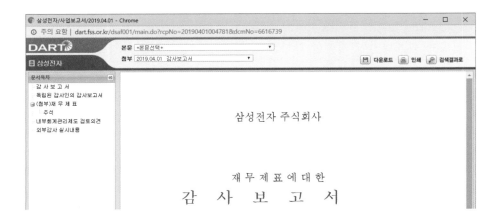

손익계산서의 구조

　손익계산서는 어떻게 생겼을까? 손익계산서는 일정기간 회사의 영업성과를 보여주는 표이다. 먼저 한 가지를 확인하고 넘어가자. '수익'과 '이익'의 의미가 같을까, 다를까? 부동산에 투자해서 '수익이 1억'인 사람과 '이익이 1억'인 사람의 차이가 느껴지는가? 우리는 보통 일상생활에서 수익과 이익을 구분하지 않고 같은 개념으로 사용하는 경우가 많다. 하지만 회계에서는 이 둘을 명확히 구분한다. 수익은 총액에 해당하고, 이익은 순액(純額)에 해당한다. 만약 8,000만 원 주고 산 물건을 1억 원에 팔았다면 이때 수익은 1억 원이 된다. 이 1억 원의 수익에서 비용에 해당하는 원가 8,000만 원을 빼면 2,000만 원이 이익이 된다. 이 때문에 '영업수익'이라고 표현할 때는 회사가 판매한 '매출액'을 의미하고, '영업이익'이라고 하면 영업수익에서 영업비용을 차감한 금액을 말한다. 손익계산서는 이렇게 수익과 비용, 그리고 수익에서 비용을 차감한 이익 간의 관계

	당기	전기
매출액	390,000	355,000
매출원가	(245,000)	(230,000)
매출총이익	145,000	125,000
판매비와관리비	(89,000)	(89,700)
영업이익	56,000	35,300
영업외수익	52,600	41,400
영업외비용	(10,100)	(8,700)
법인세비용차감전순이익	98,500	68,000
법인세비용	(40,400)	(32,000)
당기순이익	58,100	36,000

를 보여주는 표이다. 그런데 실제 손익계산서는 단 세 줄로 수익·비용·이익을 나타내지 않고, 아래와 같이 조금 복잡한 구조로 되어 있다.

실제 공시되는 재무제표는 대부분 이보다 더 복잡하다. 중단영업손익이나 지배주주순이익, 기타포괄손익 등이 추가되는데, 이들에 대해서는 뒤에서 다시 단계별로 설명하겠다. 일단 소위 구분손익이라고 부르는 것 중 네 가지에 관해 설명한다. 아래 도해를 참고해서 읽어보기 바란다.

먼저 수익은 회사의 주된 영업과 관련이 있는지에 따라 영업수익과 영업외수익으로 나뉜다. 회사가 돈을 빌려주고 이자를 받으면 영업수익일까, 영업외수익일까? 이는 회사의 주된 영업이 무엇이냐에 따라 달려 있다. 일반적인 제조업이나 서비스업에서는 영업외수익이 되겠지만, 만약 회사업종이 은행이나 대부업이라면 영업수익이 될 것이다. 비용도 마찬가지로 주된 영업과 관련이 있느냐에 따라 영업비용과 영업외비용으로 구분한다.

접대비와 기부금의 예를 들어보자. 접대나 기부는 둘 다 제삼자에게 무언가 혜택을 제공한다는 점에서는 같다. 하지만 접대가 회사의 영업을 위해 하는 행동이라면 기부는 영업과 무관하게 순수하게 이루어진다. 따라서 접대비는 영업비용에, 기부금은 영업외비용에 해당한다. 영업비용은 다시 제품을 '생산 또는 구매'하는 데 들어간 매출원가와 '판매 및 관리'에 소요된 판관비(판매비 및 일반관리비)로 구분한다.

마지막으로 회사가 벌어들인 소득에 대해 국가에 내는 법인세는 따로 법인세 비용으로 기재한다. 이렇게 구분한 다음 매출액에서 매출원가를 빼면 매출총이익이 되고, 여기에 판관비를 차감하면 영업이익, 다시 영업외수익과 비용을 가감하면 법인세비용차감전순이익이 되고, 법인세비용까지 반영하면 당기순이익이 된다.

그런데 왜 이렇게 복잡하게 구분할까? 그 이유는 각각의 손익이 재무제표를 이용하는 사람에게 '다른 정보'가 되기 때문이다. 예를 들어, 당신이 전자제품을 구매한다고 가정하자. A사와 B사가 만든 제품이 성능과 디자인 등 모든 부분이 같아 보이고 가격도 차이가 없다. 만약 두 회사의 손익계산서가 다음과 같다면 어느 회사 제품을 사겠는가?

	A사	B사
매출액	1,000,000	1,000,000
매출원가	(500,000)	(800,000)
매출총이익	500,000	200,000
판매비와 관리비	(400,000)	(100,000)
영업이익	100,000	100,000

두 회사의 차이가 느껴지는가? 필자라면 B사의 제품을 살 것이다. A사와 B사 모두 영업이익은 100,000원으로 같다. 하지만 매출총이익은 다르다. B사가 매출원가는 높고 판관비는 낮다. 제품을 만드는 원가는 훨씬 많이 들었고 광고선전비나 관리비 등은 적게 들었다. 아무래도 B사의 제품에 더 비싸고 좋은 재료가 사용되었을 확률이 높다.

이렇게 수익과 비용을 나누어서 여러 단계의 구분 손익을 제공하면 정보이용자는 추가적인 정보를 얻을 수 있다. 투자자 입장에서 구분 손익이 주는 정보를 어떻게 이용할지는 본문에서 차츰 설명해나가도록 한다.

2부 손실을
줄이는 방법

1. 시장에서 살아남는 법: 살아남는 자가 강한 자다!

2. 회사의 숨은 의도를 읽는 법: 숫자의 진실!

3. 악재를 피하는 법: 소나기는 피하고 보자!

수비가 강해야 강팀이 될 수 있다. 9번 연속 수익을 내더라도 1번의 손실로 모든 것이 사라질 수 있는 게 투자다. 수익을 내기 위해서는 손실을 내지 않는 방법부터 알아야 한다.

1. 시장에서 살아남는 법 : 살아남는 자가 강한 자다!

돈을 못 버는 건 수익이 낮아서가 아니라
손실이 크기 때문이다!

Advice

＊沪港通(Shanghai-Hong Kong Stock Connect)
2014년 11월 17일부터 시행하고 있는 교차 매매 제도로, 홍콩이나 해외의 투자자가 홍콩거래소를 통해 상하이주식을 매매할 수 있게 한 제도이다.

중국증시를 외국인에게 개방하는 후강퉁＊이 시행되고, 증권사에서 이에 관한 강의를 할 때였다. 수강생들에게 만약 타임머신을 타고 20년 전으로 돌아간다면 어떤 종목을 사겠느냐고 질문을 했다. 한국증시가 외국인에게 개방되고 생긴 변화와 상승 종목을 통해 중국의 증시를 내다보기 위한 질문이었다. 이 질문을 하자, 대부분 행복한 상상을 시작했다. 삼성전자가 40배 올랐고, 최근 많이 하락한 현대자동차도 그때보다는 10배가 상승했다. 오리온은 50배, 아모레는 100배 이상 올랐으니 상상만으로도 행복하고, 더 많이 오른 종목이 뭐가 있었나 자신의 기억을 더듬는다. 그런데, 한 분이 나지막이 말했다.

"20년 전이요? 그렇다면 주식을 안 하죠."

모든 분이 행복한 상상을 멈추고 불행한 현실로 돌아왔다. 일반인

＊＊사견이지만, 투자자들은 자신의 손실은 줄여서 말하고, 이익은 부풀려서 말하는 경향이 있다. 실제 수익률은 더 나쁠 거라 예상한다.

대상이 아닌 증권사 직원들만 듣고 있던 강의였다. 주식에 투자해서 이익을 낸 사람이 더 많을까, 손해를 본 사람이 더 많을까? 개인투자자들의 투자성과는 어떨까? 금융투자협회가 발표한 〈2012년 금융투자자의 투자실태에 관한 조사 보고서〉 내용을 참조해보자. 실제 수익률 자료가 아닌 설문조사 내용이지만 충분히 참고될 것이다.＊＊

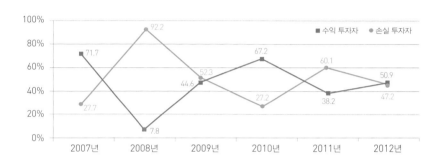

연도별로 시장 상황에 따라 편차가 있지만, 전반적으로 손실을 본 투자자가 더 많다. 같은 기간 동안 투자자의 평균 수익률이다.

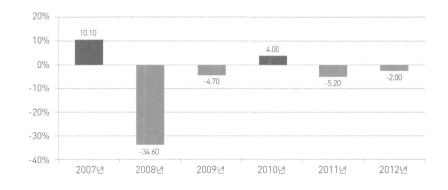

＊＊＊회계학에서는 수익과 이익을 구분한다고 했지만, 위 자료처럼 투자시장에서는 구분 없이 쓰는 경우가 많다. 관행에 따라 수익이라는 표현을 그대로 사용했다.

이 데이터에서 한 가지 짚어볼 게 있다. 2012년의 경우 수익＊＊＊을 낸 투자자의 비중이 더 높음에도 불구하고, 막상 평균 수익률은 마이너스라는 점이다. 이는 수익을 낸 사람들의 평균 수익률보다 손실을 본 사람들의 평균손실률이 더 크다는 것을 의미한다. 예를 들면, 10명 중 6명이 평균 10%의 이익을 내고, 4명이 평균 20%의 손실을 기록한 상황이다.

수익은 작게 내고 손실은 크게 보는 것이다.

이는 2009년과 2010년의 자료를 비교해도 알 수 있다. 2010년에 수익을 낸 투자자가 2.5배나(67.2/27.2) 많았음에도 평균 수익률은 4%를 기록했지만 2009년에 손실을 낸 투자자가 단 1.2배(52.3/44.6) 많았을 때의 손실률은 평균 4.7%이다. 2010년에 훨씬 높은 비율의 투자자가 이익을 냈음에도 2009년의 손실률에 미치지 못하는 수익률을 얻은 것이다.

한번 비교해보자. 두 투자자가 있다. A는 3년 동안 해마다 10% 이익을 얻고, 4년 차에는 20% 손실을 냈다. B는 3년 연속 A보다 2배인 20%의 수익을 기록하고, 대신 4년 차에는 A의 두 배인 40% 손실을 냈다. 두 사람의 연평균수익률을 계산하면 다음과 같다.

손실을 막는 것도 수익처럼 중요하구나…

	1년	2년	3년	4년	산술평균
투자자 A	10.0%	10.0%	10.0%	−20.0%	2.5%
투자자 B	20.0%	20.0%	20.0%	−40.0%	5.0%

A와 B 중 누가 더 수익률이 높을까? 만약 B라고 답을 한다면 당신은 함정에 빠진 것이다. 실제 수익률은 A가 더 좋다. 왜 그럴까? 둘 다 첫해 투자원금이 10,000원인 경우 4년 뒤의 재산은 다음과 같다.

Advice

*수학적으로 설명하자면, 투자수익률은 산술평균이 아닌 기하평균으로 계산해야 하기 때문이다. 〈Check Point〉 코너를 참고하시기 바란다.

	시작	1년	2년	3년	4년	최종수익률
투자자 A	10,000	11,000	12,100	13,310	10,648	6.48%
투자자 B	10,000	12,000	14,400	17,280	10,368	3.68%

오히려 A의 수익률이 B보다 2배 가까이 된다. 왜 이럴까?* 첫해 10% 이익이 나고 다음 해에 10% 손실이 나면 본전이 아니라 손해다. 10,000원이 첫해 11,000원이 됐다가 9,900원이 되기 때문이다. 20% 이익이 났다가 20% 손실이 나면 12,000원이 됐다가 9,600원이 된다. 만약 50% 이익이 났다가 50% 손실이 나면 7,500원이 된다. 같은 비율로 이익과 손실을 반복하면 비율이 높을수록 손해다. 그래서 수학적으로도 손실을 내지 않는 것이 중요하다. 10% 손실을 회복하기 위해서는 11%의 수익이면 되지만, 50% 손실을 회복하기 위해서는 100% 수익이 나야 한다.

손실을 내지 않는 것이 중요하다는 점은 일반투자자들의 투자행태와 심리를 통해서도 설명할 수 있다. 필자는 일반인들이 주식에 관심을 가지면 일단 말리고 본다. 가장 큰 이유는 다음 때문이다.

부자들은 단 1%의 승률로도 돈을 벌지만,
가난한 자는 99%의 승률에도 돈을 잃는다!

카지노 게임은 구조적으로 카지노가 이기게 되어 있다. 하지만 무조건 돈을 딸 방법이 하나 있다. 방법은 간단하다. 이기면 베팅한 금액의 2배를 지급하는 게임이 있다고 가정하자. 처음에 1만 원을 베팅한다. 그리고 만약 게임에 진다면 다음에는 2만 원을 베팅한다. 또 진다면 4만 원을 베팅한다. 여기서 이긴다면 총 7만 원을 베팅해서 8만 원을 얻으니 1만 원이 남는다. 지더라도 계속 베팅금액을 2배로 늘려가면 마지막 단 한 번의 승리로 '지금까지 베팅한 금액 + 1만 원'을 벌게 된다. 카지노가 99% 확률로 이기도록 설계된 게임이라도 상관없다. 99번 지더라도 1번의 승리로 돈을 벌 수 있다. 승률 1%로 이익을 내는 것이다. 물론 여기에는 한 가지 조건이 필요하다. 바로 계속해서 베팅을 늘려나갈 수 있을 만큼 당신이 충분히 부자여야 한다는 점이다. 부자들은 이렇게 승률 1%로도 돈을 벌 수 있다.

반면에 무조건 돈을 잃는 방법도 있다. 반대로 베팅하는 방법이다. 처음에 1만 원을 베팅한다. 이기면 2만 원을 모두 다시 베팅한다. 한 번 더 이겨서 4만 원이 되면 또 이 돈을 모두 베팅한다. 연승하더라도 계속 베팅금액을 2배로 늘려가는 거다. 이렇게 자신이 질 때까지 계속한다. 그러면 무조건 돈을 잃게 되어 있다. 99번 이기더라도 단 1번의 패배로 모든 돈을 잃는다. 승률은 99%인데 손실은 100%가 되는 방법이다.

극단적인 얘기 같은가? 일반투자자들이 주식에 투자하는 행태가 둘 중 어디에 가까울까? 직장을 얻고 규칙적인 소득이나 여윳돈이 생겨날 즈음 주변에서 주식으로 성공한 사람들의 얘기를 접하게 된다. 자신과 별반 다를 게 없어 보이는 사람이 큰돈을 벌었다니 '나도 한 번 해볼까'하는 생각이 든다. 계좌를 개설하고 '다 잃어도 큰 부담이 없는 정도의 금액'을 입금한다. 누군가 알려준 지식이나 정보를 바탕으로 '왠지 오를 것 같은 주식'을 샀는데 얼마 되지 않아 10% 정도가 오른다. 역시나 자신의 감이 맞은 거다! 기쁘면서도 동시에 후회가 된다.

'조금 더 샀어야 했는데…'

110%가 된 자금으로 다른 종목에 투자한다. 아니 오히려 예금을

찾아 투자 규모를 늘린다. 이번에도 적중해서 10% 상승이다. 누적수 익률 21%다. 예금에 계속 넣어두었다면 몇 년은 기다려야 얻을 수 있 는 수익이다. 그래도 아쉽다.

'조금 더 샀어야 했는데…'

도대체 어떤 사람들이 주식으로 재산을 날리는 건지 모르겠다. 좋 은 주식을 골라서 사두기만 하면 오르는데. 대출을 알아보니 이자율 이 5%도 안 된다. 하루 이틀만 상승하면 뽑을 수 있는 수익률이다. 대 출을 조금 받아 투자한다. 이런 식으로 수익이 발생하는 한 투자가 계 속된다. 아니 계속해서 주가가 오르고 있는데, 어떤 바보가 다른 데 돈 을 둔다는 말인가? 이게 대다수 투자자의 행태다. 카지노 사례의 필승 법과 필패법 중 어디에 가까운지 알겠는가? 카지노 사례에는 딴 돈에 대출까지 더해서 베팅하지는 않았다.

이런 연승이 영원히 계속된다면 좋겠지만 어느 순간 멈춘다. '초심 자의 행운(Beginner's luck)'은 계속되지 않는다. 영원한 상승장은 결 코 오지 않는다. 하락이 시작하면 언론에서는 '숨 고르기'나 '조정장' 이라는 용어가 등장한다. 일시적인 조정을 거쳐서 다시 상승할 것이 라는 전망이다. 지금까지 이익이 많이 났으니 조금 빠진다 해도 별 손 해가 아니다. 그런데 조정이 생각보다 깊어지고 오래간다. 어느 순간 에 보니 벌써 본전 수준이다. 아쉽다.

'그때 팔았어야 했는데…'

이런 상황에서는 갑자기 대다수 투자자가 가치투자자로 바뀐다.

'3만 원까지 갔던 주식이니 그냥 묻어두고 잊어버리면 언젠가는 다시 3만 원까지 갈 거야'. 착각하지 말자. 장기투자와 가치투자는 동의어가 아니다. '역사적 고가'가 그 주식의 '가치'는 아니다. 장이 폭락한다. 주가는 반의반 토막이 나버렸고, 예전 가격은 영원히 도달하지 못할 것 같다. 팔고 나서 생각한다.

'그냥 예금에 묻어둘걸… 이제부터 내 인생에 주식은 없어!'

하지만 상승장이 돌아오자 다시 주식에 투자한다. 이유는 간단하다. 생각해 보면 자신의 승률이 99%였기 때문이다. 하지만 주식으로 돈을 못 버는 건 대부분 승률의 문제라기보다는 손실의 문제이다.

산술평균과 기하평균

회사의 3년간 매출액이 다음과 같을 때 연평균 성장률은 얼마일까?

년도	2001	2002	2003
매출액	100억	200억	100억
전년대비 증가율		100%	(−)50%

2002년에 100% 증가했고, 2003년에는 50% 감소했다. 이 둘을 평균하면 25%가 된다.

회사의 매출액은 정말 2년간 연 25%씩 성장했는가?

이렇게 구하는 평균을 산술평균이라고 한다. 우리가 일반적으로 학교에서 배우는 평균의 개념이다. 하지만 2001년과 2003년 매출액을 비교해보면 100억 원으로 제자리이다. 결코 2년간 '평균' 25%씩 성장했다고 할 수 없다. 성장률은 0%이다. 이럴 때 사용하는 것이 기하평균이다. 수학적으로는 복잡한데 개념은 '계속해서 x%씩 성장했을 때 결괏값이 되는 평균'이다. 현재 100원이 5년 뒤에 200원이 되려면 해마다 계속해서 몇 %씩 성장해야 하는지를 계산하는 개념이다.

$$100 \times (1+x) \times (1+x) \times (1+x) \times (1+x) \times (1+x) = 100 \times (1+x)^5 = 200$$

답은 이렇게 구한다.

$$1+x = \sqrt[5]{\frac{200}{100}} = \sqrt[5]{2} \qquad x = \sqrt[5]{2} - 1 = 1.14870 - 1 = 0.14870$$

즉, 5년 동안 2배로 늘어난 것은 기하수익률로 연평균 14.87%씩 증가한 것이다. 일반식으로 나타내면 다음과 같이 정리할 수 있다. 시작값을 a, 마지막값을 b, 기간을 n이라고 하면,

$$기하평균\ x = \sqrt[n]{\frac{b}{a}} - 1$$

투자수익률을 말할 때는 일반적으로 산술평균이 아닌 기하평균을 사용해야 한다. 당신이 100만 원으로 주식투자를 시작하였고, 2년간 성과가 다음과 같다고 하자.

시점	수익률	금액	
현재		100만 원	
1년 뒤	+ 100%	200만 원	
2년 뒤	(−) 50%	100만 원	

$$산술평균 : \frac{100\% + (-)50\%}{2} = 25\% \qquad 기하평균 : \sqrt[2]{\frac{100}{100}} - 1 = 0\%$$

이 경우 산술평균은 25%이지만, 기하평균은 0%이다. 100만 원이 2년 뒤에 100만 원이 됐으니 수익률은 0%가 맞다. 명심하기 바란다. 중간에 아무리 상한가를 기록하고 높은 수익률이 났어도 마지막에 제자리로 돌아오면 수익률은 0%이다. 제발 '작년에 50% 수익이 났었다'고 자랑하지 말자.

투자 대가들의 수익률은 어떨까? 역사상 가장 성공한 펀드매니저로 불리는 피터 린치는 1977년 '마젤란펀드'를 맡아 1990년까지 13년 동안 무려 2,700%의 수익을 냈다. 1억 원이 13년 만에 28억 원이 된 것이다. 하지만 피터 린치의 수익률을 13년간 연 200%($\frac{2700\%}{13} = 208\%$)라고 하지는 않는다. 그가 거둔 연평균 수익률은 $\sqrt[13]{\frac{28}{1}} - 1 = 29.2\%$ 이다. 13년간 연 29%의 수익률을 계속 기록한 것

으로 펀드의 전설이 된 것이다. 주식투자를 하는 사람들의 목표수익률을 물어보면 '큰 욕심 없이 1년에 20%씩만'이라고 한다. 고수 소리를 들으려면 '그래도 1년에 수익이 2배는 나야 선수'라고 하는 경우를 본다.

어이없는 욕심이다!

몇 년 전에 다른 이의 추천으로 온라인 강의를 들은 적이 있다. 펀드매니저로 수년간 근무하다 독립해서 나온 분이 증권방송에서 하는 강의였다. 연세 지긋하신 분들이 열심히 손뼉 쳐가며 듣는 강의였다. '제발, 테마주 같은 거 하지 마라', '헛된 욕심을 부려서는 안 된다'와 같은 끄덕거려지는 얘기를 하다가 나중엔 "큰 욕심 부리시면 안 됩니다. 그냥 딱 1년에 2배만 먹겠다고 생각하셔야 해요."라는 얘기를 듣고는 조용히 창을 닫았다. 우사인 볼트가 가진 100m 세계신기록이 9초 58이다. 초등학교 체육 선생님이 아이들을 모아놓고 얘기한다.

"얘들아, 다치면 안 되니까 너무 빨리 달리려고 하지 마. 그냥 100m를 5초 안에만 뛰어."

무슨 헛소리인가!

우스개 농담처럼 들릴지 모르겠다. 그런데 당신이 생각하는 목표수익률은 얼마인가? 당신도 '큰 욕심 없이 1년에 20%만' 바라고 있지는 않은가? 100m를 욕심 없이 5초에 뛰겠다는 생각이다. 피터 린치가 연 29%의 수익을 올린 기간에 미국 S&P 수익률은 15% 수준이었다. 금리가 10%를 넘던 시절의 이야기다. 금리의 3배, 시장의 2배 정도의 수익을 낸 것이다. 현재 금리가 2%가 안 되는데, 당신은 금리의 10배가 넘는 수익을 소박하게 바라고 있다.

정신 차리고 꿈 깨라!

이런 헛된 꿈에 빠져 있으니 '8% 수익, 원금 보장'이 사기 수준이라는 걸 눈

치채지 못하는 거다.* 합리적인 기대를 하기 바란다. 연 20%의 수익을 내기 위해서는 위험한 투자를 할 수밖에 없다. 투자자가 자꾸 손실을 보는 이유다. '고위험·고수익'이라는 말은 '고위험, 고손실'과 같

* 단순하게 일러두자면, 누군가 당신에게 은행금리의 3배 이상을 제시한다면 '위험한 거래'라고 생각하면 된다.

은 말이다. 필자가 주식에 투자하며 목표하는 수익률은 연 10%다. 연 10%의 수익률을 꾸준히 내면 된다. 최근에는 금리가 하락해서 목표수익률을 8%로 낮췄다. 목표이고 꿈이기 때문에 크게 가져보는 것이다. 스스로 만족하는 건 10번 중 8번은 목표를 달성했다는 점이다. 상한가 칠 종목을 찾으면 주식이 어렵지만, 연 8%만 먹겠다고 찾으면 투자가 훨씬 쉬워진다. 길게 보고 꾸준히 수익을 내는 게 중요하다. 최고의 투자자로 인정받는 워런 버핏의 지난 50년간 수익률이 얼마인지 아는가?

연평균 20%다.

연평균 20%를 50년 동안 내면 누적수익률은 $1.2^{50} - 1 = 909,944\%$다. 1천만 원이 910억 원으로 늘어난 것이다.

'투기'가 아니라 현실적인 목표를 정하고 '투자'하세요.

주가지수가 올랐는데

왜 투자자는 손해를 볼까?

필자가 글을 쓰고 있는 지금 코스피 지수는 2,000을 오르내리고 있다. 코스피 지수는 1980년 1월 4일을 기준시점으로 하여 이날의 주가를 100으로 했을 때 현재주가가 어느 정도 수준인지를 가늠하는 지표이다. 간단히 말해서 1980년보다 주가는 평균 20배가 올랐다는 얘기다. 36년간 20배가 올랐으니 산술평균으로는 연 55%씩 상승했다. 하지만 〈Check Point〉코너에서 지적한 대로 연평균수익률은 기하평균을 사용해야 한다. 기하평균을 사용하니 연평균 8.7%가 상승했다. 80년대 당시 이자율이나 물가상승률을 고려하면 높지 않게 느껴질 수 있지만, 어쨌거나 20배가 상승했다. 그렇다면 거기에 투자한 사람들은 못해도 본전은 해야 하는 게 아닐까? 그런데 왜 손실을 본 투자자가 그렇게 많을까? 앞에서 지적한 승률과 무관한 투자 행태도 문제지만 여기에 함정이 하나 더 있다. 바로 코스피 지수가 가지고 있는 함정이다.

코스피 지수는 '시가총액가중방식지수'이다. 어려운 얘기인데, 이해하기 쉽게 간단히 얘기해서 1980년 1월 4일(기준시점)의 시가총액과 지금의 시가총액을 비교해서 지수를 산정한다. 예를 들어 1980년 1월 4일 모든 코스피 종목의 시가총액 합계가 10조였는데, 지금은 시가총액 합계가 200조라면 코스피 지수는 20배 오른 2,000이 되는 것이다. 그런데 여기에는 여러 가지 조정이 필요하다. 이해하기 쉬운 예로 신규상장 종목에 대한 조정이다. 2014년 12월 18일에 제일모직이 상장했다. 상장 첫날 종가기준으로 시가총액은 15조를 넘었다. 이렇게 되면 주가지수에 어떻게 반영할까? 단순히 시가총액을 비교한다면 15조에 해당하는 만큼 코스피 지수가 갑자기 상승하게 된다. 기준시점의 시가총액이 10조라면 갑자기 150포인트가 상승하는 것이다. 이렇게 되면 종목이 신규 상장되거나 특정 종목이 증자하는 것만으로도 시가총액은 변화가 생기고, 지수의 효용성이 떨어진다. 그래서 이럴 때는 기준시점의 시가총액을 조정해준다. 증자나 상장을 통해 현재 시점의 시가총액이 2% 늘어났다면, 기준시점의 시가총액도 2%를 늘려서 그 영향을 없애는 방법이다. 즉, 이 종목이 1980년부터 있었고, 이 종목도 지수상승만큼 올랐다고 가정하는 것이다. 합리적인 계산방법이다. 하지만 여기서 함정이 생겨난다.

특정 종목이 상장폐지가 되면 주가지수에 어떤 영향을 줄까?

특정 종목이 신규상장했다는 것만으로 주가지수가 변하면 안 되기에 이를 원래부터 있었던 것으로 가정하여 조정해주었다. 같은 논리에 따라 특정 종목이 상장폐지 되면 이를 원래부터 없었던 것으로 가정하여 조정해준다.

애초부터 없던 셈 치는 거다.

극단적인 예가 되겠지만(동시에 끔찍하지만), 삼성전자가 갑자기 상장폐지가 됐다고 가정해보자. 현재 시점에 삼성전자 시가총액은 310조 원 수준으로 코스피 시가총액 중 19%를 차지하고 있다. 이런 종목이 상장폐지 되면 투자자들의 재산 310조 원이 증발한다. 엉터리 계산법이지만, 계좌의 20%가 깡통을 차는 것과 같다. 무사한 투자자를 찾기 힘들 것이다. 그런데 주가지수는 어떨까?

삼성전자가 상장폐지 되더라도 주가지수는 변하지 않는다.

애초부터 없었던 것으로 치는 거다. 투자자 재산의 20%가 날아갔는데, 주가지수로는 아무런 손해가 없는 것으로 보인다. 이것이 함정이다. 주가지수는 살아남은 종목만으로 계산한 지수이다. 1,000원짜리 복권 10장을 샀는데, 9장은 '꽝'이고 나머지 한 장이 5,000원에 당첨됐다. 그 한 장만 가지고 투자수익률이 400%라고 할 수 있을까?

유가증권시장(코스피)에서 상장폐지된 종목이 얼마나 될까? 거래소 홈페이지에서 이에 대한 확인이 가능한데, 1991년 이후로만 대략 400종목*이 상장폐지 되었다.

결국, 우상향한 주가지수에는 상장폐지된 400종목 투자자의 피눈물이 반영되어 있지 않다.

Advice

*집필 시점에 조회가 가능한 자료는 1991년부터였다. 조회결과에서 자진상장폐지나 지주사 전환, 존속기간 만료 등 투자자에게 큰 손해를 입혔다고 보기 힘든 항목은 제외하였다.

재무제표는 낙법이다,

낙법을 모르면 죽는다!

　　재무제표는 좋은 종목을 찾는 데 유리할까, 안 좋은 종목을 거르는 데 유용할까? 냉정하게 말해서 후자다. 재무제표를 분석해서 신약개발의 성공, 해외시장 신규수주 등 미래의 소위 대박을 점치기는 쉽지 않다. 하지만 당장 1년 안에 갚아야 할 부채가 얼마인지, 소송이 걸려 있거나 다른 회사에 보증을 서고 있지 않은지, 고금리의 차입금은 없는지 등의 사항들은 쉽게 알 수 있다. 그래서 증권사보다는 은행에서 활발히 재무제표를 분석한다. 문제 있는 회사를 걸러내기 위해 재무제표가 유용하기 때문이다. 필자의 선배가 증권사에서 강의할 때 들었던 얘기가 있다. 은행에서 강의를 많이 하신 분인데, 같은 금융권이라 생각하고 은행에서 사용했던 사례들을 그대로 소개했나 보다. 은행에서 대출을 해줬다가 사고가 난 부실기업의 사례들이다. 수업 중에 대뜸 이런 소리가 들려 오더란다.

"우리가 관심 있는 건 좋은 회사이지, 나쁜 회사가 아닌데요!"

정확한 지적이다. 투자자의 관심은 나쁜 기업이 아니라 좋은 기업이다. 하지만 필자는 여전히 강의 중에 나쁜 회사에 관한 얘기를 많이 한다. 투자자의 관심은 좋은 기업이겠지만, 투자자가 알아야 할 것은 '나쁜 기업을 피하는 방법'이기 때문이다. 투자경력이 오래된 사람들은 누구나 마음속에 아쉬움이 남는 종목이 몇 개씩 있다. '그때 그 종목을 샀더라면 지금쯤…'이라는 생각을 누구나 한다는 말이다. 그래서 다시 그런 기회가 생기기를 바라고, 어떻게 또 그런 종목을 찾을지에 관심이 많다. 하지만 필자는 투자경력이 10년 이상 된 증권사 직원들께 이 질문을 드려 본다.

"여러분이 투자하셨던 종목 중에서 1년에 1종목씩만 골라서… 만약 사지 않았다고 한다면 전체 수익률이 어떻게 될까요?"

대부분의 투자자는 1년에 한두 종목 때문에 농사를 망친다. 승승장구하는 수익률을 자랑하다가 한두 종목에 물려서 마음고생을 하는 거다. 90%의 승률을 손해 보게 하는 그 10%가 문제다.

"그 종목만 사지 않았더라면…"

앞에서 주가지수가 상승함에도 투자자가 수익을 내지 못하는 이유 중 하나가 바로 상장폐지된 종목이 반영되지 않았기 때문이라고 했다. 역으로 바꿔 말하면, 상장폐지 종목만 피해도 35년간 20배의 수익을 거둔다는 얘기다. 모든 투자자에게 재무제표가 필요하다는 것은

난 낙법을
배웠으니 떨어져도
괜찮다고!

바로 이 때문이다.

얼마 전 TV 예능프로그램에서 유도를 소재로 방송한 적이 있다. 이 프로그램이 방영된 뒤로 유도를 배우겠다는 사람이 많이 늘었다고 한다. 사람들은 TV에서 본 '팔가로누워꺾기', '말아업어치기', '안오금 띄기' 같은 화려한 기술들을 배우고 싶어 한다. 하지만 도장에 가면 무 조건 '낙법'부터 가르친다. 관장이 매출을 올리려면 화려한 공격기술 부터 가르쳐야겠지만, 재미없는 낙법만 한참을 알려준다. 왜 그럴까? 물론 낙법으로 경기에서 우승할 수는 없다.

하지만 낙법을 모른다면 매트에 꽂히는 순간 크게 다칠 수 있다.

필자가 '수익을 내는 공격법'이 아닌, '손실을 피하는 방어법'부터 얘기하는 이유다. 책을 한 권이라도 더 팔려면 순서를 바꾸고, 이 책에 대박 비법이 가득한 것처럼 보여야 할 테다. 하지만 필자가 책을 쓰는 이유는 얼마 되지 않는 인세가 목적이 아니라 주식시장에서 더는 죽 어 나가는 투자자가 없었으면 하는 마음이 훨씬 크기 때문이다. 재무 제표를 볼 줄 모른다면 계좌를 개설하지 말았으면 좋겠다. 이것만 실 천해도 책값 이상의 재산을 지켜낼 수 있을 것이다.

왜 주가가 2주 만에

반 토막이 났을까?

"내일 아침 당장 던져!"

2015년에 종목을 봐달라는 친구에게 했던 말이다. 필자에게 수업을 들었던 증권사 직원인데, 술자리도 몇 번 하고 나이도 동갑이라서 친구가 된 사이이다. 이 친구에게 전화가 왔다.

"경인아, 종목 하나만 봐줄래? 오늘 공시가 떴는데 이게 네가 수업 시간에 얘기했던 그 케이스냐?"

증권사에서 강의요청이 와서 강의내용이나 목차를 보내주면 간혹 수준을 높여달라는 요구를 할 때가 있다. '업력이 최소 10년 이상 되시는 분들이고, 지점장님들까지도 들으러 오신다. 수준을 높였으면 좋겠다.'라거나 '리서치 부서에 근무하는 직원들이다. 우리 직원들이 배우기에는 수준이 낮은 것 같다.'는 의견이다. 그러면 알겠다고 한 다음에 첫 시간에 아래의 사례를 보여준다. 이 공시를 보고 왜 던져야 하는지, 뭐가 문제인지 알아낸다면 수준을 올려서 강의한다. 투자자 입장에서 재무제표를 볼 때 가장 기본이 되는 내용이기 때문이다. 여러분도 퀴즈나 퍼즐이라고 생각하고 한번 풀어보기 바란다. 미리 결론부터 말씀드리자면 이 종목은 2주 만에 하한가 4번을 기록하고 주가는 반 토막이 난다. 왜 필자는 친구에게 이 종목을 당장 내다 팔아야 한다고 했을까?

매출액 또는 손익구조 30%(대규모법인은 15%)이상 변동

1. 재무제표의 종류	연결			
2. 매출액 또는 손익구조 변동내용(단위 : 원)	당해 사업연도	직전 사업연도	증감금액	증감비율 (%)
- 매출액(재화의 판매 및 용역의 제공에 따른 수익액에 한함)	6,179,897,290	15,285,107,701	-9,105,210,411	-59.6
- 영업이익	-3,363,374,487	-5,869,435,456	2,506,060,969	42.7
- 법인세용차감전계속사업이익	-4,316,682,949	-15,237,469,441	10,920,786,492	71.7
- 당기순이익	-6,235,397,711	-17,790,507,512	11,555,109,801	65.0
- 대규모법인여부	미해당			
3. 재무현황(단위 : 원)	당해 사업연도		직전 사업연도	
- 자산총계	31,677,777,289		36,727,459,481	
- 부채총계	22,742,079,625		26,995,175,304	
- 자본총계	8,935,697,664		9,732,284,177	
- 자본금	13,505,870,500		9,668,892,500	

여러분의 투자경력이 몇 년이고, 직업이 무엇인지는 중요하지 않다. 설사 회계사라고 해도 마찬가지다. 이 공시내용을 보고 무엇이 문제인지 알아차리지 못하면 여러분 재산의 절반이 2주 만에 날아간다고 생각하자.

① 매출액이 60%나 줄었어요!

② 근데, 영업이익은 적자 폭이 줄었네요.

③ 당기순손실이 60억 원이 넘는데 자본은 8억 원밖에 줄지 않았어요.

④ 자본금이 늘어난 걸 보니 유상증자를 했네요.

일반적인 오답유형이다. '맞는 분석'이지만, '앞으로 주가가 하락할 이유'는 아니다. 이미 다 알려져 있던 내용이기 때문이다. 먼저 회사가 매출액이 급감한 이유는 기존에 하던 사업을 중단하기로 했기 때문이다. 회사의 주된 매출은 3D TV용 안경 사업에서 나왔다. 하지만 3D TV 사업이 잠깐의 유행 이후 실패함에 따라 해당 사업을 중단하기로 했다. 이 때문에 매출액은 감소했지만, 적자사업을 중단함에 따라 적자 폭도 줄어든 것이다. 이러한 어려움 때문에 이루어진 증자는 이미 1년 전에 완료된 사항이다. 답은 따로 있다. 결정적인 힌트를 드리자면 위에 제시된 숫자 중 2가지 숫자의 비율에 답이 있다.

만약 이 문제를 풀지 못한다면, 당신은 '재무제표를 볼 줄 안다'고 할 수 없다.

이제부터 이 문제에 대한 답을 찾아나가려 한다. 그 과정에서 왜 재무제표가 낙법이 되는지, 진짜 투자자가 알아야 할 지표가 무엇인지 배워나갈 수 있을 것이다.

2. 회사의 숨은 의도를 읽는 법: 숫자의 진실!

적자가 몇 년이면

상장폐지가 될까?

Advice

＊비재무적 조건까지 전부 나열하는 것은 책의 분량만 늘릴 뿐이기에 생략하였다. 나머지 조건도 궁금하다면 거래소 홈페이지를 참조하면 된다.

상장사가 적자를 몇 년 연속 기록하면 상장폐지가 될까?

나중에 자세히 다루게 될 거라면서 1부에서 던졌던 질문이다. 언급했던 대로 주가지수는 장기적으로 우상향하기 때문에 상장폐지만 당하지 않아도 평균적으로 수익을 낼 수 있다. 그러면 종목의 상장폐지는 어떤 상황에서 일어나는 걸까? 이 조건을 아는 것이 상장폐지를 당하지 않는 출발점이 될 것이다. 관리종목에 편입되거나 상장폐지가 되는 기준은 거래량 미달, 공시의무 위반, 시가총액 미달 등 여러 가지 요건이 있다.＊ 이 중에서 재무와 관련된 조건은 다음 네 가지이다.

요건	유가증권시장	코스닥 시장
매출액 (지주회사는 연결기준)	[관리] 50억 원 미만 [상폐] 2년 연속	[관리] 30억 원 미만[3] [상폐] 2년 연속

요건	유가증권시장	코스닥 시장
법인세비용차감전계속사업손실[1]	해당 없음	[관리] 자기자본의 50%를 초과(&10억 원 이상)하는 법인세비용차감전계속사업손실이 최근3년간 2회 이상[4] [상폐] 관리종목 지정 후 자기자본의 50%를 초과(&10억 원 이상)하는 법인세비용차감전계속사업손실 발생
장기간 영업손실	해당 없음	[관리] 최근 4사업연도 영업손실(지주회사는 연결기준)[5] [6] [상폐] 5년 연속 시
자본잠식[2]	[관리] 자본금 50% 이상 잠식 [상폐] 자본금 전액 잠식 자본금 50% 이상 잠식 2년 연속	[관리] (A) 사업연도(반기)말 자본잠식률 50%이상 (B) 사업연도(반기)말 자기자본 10억 원 미만 (C) 반기보고서 제출기한 경과 후 10일 내 반기검토(감사)보고서 미제출 or 검토(감사)의견 부적정·의견거절·범위제한한정 [상폐] 최근년말 완전자본잠식 A or C 후 사업연도(반기)말 자본잠식률 50%이상 B or C 후 사업연도(반기)말 자기자본 10억 원 미만 A or B or C 후 반기말 반기보고서 기한 경과 후 10일 내 미제출 or 감사의견 부적정·의견거절·범위제한한정

1) 연결재무제표 작성대상법인의 경우, 연결재무제표상 법인세비용차감전계속사업손실 및 자기자본 기준
2) 연결재무제표 작성대상법인의 경우, 연결재무제표를 기준으로 하되 자기자본에서 비지배지분을 제외
3) 기술성장기업, 이익미실현기업은 각각 상장 후 5년간 미적용
4) 기술성장기업 상장 후 3년간 미적용, 이익미실현 기업 상장 후 5년 미적용
5) 기술성장기업(기술성장기업부)은 미적용
6) 기술성이 있고 연구개발 투자가 많은 연구개발기업에 대해 장기영업손실로 인한 관리종목 지정을 한시적으로 면제

고스톱보다 쉬워요.

4개

처음 보시는 분들은 네 가지나 되는 조건이 뭔가 복잡해 보이기도 하고 어렵게 느껴질 수 있다. 하지만 크게 걱정할 필요는 없다. 전 국민이 치는 고스톱 규칙도 네 가지보다 많다. 생각해보면 고스톱도 처음 칠 때는 규칙 외우는 게 어렵지 않았나. 이제 규칙을 몰라서 지는 경우는 없는 것처럼 자주 접하면 금방 익숙해질 수 있다.

가장 먼저 적자와 관련된 규정부터 확인해보자. 우리가 일반적으

로 '적자'라고 하면 당기순이익이 마이너스인 경우를 말한다. 당기순손실이 몇 년 연속이면 '관리종목'에 편입되는가? 이전에도 말했지만 그런 규정은 없다. 유가증권시장(코스피)에는 관련 규정이 아예 없고, 코스닥 시장에는 당기순손실이 아닌 영업손실과 관련된 규정이 있을 뿐이다.

Advice

* 해당 규정은 2016년 6월 8일에 개정되어 5년 연속 영업손실이더라도 실질심사를 통해 선별적 퇴출을 하도록 변경되었다.

요건	유가증권시장	코스닥 시장
장기간 영업손실	해당 없음	[관리] 최근 4사업연도 영업손실 [상폐] 5년 연속시*

코스닥 시장에서 영업손실이 4년 연속이면 관리종목에 편입되고, 5년 연속이면 상장폐지가 된다. 이런 경우를 가정해보자. A라는 기업이 있는데, 3년 연속 영업손실을 기록했다. 이 회사는 만약 올해도 영업이익을 못 내면 관리종목에 편입된다. 그런데 이 회사가 잠정실적을 다음과 같이 발표한다.

'매출액 350억, 영업이익 1억'

그리고 그 밑에는 다음과 같이 적혀 있다. "당해 정보는 외부감사인의 감사가 종료되기 이전의 정보이므로 감사결과에 따라 일부 수정이 있을 수 있으니 이용함에 있어 착오 없으시기 바랍니다."

자, 어떤 느낌이 드는가? '참 다행이다'라는 생각이 드는가, 아니면 '어떻게든 억지로 맞췄겠구나'라는 생각이 드는가? 아무래도 억지로 맞춘 숫자일 확률이 높다. 만약, 당신이 이 회사의 감사인이라면 어떻게 하겠는가? 여러분이 직접 감사를 해 본 경험은 없을 것이다. 그렇지만 간단히 얘기해서 감사를 '설렁설렁'하겠는가? 아니면 '빡세게'

하겠는가? 일반적인 상황이라면 매출액이 350억 원이냐, 349억 원이냐는 크게 중요하지 않을 수 있다. 하지만 이 회사의 경우는 다르다. 지금 그 1억 원 때문에 관리종목에 편입되느냐 마느냐가 결정되기 때문이다.** 작은 금액까지도 일일이 다 확인하고 세세하게 감사를 하게 된다. 회사가 어떻게든 맞춰서 냈을 것으로 보이는 저 숫자는 감사를 통과하지 못 할 확률이 높다. 만약 여러분이 보유 중인 코스닥종목이 3년 연속 영업손실인데, 저런 공시를 띄운다면 어떻게 해야 할까? 그대로 들고 있을 것인가, 아니면 일단 던지고 감사결과를 지켜볼 것인가? 이때는 후자처럼 행동해야 할 것이다. 하지만 시장은 그렇게 하지 않는다. 그리고 지금 이 사례는 여러분의 이해를 돕기 위해서 필자가 억지로 만들어 낸 사례가 아니다. 실제로 있었던 일이고, 자주 반복되는 일이다. 아래는 '자연과 환경'이라는 회사의 2010년부터 2012년까지 3년간 영업이익이다.

년도	2010년	2011년	2012년
영업이익	(−)229,783,528	(−)19,435,888,033	(−)5,808,963,628

3년 연속 영업손실이 발생했다. 2013년에도 영업손실이라면 관리종목에 해당하는 상황이다. 그리고 이 회사가 2013년 실적과 관련하여 2014년 3월 14일에 공시한 내용 중 일부를 옮긴다.

	- 상기 당해사업연도의 손익 및 재무현황은 한국채택국제회계기준(K-IFRS)에 따라 작성된 연결재무제표 기준의 자료입니다.
	- 한국채택국제회계기준(K-IFRS)에 따라 작성된 당해년도의 별도재무제표 기준 손익은 다음과 같습니다.
6. 기타 투자판단에 참고할 사항	매출액 : 35,283,105,555원 영업이익 :153,854,706원 법인세비용차감전순손실 : 3,830,217,592원 당기순손실 :3,830,217,592원
	- 상기 자료는 외부감사인의 감사결과 및 주주총회 승인과정에 따라 변경될 수 있습니다.
※관련공시	-
당해 정보는 외부감사인의 감사가 종료되기 이전의 정보이므로 감사결과에 따라 일부 수정이 있을 수 있으니 이용함에 있어 착오 없으시기 바랍니다.	

매출액은 352억 원이고 영업이익은 1.5억 원이다. 영업이익이 발생하지 않으면 안 되는 상황에서 1.5억 원의 이익이 발생했지만, 아직 감사를 받기 전이라 감사결과에 따라 일부 수정이 있을 수 있다는 내용이다. 이 공시에 대해 시장은 어떻게 반응했을까? 위 공시내용은 장이 마감한 3월 14일에 났다. 그리고 아래는 공시가 난 다음 날의 주가이다.

일자	시가	고가	저가	종가	전일비	등락률	거래량
2014-03-14	402	402	388	389	▼ 13	−3.23	2,366,463
2014-03-17	399	407	391	393	▲ 4	+1.03	2,103,269

되려 다음날 시가가 전일 종가보다 높게 시작했으며, 1%이상 상승 마감 했다. 공시가 난 3월 14일은 금요일이었기 때문에 주말 이틀 동안 이를 확인하고 검토할 시간은 충분했다고 본다. 따라서 필자는

확신에 가깝게 주장한다.

대한민국 투자자는 재무제표를 보지 않는다!

일주일 뒤에 감사가 끝나면 이 종목이 어떻게 될 것 같은가? 일주
일 뒤에 공시한 내용이다.

1. 감사의견 및 재무내용	당해사업연도	직전사업연도
가. 감사의견 등		
-감사의견	적정	적정
-계속기업 존속불확실성 사유 해당여부	미해당	미해당
-내부회계관리제도 검토의견 비적정 등 여부	미해당	미해당
나. 주요 재무내용(단위 : 원)		
-자산총계	62,456,785,406	76,934,178,305
-부채총계	27,027,475,321	37,094,756,861
-자본총계	35,429,310,085	39,839,421,444
-자본금	45,736,786,500	43,936,009,500
-매출액(재화의 판매 및 용역의 제공에 따른 수익액에 한함)	35,283,105,555	42,950,684,521
-영업이익	-2,591,342,113	-5,808,963,628
-법인세비용차감전계속사업이익	-6,911,355,390	-6,517,815,189
-당기순이익	-6,841,387,116	-6,517,815,189
2. 회계감사인명	삼일회계법인	
3. 감사보고서 수령일자	2014-03-21	
4. 연결재무제표 제출대상 해당여부	예	
5. 기타 투자판단에 참고할 사항	-	
	※관련공시	-

감사를 받은 결과 회사가 1.5억 원의 흑자라고 주장했던 영업이익
은 25.9억 원의 적자로 바뀌어 있다. 이와 동시에 관리종목에 지정되
고, 400원 근처에 있던 회사 주가의 움직임은 아래와 같았다.

일자	시가	고가	저가	종가	전일비	등락률	거래량
2014-03-14	402	402	388	389	▼ 13	-3.23	2,366,463
2014-03-17	399	407	391	393	▲ 4	+1.03	2,103,269
2014-03-18	398	400	389	390	▼ 3	-0.76	1,628,510
2014-03-19	394	396	379	386	▼ 4	-1.03	1,754,614
2014-03-20	380	387	377	378	▼ 8	-2.07	2,121,255
2014-03-21	378	383	365	372	▼ 6	-1.59	2,627,268
2014-03-24	317	317	317	317	↓ 55	-14.78	230,376
2014-03-25	270	270	270	270	↓ 47	-14.83	329,460
2014-03-26	236	237	230	230	↓ 40	-14.81	20,717,813
2014-03-27	234	234	220	230	▲ 0	+0.00	5,162,375
2014-03-28	230	234	226	229	▼ 1	-0.43	3,703,901
2014-03-31	226	226	222	222	▼ 7	-3.06	1,971,016

÷?
누구냐 넌?

Advice

*물론 관리종목 편입이나 상장폐지를 당해보는 것이 효과는 가장 높겠지만, 비용이 너무 많이 든다. 심지어 한 번 당했는데도 깨달음이 없어서 다시 당하는 경우를 여러 번 봤다. 정확한 이유를 모르니 대책도 세우지 못하는 거다.

21일 이후 3일 연속 하한가이다. 주가는 거의 반 토막이 났다. 회사가 재무제표에서 3년 연속 영업손실을 기록했을 때 해당 종목은 전쟁터에 던져진 것과 같다. 자칫하면 죽을 수 있는 상황이란 말이다. 다시 말해서 3월 14일에 잠정실적 공시가 났을 때 발밑에 수류탄이 떨어진 것과 같다. 운 좋게 터지지 않고 불발이 될 수도 있지만, 터진다면 발이 잘려나갈 것이다. 당연히 서둘러 벗어나야 하는 상황이다. 결국, 일주일 뒤 수류탄은 터졌고 발이 잘려나갔다. 재무제표를 보지 않는 투자자들은 자신이 투자한 종목이 전쟁터 한복판에 있는지 관광지에 있는지 구분을 못 한다. 발밑에 굴러와 부딪힌 게 수류탄인지 솔방울인지 분간을 못하는 거다.

어쩌다 한 번 있었던 특이한 사례라고 생각할 수 있다. 필자가 몇 가지 사례를 더 나열하는 것은 큰 도움이 되지 않을 수도 있다. '백견이 불여일행(百見不如一行)'이라 하지 않는가? 직접 해봐야 자기 것이 된다.* 최근에 있었던 케이스를 추가로 〈사례실습〉 코너에 옮겨두었으니 여러분이 직접 확인해보기 바란다.

한국자원투자개발

필요한 설명은 본문에서 했으므로 생략한다. 회사의 자료와 공시내용만 그대로 옮겨왔다. 무엇이 문제인지, 이런 공시를 보면 어떻게 해야 하는 건지 스스로 생각할 시간을 가지는 것이 좋다. 참고로 이

회사는 2016년 5월 26일 회사명을 '한국자원투자개발 주식회사'에서 '주식회사 코리드'로 변경하였다.

① 2012 ～ 2014년 영업실적**

**대부분의 사람이 좌에서 우로 연도가 진행되는 것에 익숙하다. 하지만 공시자료는 대부분 최근 연도를 좌측에, 과거 연도를 우측에 표기하는 것이 일반적이다. 당해 사업연도, 직전 사업연도, 전전 사업연도의 순서로 표기하는 것이다. 공시자료에 익숙해질 수 있도록 이 표기방식을 따랐다.

년도	2014년	2013년	2012년
영업이익	(-) 2,661,364,352	(-) 1,486,037,695	(-) 2,763,143,125

② 2016년 2월 23일 공시내용

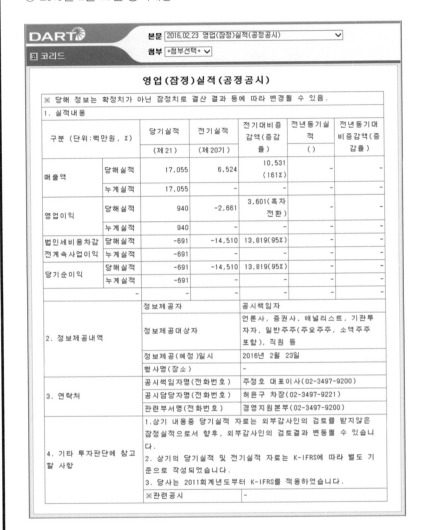

영업(잠정)실적(공정공시)

본문 2016.02.23 영업(잠정)실적(공정공시)
첨부 +첨부선택+

※ 당해 정보는 확정치가 아닌 잠정치로 결산 결과 등에 따라 변경될 수 있음.

1. 실적내용

구분 (단위:백만원, %)		당기실적 (제21기)	전기실적 (제20기)	전기대비증감액(증감율)	전년동기실적 ( )	전년동기대비증감액(증감율)
매출액	당해실적	17,055	6,524	10,531 (161%)	-	-
	누계실적	17,055	-		-	-
영업이익	당해실적	940	-2,661	3,601(흑자전환)	-	-
	누계실적	940	-		-	-
법인세비용차감전계속사업이익	당해실적	-691	-14,510	13,819(95%)	-	-
	누계실적	-691	-		-	-
당기순이익	당해실적	-691	-14,510	13,819(95%)	-	-
	누계실적	-691	-		-	-

2. 정보제공내역	정보제공자	공시책임자
	정보제공대상자	언론사, 증권사, 애널리스트, 기관투자자, 일반주주(주요주주, 소액주주 포함), 직원 등
	정보제공(예정)일시	2016년 2월 23일
	행사명(장소)	-
3. 연락처	공시책임자명(전화번호)	주정호 대표이사(02-3497-9200)
	공시담당자명(전화번호)	허윤구 차장(02-3497-9221)
	관련부서명(전화번호)	경영지원본부(02-3497-9200)
4. 기타 투자판단에 참고할 사항	1.상기 내용중 당기실적 자료는 외부감사인의 검토를 받지않은 잠정실적으로서 향후, 외부감사인의 검토결과 변동될 수 있습니다. 2. 상기의 당기실적 및 전기실적 자료는 K-IFRS에 따라 별도 기준으로 작성되었습니다. 3. 당사는 2011회계년도부터 K-IFRS를 적용하였습니다.	
	※관련공시	-

③ 공시 전후 주가변동

일자	시가	고가	저가	종가	전일비	등락률	거래량
2016-02-23	396	420	390	395	▲ 5	+1.28	5,375,156
2016-02-24	395	396	389	391	▼ 4	-1.01	1,452,914

④ 2016년 3월 22일 공시내용

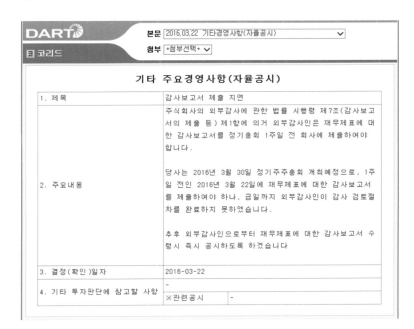

⑤ 2016년 3월 30일 감사보고서제출

본문 2016.03.30 감사보고서제출

첨부 +첨부선택+

코리드

[개별/별도재무제표 관련 감사의견 및 재무내용]

1. 감사의견 및 재무내용	당해 사업연도	직전 사업연도
가. 감사의견 등		
-감사의견	적정	적정
-계속기업 존속불확실성 사유 해당여부	미해당	미해당
-내부회계관리제도 검토의견 비적정 등 여부	해당	미해당
나. 감사의견과 관련 없는 계속기업 존속 불확실성 기재여부	미기재	미기재
다. 주요 재무내용(단위 : 원)		
-자산총계	59,726,794,289	102,744,200,508
-부채총계	27,448,050,137	58,912,893,011
-자본총계	32,278,744,152	43,831,307,497
-자본금	70,757,525,000	59,051,354,000
-매출액(재화의 판매 및 용역의 제공에 따른 수익액에 한함)	12,058,262,034	6,524,918,679
-영업이익	-663,313,641	-2,661,364,352
-법인세비용차감전계속사업이익	-15,203,204,551	-14,510,371,838
-당기순이익	-15,203,204,551	-14,510,371,838

⑥ 2016년 3월 30일 공시내용

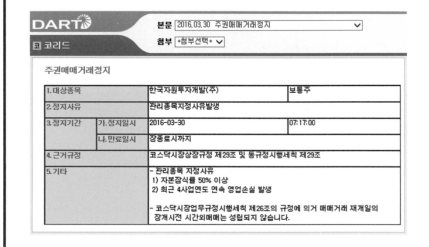

본문 2016.03.30 주권매매거래정지

첨부 +첨부선택+

코리드

주권매매거래정지

1.대상종목		한국자원투자개발(주)	보통주
2.정지사유		관리종목지정사유발생	
3.정지기간	가. 정지일시	2016-03-30	07:17:00
	나. 만료일시	장종료시까지	
4. 근거규정		코스닥시장상장규정 제29조 및 동규정시행세칙 제29조	
5.기타		- 관리종목 지정사유 1) 자본잠식률 50% 이상 2) 최근 4사업연도 연속 영업손실 발생 - 코스닥시장업무규정시행세칙 제26조의 규정에 의거 매매거래 재개일의 장개시전 시간외매매는 성립되지 않습니다.	

⑦ 해당기간 주가변동

일자	시가	고가	저가	종가	전일비	등락률	거래량
2016-02-23	396	420	390	395	▲ 5	+1.28	5,375,156
2016-02-24	395	396	389	391	▼ 4	-1.01	1,452,914
~	~	~	~	~	~	~	~
2016-03-18	419	425	393	403	▲ 8	+2.03	3,673,491
2016-03-21	401	402	390	395	▼ 8	-1.99	2,150,098
2016-03-22	394	415	385	389	▼ 6	-1.52	3,044,020
2016-03-23	341	382	332	376	▼ 13	-3.34	5,925,057
2016-03-24	375	377	358	366	▼ 10	-2.66	3,539,909
2016-03-25	366	372	344	351	▼ 15	-4.10	4,580,859
2016-03-28	347	373	328	366	▲ 15	+4.27	6,340,677
2016-03-29	367	369	320	349	▼ 17	-4.64	10,579,358
2016-03-30	349	349	349	349	▲ 0	+0.00	0
2016-03-31	306	330	300	303	▼ 46	-13.18	17,183,710
2016-04-01	304	318	303	311	▲ 8	+2.64	5,707,100
2016-04-04	312	321	299	304	▼ 7	-2.25	4,903,234
2016-04-05	303	304	270	283	▼ 21	-6.91	11,482,355
2016-04-06	286	291	277	281	▼ 2	-0.71	3,922,260
2016-04-07	283	284	251	260	▼ 21	-7.47	12,890,887

고수가 아니라면
피해야 할 종목들

관리종목 편입이나 상장폐지는 투자자가 만날 수 있는 최악의 악재에 해당한다. 하지만 이들 중 상당수는 재무제표만 잘 봐도 피해갈 수 있다. 최악의 악재를 피할 길이 분명히 있다는 말이다. 앞에서 살핀대로 코스닥종목이 4년 연속 영업손실을 기록하면 관리종목에 편입되고, 이 상태로 1년이 더 지나면 상장폐지 사유가 된다.

그러므로 3년 연속 영업손실을 기록한 종목만 확인해도 최악의 상황을 미리 피할 수 있다.

그런데도 대다수의 투자자는 이를 확인하지 않는다. 종목을 고르면서 회사가 3년 연속 영업손실인지 아닌지를 체크하는 투자자를 거의 본 적이 없다. 고스톱을 치는데 자기가 피를 몇 장 먹었는지, 피박인지 아닌지를 아무도 체크하지 않고 있는 것과 다르지 않다.

필자가 2015년 하반기에 증권사에서 강의하면서 어떤 리스트를 보여줬다. 코스닥 종목 중에 2014년까지 3년 연속 영업손실이면서 2015년에도 3분기까지 영업손실을 기록 중인 회사의 리스트다. 이런 종목이 몇 개나 될까? 당시에 이미 다른 사유로 관리종목에 편입된 종목과 적용이 유예되는 기술성장기업은 제외했다.

종목명	영업이익(단위:백만원)			
	2012년	2013년	2014년	2015년 3분기
폴리비전	−1,207	−2,856	−351	−884
큐브스	−4,428	−3,169	−3,342	−1,351
한국자원투자개발	−2,763	−1,486	−2,661	−440
에이디칩스	−1,554	−1,967	−3,292	−689
에스에스컴텍	−1,448	−9,904	−7,194	−2,710
현대정보기술	−5,025	−15,127	−6,289	−1,508
마제스타	−5,821	−9,201	−7,170	−6,643
제닉스	−345	−4,044	−4,634	−2,034
아미노로직스	−5,638	−6,343	−4,972	−1,616
아이앤씨테크놀로지	−1,516	−6,102	−9,645	−4,271
피엘에이	−2,181	−2,154	−5,141	−3,615
우리이티아이	−1,446	−3,959	−7,940	−2,973
웰메이드예당	−1,073	−1,957	−864	−94
파나진	−2,304	−3,556	−943	−275
KD건설	−385	−976	−2,888	−1,302
우리기술	−1,820	−4,091	−2,619	−800
위노바	−1,916	−5,942	−6,187	−423
조이맥스	−5,769	−8,137	−5,326	−5,913
SK커뮤니케이션즈	−46,916	−44,815	−15,973	−7,558
아큐픽스	−2,517	−4,500	−2,193	−2,875

20개 기업이었다. 4분기에 10억 원 정도의 영업이익만 달성하면 되는 기업들도 있지만, 상당수는 관리종목에 편입될 위험이 크다. 조이맥스나 에스케이커뮤니케이션즈가 리스트에 오르자 당황하는 분들도 있었다. 특히 'SK컴즈'로 많이 알려진 에스케이커뮤니케이션즈는 SK그룹에 소속된 계열사이기에 설마 하고 생각하셨을 거다. 대기업 계열사라 하더라도 3년 연속 영업손실에 4년째도 3분기까지 75억 원 영업손실이니, 4분기에 75억 원 이상의 이익을 내지 못하면 관리종목에 편입된다. 그리고 실제로 편입이 되었다. 아래는 다음 해 1월 14일 공시된 내용과 다음날의 주가변동 상황이다.

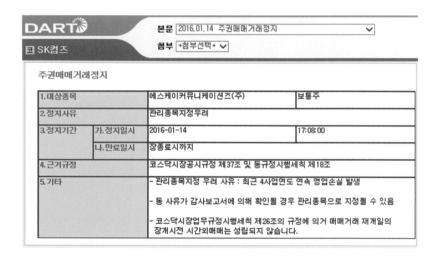

일자	시가	고가	저가	종가	전일비	등락률	거래량
2016-01-14	4,050	4,370	4,045	4,240	▲ 120	+2.91	605,976
2016-01-15	3,910	3,940	3,045	3,170	▼ 1,070	−25.24	4,111,881

1월 14일 장 종료 후 공시가 났고, 다음 날 하루 만에 25% 하락했다. 대다수의 사람은 대기업 계열사가 최초로 관리종목에 편입되었다

는 사실에 당황스러워했다. 하지만 필자에게 놀라운 건 바로 '당황스러워하는 그 투자자들'이었다.

정말 SK컴즈가 관리종목에 편입될 상황이라는 걸 체크도 하지 않고 소중한 돈을 투자했단 말인가?

사람들이 재무제표를 보지 않는다고, 고스톱을 치는 데 피가 몇 장인지도 모른다고 자꾸 말씀드리는 이유다. 실제로 위에 보여드린 20개 종목 중 7개가 결산 뒤에 관리종목으로 지정됐다. 나머지 13개 종목은 살아남았으니 괜찮은 걸까?* 이 종목들의 주가가 어떻게 됐는지 확인해 보자. 2015년 3분기 분기보고서 공시 마감일은 11월 16일이었다.** 11월 16일에 3분기 실적을 확인하면 최소한 17일에는 종가로 매도가 가능했을 것이다. 팔지 않고 보유했다면 어떻게 되는가? 이듬해 사업보고서 제출 마감일인 2016년 3월 30일의 주가를 비교해 봤다.

Advice

＊살아남은 종목 중 일부에 대해 의심스러운 부분이 있다. 만약 위 종목들을 보유한 투자자라면 뒤에서 설명하는 '10년 연속 적자에도 거래되는 종목의 비밀'이나 '아큐픽스가 어떻게 관리종목 편입을 피했는지'를 참고해서 마찬가지로 '어떻게 관리종목 편입을 피했는지' 확인해보기 바란다. 정말 실적이 좋아진 회사도 있지만, 눈가림으로 피한 회사도 있다.

＊＊사업보고서는 90일 이내, 분·반기보고서는 45일 이내에 제출하여야 한다. 3분기 보고서의 경우 9월 30일(12월 말 결산법인의 경우)에서 45일이 지난 11월 14일이 제출 마감일이나 2015년의 경우 이 날짜가 토요일에 해당하여 다음 근무일인 16일이 마감일이 되었다.

종목명	비고	주가			
		2015/11/17	2016/3/30	변동	변동률
폴리비전		1,655	2,025	370	22.40%
큐브스		7,770	3,010	−4,760	−61.30%
한국자원투자개발	관리종목지정	802	339	−463	−57.70%
에이디칩스	관리종목지정	2,600	2,100	−500	−19.20%
에스에스컴텍	관리종목지정	4,095	2,550	−1,545	−37.70%
현대정보기술		2,310	2,330	20	0.90%
마제스타		3,775	3,335	−440	−11.70%
제닉스		16,850	20,550	3,700	22.00%
아미노로직스		1,295	1,705	410	31.70%

종목명	비고	주가			
		2015/11/17	2016/3/30	변동	변동률
아이앤씨테크놀로지	관리종목지정	3,750	2,600	−1,150	−30.70%
피엘에이	상장폐지결정	1,085		−1,085	−100.00%
우리이티아이		2,740	2,420	−320	−11.70%
웰메이드예당		2,575	4,220	1,645	63.90%
파나진		4,420	5,300	880	19.90%
KD건설		284	261	−23	−8.10%
우리기술		643	818	175	27.20%
위노바		3,190	1,825	−1,365	−42.80%
조이맥스	관리종목지정	16,050	8,270	−7,780	−48.50%
SK커뮤니케이션즈	관리종목지정	6,310	4,040	−2,270	−36.00%
아큐픽스		2,690	1,940	−750	−27.90%
평균값					−15.30%
중간값					−15.50%

평균값이나 중간 값 모두 −15%를 기록하고 있다. 기하평균으로 환산한 연수익률은 −36%에 해당한다. 앞에서 얘기했던 대로 코스닥 종목이 3년 연속 영업손실이면 일단 전쟁터에 던져진 종목이나 다름 없다. 그러니 이런 종목들은 피해서 투자하기를 바란다. 물론, 저런 종목들이 4년 차에 흑자 전환하면서 '관리종목에 들어가지 않게 됐다'는 이유로 상승하기도 한다. 이런 종목들을 골라서 되려 '동전주 투자'를 하는 경우도 있지만, 이것은 초보 투자자가 덤벼들 영역이 아니다. 오히려 좋은 먹잇감이 되기 일쑤다. 그러니 초보자들은 다음을 명심했으면 좋겠다.

코스닥에서 3년 연속 영업손실을 기록한 종목이 4년 차에도 분·반기 영업손실을 기록 중이라면 일단 피하고 보자!

필자가 집필 중인 시점을 기준으로 3년 연속 영업손실에 2016년 반기까지 영업손실을 기록한 회사들 리스트이다. 이미 관리종목에 편입된 종목과 본 규정의 적용을 받지 않는 기술성장기업은 제외하였다.* 물론 이 기업들이 모두 관리종목에 편입될 것이라는 확신은 아니다. 투자에 대한 판단은 독자에게 맡기도록 하겠다.

Advice

＊2016년 반기 기준으로 기술성장기업에 해당하는 기업은 제외하였다. 하지만 과거에 기술성장기업에 속했다가 소속부가 변경된 이력이 있는 기업은 제외되지 않고 남아있을 수 있다. 해당 기업도 기술성장기업에 소속되어 있던 기간은 적용이 유예된다.

종목코드	종목명	영업이익(단위 : 백만)			
		2013	2014	2015	2016. 2Q
052020	에스티큐브	−5,273	−4,108	−3,399	−3,605
051170	썬코어	−812	−3,209	−5,648	−3,453
043710	서울리거	−6,243	−6,889	−6,899	−670
073640	삼원테크	−3,092	−4,519	−8,917	−1,548
087220	스틸플라워	−8,588	−18,945	−21,712	−6,165
038530	코아크로스	−5,585	−5,975	−8,198	−2,583
101680	한국정밀기계	−2,983	−15,664	−16,607	−2,544
047820	초록뱀미디어	−1,890	−2,131	−2,355	−324
101400	네오피델리티	−6,441	−3,650	−3,061	−186
115530	씨엔플러스	−544	−6,902	−3,585	−1,595
141020	포티스	−5,881	−6,179	−7,889	−4,178
159910	엠비케이	−3,356	−5,351	−5,613	−4,213

　　앞에서 공개했던 기업들의 실제 결과는 어땠을까? 초판을 출판했던 시점과 공시가 완료된 3월 말의 주가를 비교해보고 싶지만, 그 가운데 3종목(썬코어, 서울리거, 스틸플라워)이 현재는 상장폐지 되어 해당일의 주가를 확인하기 힘들다. 대신에 2016년 12월 13일 매경프리미엄 '직장인들이여 회계하라'는 코너에 필자가 '상장폐지 기업 피하려면 3년 연속 영업손실 체크를'이라는 기사를 썼다. 기사를 쓰던 시점에는 3분기 영업이익까지 공시가 됐고, 3분기까지도 여전히 영업손실인 종목들은 다음과 같다고 기사자료에 첨부했다.

종목코드	종목명	영업이익(단위 : 백만원)			
		2013년	2014년	2015년	2016년 3분기
에스티큐브	052020	−5,273	−4,108	−3,399	−5,635
썬코어	051170	−812	−3,209	−5,648	−4,505
삼원테크	073640	−3,092	−4,519	−8,917	−1,724
스틸플라워	087220	−8,588	−18,945	−21,712	−10,860
코아크로스	038530	−5,585	−5,975	−8,198	−3,074
한국정밀기계	101680	−2,983	−15,664	−16,607	−4,389
넥스트바이오홀딩스	051980	−4,250	−3,804	−7,520	−479
에스아이티글로벌	050320	−2,416	−762	−3,401	−812
씨엔플러스	115530	−544	−6,902	−3,585	−2,117
엠비케이	159910	−3,356	−5,351	−5,613	−4,213

　　그리고 3개월 뒤의 결과와 주가자료다. 당시에 강의를 위해 만들어 둔 자료가 있어 확인할 수 있는데, 10종목 중에서 실제 8종목이 관리종목에 편입되거나 상장폐지가 됐다. 두 달 사이에 주가는 평균 30% 정도 빠졌다. 역사는 반복된다.

종목명	비고	주가			
		2016/12/13	2017/2/17	변동	변동률
에스티큐브		6,330	5,430	−900	−14.22%

썬코어	상장폐지사유발생	3,140	2,110	−1,030	−32.80%
삼원테크	관리종목지정	1,290	565	−725	−56.20%
스틸플라워	관리종목지정	711	471	−240	−33.76%
코아크로스	관리종목지정 (파산신청 거래정지)	746	750 (거래정지)	4	0.54%
한국정밀기계	관리종목지정	4,245	3,350	−895	−21.08%
넥스트바이오홀딩스	관리종목지정	2,250	1,400	−850	−37.78%
에스아이티글로벌	관리종목지정 (불성실공시, 횡령 거래정지)	1,195	644 (거래정지)	−551	−46.11%
씨엔플러스	관리종목지정	5,440	2,945	−2,495	−45.86%
엠비케이		949	1,015	66	6.95%
평균값					−28.00%
중간값					−33.30%

3년 연속 영업손실이 난 종목은 위험하니 피하라는 필자의 주장에 '어차피 3년 연속 손실이면 잡주인데, 그냥 잡주를 피하면 되지 뭘 일일이 확인하냐'는 후기들을 본 적이 있다. 과연 그럴까? '잡주'의 기준이라는 게 뭔지는 모르겠지만, 주가가 1,000원 미만으로 낮아 소위 '동전주'라 불리며 시가총액도 작은 종목을 말할 것이다. 적어도 코스닥 시총 순위 20위 내에 있고, 시가총액이 조 단위인 종목을 잡주라고 부르진 않을 것이다. 그런데 초판을 출간하고 1년이 지난 다음 바로 저 규정 때문에 시가총액 2조짜리 회사가 관리종목에 편입됐다. 바로 '차바이오텍'이다. 2017년 말 바이오주의 인기를 타고 주당 4만 원까지 주가가 치솟았던 차바이오텍은 사실 2014년부터 2016년까지 3년 연속 영업손실인 상태였다. 2017년 회사는 5억 원의 영업이익이 발생했다고 주장했으나, 감사인은 비용으로 처리해야 할 연구개발비 14억 원을 무형자산으로 처리하였다며 '한정의견'을 제시했다. 감사인의 의견대로라면 5억 원의 영업이익이 9억 원의 영업손실로 바뀌어야 한다. 거래소는 감사인의 의견이 맞다고 판단하여 사실상 4년 연속 영업손실에 해당한다고 보아 관리종목에 편입시켰다. 2018년 3월 16일 주가 40,600원, 시가총액 2.1조를 기록했던 회사는 10일 만에 주가가 19,700원으로 반토막 났다. 1조 원을 푼돈이라고 생각할 수 있는 분은 재무제표 따위 보는데 시간낭비하지 않으셔도 좋다.

10년 연속 적자에도
거래되는 종목의 비밀

10년 연속 영업손실을 기록한 코스닥 상장사가 있을까?

몇 년 전 강의 중에 했던 질문이다. 분명히 규정상 4년째에 관리종목, 5년째에 상장폐지에 해당하기 때문에 있어서는 안 되는 상황이다. 그런데 있다. 증권사 HTS에서 '큐렉소'라는 기업의 과거 10년 동안의 영업이익을 확인해 보니 이렇게 나타난다.

| 현재가2 | 주가추이 | 우선호가 | 시간대별/Tick차트 | 기업정보ⓘ | 펀더멘탈 | 종합뉴스 |

주요재무정보	2015/12 (IFRS연결)	2014/12 (IFRS연결)	2013/12 (IFRS연결)	2012/12 (IFRS연결)	2011/12 (IFRS연결)	2010/12 (GAAP개별)	2009/12 (GAAP개별)	2008/12 (GAAP개별)	2007/12 (GAAP개별)	2006/12 (GAAP개별)
매출액	275	261	311	243	105	40	33	57	43	244
영업이익	-246	-210	-134	-142	-71	-39	-43	-16	-31	-53

이 회사만 해당하는 건 아니다. 10년 연속 영업손실인 기업을 HTS에서 엑셀로 내려받아 정리한 내용이다.

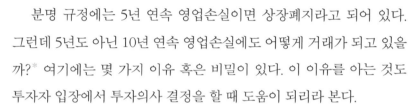

영업이익(단위:억원)	2015	2014	2013	2012	2011	2010	2009	2008	2007	2006
큐렉소	−246	−210	−134	−142	−71	−39	−43	−16	−31	−53
코리드	−22	−25	−15	−28	−3	−35	−48	−6	−41	−60
이수앱지스	−51	−63	−63	−64	−61	−74	−68	−46	−37	−40
크리스탈지노믹스	−38	−72	−60	−72	−100	−42	−19	−3	−34	−37
보타바이오	−46	−36	−4	−37	−28	−55	−24	−27	−70	−80

오늘도 멀쩡히 거래되는 종목들이다. 어떻게 된 일일까?

Advice

*5년 연속 영업손실만으로도 이상한 종목들이지만, 수가 매우 많아서 10년 연속을 사례로 잡았다.

찾았다!

10년째 손실

분명 규정에는 5년 연속 영업손실이면 상장폐지라고 되어 있다. 그런데 5년도 아닌 10년 연속 영업손실에도 어떻게 거래가 되고 있을까?* 여기에는 몇 가지 이유 혹은 비밀이 있다. 이 이유를 아는 것도 투자자 입장에서 투자의사 결정을 할 때 도움이 되리라 본다.

첫 번째 이유는 이 규정을 적용받지 않는 예외가 있다는 점이다. 앞에서 잠깐 언급한 '기술성장기업'이다. 이 경우에는 예외적으로 규정을 적용하지 않는다. 코스닥 시장은 법인의 기업 규모, 재무상태, 건전성, 업종 등을 고려하여 기업을 네 가지 소속부(우량기업, 벤처기업, 중견기업, 기술성장기업)로 구분한다. 이 중 기술성장기업에 해당하면 규정의 예외가 되는 것이다. 기술력은 있지만 이를 상품화하여 이익을 내기까지 오랜 기간이 걸리는 기업들에 대해서 상장을 통해 자금조달을 할 수 있도록 허용해주는 것이다. 신약개발에 장기간 투자가 필요한 바이오기업이 대표적인 예이다. 위 기업 중 이수앱지스와 크리스탈지노믹스가 이에 해당한다. 결국, 이익이 나기까지 10년 이상 걸리는 기업에 투자할지는 투자자가 선택할 몫이다.

두 번째 이유는 적용하는 재무제표의 차이이다. 재무제표는 작성범위에 따라 연결재무제표와 별도 혹은 개별재무제표로 나뉘는데(〈Check Point〉 참조), 2011년 국제회계기준(IFRS: International

Financial Reporting Standards)이 도입되면서 연결재무제표가 기본 재무제표가 되었다. 이제 일반적으로 재무제표라고 하면 별다른 단서가 없는 한 연결재무제표를 의미하는 것이다. 따라서 HTS에서 재무제표를 조회하면 연결재무제표가 조회된다. 위에서 캡처한 화면도 2010년까지는 'GAAP 개별'＊로 되어 있지만 2011년부터는 'IFRS 연결'이라고 기재되어 있다. 그런데 관리종목 편입여부를 결정하는 영업이익의 판단은 별도재무제표를 기준으로 하게 되어 있다.＊＊ 따라서 연결기준으로 영업손실이 발생하더라도 별도기준으로 영업이익이 발생하면 관리종목편입이나 상장폐지에 해당하지 않는다. 기술성장기업인 이수앱지스와 크리스탈지노믹스를 제외한 나머지 3종목의 별도재무제표상 영업이익이다.

영업이익(단위:억원)	2015	2014	2013	2012	2011	2010	2009	2008	2007	2006
큐렉소	6	4	4	−53	−18	−39	−43	−16	−31	−53
코리드	−7	−27	−15	−28	−3	−35	−48	−6	−41	−60
보타바이오	8	−30	−10	−24	4	−55	−24	−27	−70	−80

큐렉소와 보타바이오의 경우 최근에 작지만 가까스로 이익을 기록하고 있으므로 여기에 해당하지 않는다. 하지만 여전히 2010년 이전에는 5년 연속 영업손실을 기록했기 때문에 상장폐지가 돼야 했던 게 아닐까? 바로 여기서 세 번째 이유가 등장한다. 이 규정이 2008년에야 만들어졌다는 점이다. 금융위원회가 〈상장 · 퇴출 제도 선진화 방안〉을 시행하면서 기존 투자자들의 불이익을 고려하여 소급하지 않고, 2008회계연도부터 적용하기 시작한 규정이다. 그래서 보타바이오의 경우 2008년부터 2010년까지 3년 연속 적자였지만, 2011년에 영업이익을 기록했기 때문에 관리종목에 해당하지 않았다.＊＊＊ 그런

데 큐렉소나 코리드의 경우는 어떠한가? 2008~2012년까지 5년 연속 영업손실을 봤기 때문에 상장폐지가 되었어야 정상이지 않을까? 사실 이 두 종목에만 해당하는 건 아니다. 다음은 2008년 이후 5년 연속 영업손실을 기록했지만, 상장폐지가 되지 않은 기업들의 리스트이다.

회사명	영업이익(단위:억원)				
	2008년	2009년	2010년	2011년	2012년
솔브레인이엔지	−146	−71	−93	−5	−16
바이온	−47	−54	−16	−16	−12
큐렉소	−16	−43	−39	−18	−53
코리드	−6	−48	−35	−3	−28
아미노로직스	−38	−45	−53	−14	−56
한국가구	−0	−11	−16	−1	−7
서울전자통신	−13	−25	−27	−23	−43

도대체 무슨 일이 있었길래 5년 연속 영업손실에도 상장폐지가 되지 않았을까? 비밀은 2011년에 있다.

연결재무제표와 별도·개별재무제표

결혼한 부부에게 재산을 신고하라고 하면 각자 해야 할까, 합쳐서 해야 할까?

선거 때면 선거 공보물이 배송되는데 거기에 후보자의 재산 상황도 기재되어 있다. 확인해보면 '후보자'와 '배우자' 그리고 '직계존속'과 '직계비속'의 재산을 각각 별도로 기재한 다음 모두 더한 합계를 추가로 보여준다. 이렇게 가족의 재산을 따로 보여주는 것이 '별도재무제표', 합쳐서 하나로 보여주는 것이 '연결재무제표'이다.

우리가 바로 연결재무제표야.

후보자　배우자　아들

2. 재산상황 및 병역사항

재산상황(천원)					병역사항	
계	후보자	배우자	직계존속	직계비속	후보자	18세 이상 직계비속
59,982	18,725	15,313	13,659	12,285	육군 병장 (만기전역)	해당없음

공직 후보자 선거공보물 기재사항인 '후보자정보공개자료'의 재산상황 및 병역사항 항목(예시)

삼성전자는 수많은 계열사를 보유하고 있다. 지분을 일부 보유한 계열사도 있고, 100% 보유한 경우도 있다. 삼성전자만의 재무제표를 작성하면 별도재무제표가 되고, 계열사까지 모두 포함해서 작성하면 연결재무제표가 된다. 이때 연결재무제표 작성대상은 어디까지를 포함할까? 다른 회사의 지분을 들고 있

으면서 모(母)회사 역할을 하는 기업을 '지배기업'
이라고 하고, 모회사의 지배를 받는 자(子)회사를
'종속기업'이라 한다.* 지배력이 있는지를 판단할
때는 양적 기준과 함께 질적 기준을 동시에 고려한
다. 기본적으로 지분을 '50% + 1주'이상(과반수) 보

*회계 기준상 정식명칭은
'종속기업'이지만 일반인에
게는 '자회사'라는 명칭이 더
이해가 빠르기에 혼용해서
적었다.

유하면 지배력이 있다고 판단한다. 때에 따라서는 지분율이 50% 이하이더라도
지배력이 있다고 보는 경우도 있고(예를 들어 40%를 보유하고 있으나 나머지 주
식은 수천 명에게 분산되어 누구도 1%가 안 되는 경우), 과반수를 보유하더라도
지배력이 없다고 보는 경우(따로 정부나 국가기관의 지배를 받는 회사)도 있다.

연결대상인 종속기업의 현황은 감사보고서 주석에 기재되어 있다. 삼성전자
의 종속기업 현황 일부내역(해외 자회사까지 모두 보여드리면 5~6페이지가 넘어
갈 정도로 많다)이다.

지역	기업명	업종	지분율(%)(*)
	삼성디스플레이	디스플레이 생산 및 판매	84.8
	에스유머티리얼스	디스플레이 부품 생산	50.0
	스테코	반도체 부품생산	70.0
	세메스	반도체/FPD제조장비 생산	91.5
	삼성전자서비스	전자제품 수리서비스	99.3
	삼성전자서비스씨에스	전자제품 수리서비스 콜센터	100.0
	삼성전자판매	전자제품 판매	100.0
	삼성전자로지텍	종합물류대행	100.0
	삼성메디슨	의료기기	68.5
	SVIC 21호 신기술투자조합	신기술사업자, 벤처기업 투자	99.0
	SVIC 22호 신기술투자조합	신기술사업자, 벤처기업 투자	99.0
	SVIC 26호 신기술투자조합	신기술사업자, 벤처기업 투자	99.0
국내	SVIC 27호 신기술투자조합	신기술사업자, 벤처기업 투자	99.0
	SVIC 28호 신기술투자조합	신기술사업자, 벤처기업 투자	99.0

2011년 IFRS가 도입되면서 생겨난 가장 큰 변화 중 하나는 회사가 공시하는
기본 재무제표가 별도재무제표에서 연결재무제표로 바뀌었다는 점이다. 과거

에는 별다른 단서 없이 재무제표라고 하면 으레 별도재무제표를 의미했는데, 이제는 연결재무제표를 의미하게 된 것이다. HTS에서 회사 재무제표를 조회해도 기본적으로는 연결재무제표가 나타난다.

기업정보	ETF/ETN 정보	리포트	실적속보	컨센서스 스크리닝	랭킹 분석	캘린더	부가정보	이용안내

Snapshot　기업개요　**재무제표**　재무비율　투자지표　컨센서스　지분분석　업종분석　경쟁사비교　거래소공시　금감원공시

삼성전자 005930 🏠📞📍

KSE 코스피 전기,전자 ∣ FICS 휴대폰 및 관련부품 ∣ 12월 결산

PER	12M PER	업종 PER	PBR	배당수익률
8.47	12.09	6.74	1.44	2.78%

연결 별도　　　　　　　　　　　　　　　　　📊 차트 보이기

포괄손익계산서 [연간]　　　　　　　　　　　　　　단위 : 억원　**연간** 분기

IFRS(연결)	2016/12	2017/12	2018/12	2019/06	전년동기	전년동기(%)
매출액	2,018,667	2,395,754	2,437,714	1,085,127	1,190,464	-8.8
매출원가	1,202,777	1,292,907	1,323,944	686,911	631,841	8.7
매출총이익	815,890	1,102,847	1,113,770	398,215	558,623	-28.7
판매비와관리비	523,484	566,397	524,903	269,912	253,511	6.5
영업이익	292,407	536,450	588,867	128,303	305,112	-57.9

연결재무제표와 관련하여 투자자가 가장 많이 하는 질문이 하나 있다.

재무제표를 분석할 때는 별도(개별)로 봐야 하나요, 연결로 봐야 하나요?

별도재무제표와 연결재무제표 중 어떤 것으로 봐야 할까? 때에 따라 달라지지만 기본적으로 연결재무제표를 참고하기 바란다. 가장 큰 이유는 우량한 자회사를 보유하고 있거나, 자회사의 실적이 좋아지면 모회사의 주가도 오른다는 사실이다. 예를 들어 '다우데이타'란 회사를 보자.

구분(2018년말)	다우데이타(별도)	키움증권(별도)	키움저축은행(별도)
자산	3,104억	150,057억	11,398억
부채	1,502억	130,831억	10,181억

구분(2018년말)	다우데이타(별도)	키움증권(별도)	키움저축은행(별도)
자본(순자산)	1,602억	19,226억	1,217억
매출액(영업수익)	1,681억	18,515억	809억
영업이익	90억	2,321억	217억
당기순이익	105억	1,908억	176억
시가총액	3,619억	17,282억	비상장

이 회사는 자산에서 부채를 차감한 순자산이 1,602억 원에 연간 영업이익과 순이익은 100억 원 정도밖에 안 된다. 그런데도 시가총액은 순이익의 34배가 넘는 3,619억 원 수준인데, 이유는 회사가 보유한 자회사 때문이다. 바로 '키움증권'이 이 회사의 종속기업(손자회사)으로, 연간 순이익이 2,000억 원에 가깝다. 이익 규모를 봤을 때 다우데이타에 투자하기 위해서는 다우데이타의 실적이나 성장성보다 키움증권의 가치가 더 중요하게 영향을 미친다. 그런데 키움증권은 2013년에 키움저축은행을 인수했다. 그러므로 키움증권의 가치를 산정할 때는 키움저축은행의 가치도 포함해 계산한 다음, 키움증권에 대한 다우데이타의 지분가치만큼을 다우데이타의 가치에 더해줘야 한다. 키움증권 외에도 이런 식으로 연결된 종속기업이 100개가 넘는데, 이들 모두의 가치를 따져 보고 분석하는 건 엄두가 나지 않을 것이다. 이럴 때 해결책이 있다.

모회사   자회사   손자회사

그냥 다우데이타의 연결재무제표를 보면 된다.

구분(2018년말)	다우데이타(별도)	다우데이타(연결)
자산	3,104억	193,460억
부채	1,502억	167,689억
자본(순자산)	1,602억	25,771억
매출액	1,681억	26,699억

구분(2018년말)	다우데이타(별도)	다우데이타(연결)
영업이익	90억	3,616억
당기순이익	105억	2,329억
시가총액	3,619억	3,619억

　대신에 연결재무제표를 이용할 때 꼭 알아두어야 할 사항이 하나 있다. 이 역시도 필자가 강의 중에 많이 받았던 질문이다. 다우데이타는 별도기준으로는 순이익이 105억 원으로 시가총액이 순이익의 34배나 되지만, 연결당기순이익은 2,329억 원으로 시가총액은 당기순이익의 1.5배를 조금 넘어서고 있다.

　이게 말이 된다고 생각하는가?

　시가총액이 3,600억 원 수준인데 당기순이익이 2,400억 원이다. 3,600억 원을 투자해서 이 회사를 사면 1년 반 만에 본전을 뽑는 것이다. 이 때문에 많은 분이 말도 안 되게 저평가된 게 아니냐고 질문을 하셨다. 자산가치를 따져봐도 이해가 안 되는 수준이다. 다우데이타의 종속기업 중 상장사 5개의 가치만 따져봐도 다음과 같다.

종속기업	시가총액(2018년말)	지분율	지분가치
키움증권	17,282억	47.7%	8,244억
다우기술	8,457억	40.5%	3,425억
사람인 HR	2,112억	41.9%	885억
미래테크놀로지	513억	57.1%	293억
키다리스튜디오	355억	55.2%	196억
합계	28,719억		13,043억
다우데이타	3,619억		3,619억

　단순히 시가총액에 지분율만 따져봐도 네 회사의 합계가 1조 3,000억 원이 넘는다. 3,600억 원에 다우데이타를 사면 1조 3,000억 원이 넘는 상장사 주식이

딸려 오는 것이다. 이게 어떻게 된 걸까? 원인을 알기 위해서는 연결재무제표가 만들어지는 원리에 대한 이해가 필요하다.

연결재무제표를 작성하는 방법은 난해하고 복잡하지만, 투자자 입장에서 다음 내용은 꼭 이해해두길 바란다. ㈜엄마는 자회사인 ㈜아들의 지분을 60% 보유하고 있다. 두 회사의 손익은 다음과 같이 각각 20억 원과 10억 원이다.

	㈜엄마		㈜아들		방법1	방법2
수익	100억		40억		124억	140억
(−) 비용	(−) 80억	+	(−) 30억	=	(−) 98억	(−) 110억
이익	20억		10억		26억	30억

이때, 연결재무제표를 만드는 방법은 2가지가 가능하다. 하나는 '방법1'처럼 자회사의 실적을 지분율만큼 모회사에 합산하는 방법이다. 모회사 매출 100억 원에 자회사 매출의 60%인 24억 원을 더해 연결매출을 124억 원으로 한다. 같은 방법으로 비용도 60%를 더해 98억 원이 되고 연결당기순이익은 26억 원이 된다. '방법'2는 모회사가 보유한 지분율에 상관없이 자회사 실적을 100% 모두 더하는 방법이다. 이 방법에 따르면 연결매출은 140억 원에 비용은 110억 원으로 연결당기순이익이 30억 원이 된다. 방법1과 방법2 중 어느 것이 더 합리적이라고 생각되는가? 대다수의 사람은 1번 방법이 더 합리적이라고 생각한다. 하지만 우리가 연결재무제표를 만드는 방법은 2번 방법이다.

지분율이 몇 %이든 상관없이 자회사의 재무제표를 100% 합산해서 재무제표를 작성한다.

자, 그러면 ㈜엄마의 주식을 취득한 투자자들은 연결당기순이익 30억 원을 모두 가져갈 수 있을까? ㈜엄마가 낸 이익 20억 원은 엄마 주주들의 몫이겠지만, ㈜아들의 이익은 60%만 ㈜엄마 주주들의 몫이 되어야 한다. ㈜아들 이익의 40%는 나머지 주주들의 몫이 된다. ㈜아들의 나머지 40% 주주들을 회계상으로는 '비지배주주'라고 부른다. 따라서 연결재무제표에는 연결당기순이익 30억 원을 표기한 다음 이를 지배주주순이익 26억 원과 비지배주주순이익 4억 원으로 나누어 보여준다. 삼성전자의 당기순이익도 아래와 같이 지배주주순이익과 비지배주주 순이익으로 나뉘어 있다.

IFRS(연결)	2016/12	2017/12	2018/12	2019/09	전년동기	전년동기(%)
매출액	2,018,667	2,395,754	2,437,714	1,705,161	1,845,064	−7.6
매출원가	1,202,777	1,292,907	1,323,944	1,086,850	983,784	10.5
매출총이익	815,890	1,102,847	1,113,770	618,311	861,279	−28.2
판매비와 관리비	523,484	566,397	524,903	412,229	380,419	8.4
영업이익	292,407	536,450	588,867	206,082	480,861	−57.1
당기순이익	227,261	421,867	443,449	165,118	358,827	−54.0
지배주주순이익	224,157	413,446	438,909	162,771	355,608	−54.2
비지배주주순이익	3,104	8,422	4,540	2,348	3,219	−27.1

이 때문에 투자자들이 잘못된 판단을 하는 경우가 생겨난다!

먼저, 매출액에 대한 착시현상이 발생할 수 있다. 앞의 사례에서 ㈜엄마가 보유한 ㈜아들의 지분이 50%라면 연결 매출액은 얼마일까? 과반수가 되지 않아 종속회사에 해당하지 않는다면 매출액은 100억 원이다. 그런데 이 상황에서 아들의 지분을 1주 더 취득해서 종속회사로 만들면 매출액은 어떻게 될까? 종속기업의 매출액은 지분율과 상관없이 전액 합산하므로 140억 원이 된다.

	㈜엄마	지분율 →	㈜아들		50%	50%+1주
수익	100억		40억		100억	140억
(−) 비용	(−) 80억	+	(−) 30억	➡	(−) 80억	(−) 110억
이익	20억		10억		20억	30억

주식을 단 1주 샀을 뿐인데, 매출액은 40%나 증가한 것으로 보고된다. 이 때문에 연결재무제표 주석에 가장 먼저 적는 내용 중 하나가 '연결범위의 변동'이다. 이렇게 연결대상 종속회사가 증가하거나 감소하는 경우 매출액이나 영업이익 등에 대한 착시현상이 생겨날 수 있으므로 미리 밝히는 것이다. 투자자는 회사의 매출이 실질적으로 증가한 것인지, 아니면 이렇게 연결범위의 변동에 따른 착시현상인지 구분할 필요가 있다. 다음은 '휴젤'이라는 회사의 손익계산서이다.

IFRS(연결)	2013/12	2014/12	2015/12	2016/06	전년동기	전년동기(%)
매출액	292	403	651	536	244	119.4
매출원가	80	120	266	136	106	28.2
매출총이익	211	284	385	400	138	189.7
판매비와 관리비	95	129	207	148	91	63.7
영업이익	116	155	178	251	47	430.5
매출액 증가율		27.7	41.2	38.3	61.3	119.4

매출액증가율이 2015년 60%가 넘고, 2016년 상반기는 전년 대비 120% 가까이 성장하였다. 어마어마한 성장률이다. 한데 별도재무제표상 매출액 증가율은 높지 않다. 2015년에 전기보다 늘어난 것이 별로 없다.

IFRS(별도)	2013/12	2014/12	2015/12	2016/06	전년동기	전년동기(%)
매출액	186	233	239	178	97	83.0

아무래도 자회사의 매출이 증가한 데 그 원인이 있을 것이다. 연결재무제표 주석에 기재된 종속기업의 실적이다.

(2) 연결대상 종속기업의 당기말 및 전기말 현재 요약재무상태표와 당기 및 전기의
요약포괄손익계산서는 다음과 같습니다(단위:천원).

구분	당기말		당기		
	자산	부채	매출	당기순이익	당기포괄손익
휴젤파마㈜	27,994,719	17,373,504	53,563,815	2,979,278	2,979,278
㈜휴템(주1)	7,100,323	2,798,894	9,503,642	1,335,115	1,335,115
㈜에이비바이오(주1)	383,210	30,236	209,854	4,489	4,489
㈜아크로스(주1)	21,373,572	3,984,509	10,192,129	4,649,333	4,649,333

구분	전기말		전기		
	자산	부채	매출	당기순이익	당기포괄손익
휴젤파마㈜	21,854,472	16,768,815	39,068,341	2,447,222	2,447,222

(주1) 매출, 당기순이익 및 총포괄이익은 지배력 획득일 이후의 정보입니다.

(3) 당기 중 신규로 연결재무제표에 포함된 종속기업은 다음과 같습니다.

기업명	사유
㈜휴템	신규 취득하였습니다.
㈜에이비바이오	신규 취득하였습니다.
㈜아크로스	기존에 유의적인 영향력을 행사하고 있었으며, 당기 중 지분 추가 취득을 통해 지배력을 획득하였습니다.

전기보다 자회사 매출이 340억 원 이상 증가하였는데, 휴젤파마의 매출이 140억 원 이상 증가하기도 했지만, 나머지 200억 원가량은 연결대상 종속회사가 추가된 데 원인이 있다. 특히 아크로스의 경우 전기 말 지분율이 47.62%였는데 640,000주를 추가로 취득함으로써 58.57%가 되어 종속회사에 추가되었다. 지분율을 10% 정도 늘림으로써 매출액의

이걸 엄마한테 드리면 엄마 가게 매출액이 100%닷!

아들

종속 회사 지분

100%를 연결하게 된 것이다. 따라서 투자자들은 매출액증가율로 회사의 성장성을 판단할 때 주의해야 한다.

두 번째 주의할 점은 바로 이익에 대한 판단이다. 앞의 사례에서 ㈜엄마에 투자한 투자자들에게 중요한 이익은 어떤 이익일까? 연결당기순이익은 ㈜엄마의

이익과 ㈜아들의 이익을 100% 합산한 것이다. 하지만 ㈜엄마에 투자한 투자자들이 이 이익을 모두 가져갈 수 있는 것은 아니다.

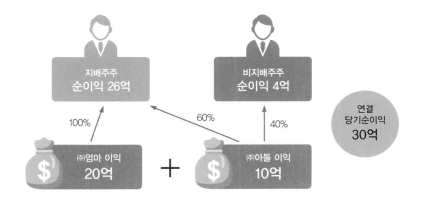

㈜엄마의 이익 20억 원은 다 가져갈 수 있겠지만, ㈜아들의 이익에 대해서는 60% 지분만 보유하고 있다. 나머지 40%는 비지배주주의 몫이다. 따라서 연결당기순이익이 아닌 '지배주주순이익'이 지배기업에 투자한 투자자들의 몫이 된다. 이 때문에 회사의 이익과 시가총액을 비교하려면 연결당기순이익이 아닌 지배주주순이익으로 비교해야 한다. 다우데이타의 사례를 살펴보자.

IFRS(연결)	2016/12	2017/12	2018/12	2019/06	전년동기	전년동기(%)
매출액	13,784	16,543	26,699	17,026	12,352	37.8
매출원가	8,266	9,742	18,913	11,661	8,061	44.7
매출총이익	5,517	6,801	7,787	5,365	4,291	25.0
판매비와 관리비	2,876	3,265	4,170	2,192	1,936	13.2
영업이익	2,642	3,536	3,616	3,173	2,355	34.8
당기순이익	1,741	2,358	2,329	2,318	1,848	25.4
지배주주순이익	212	358	331	387	346	11.8
비지배주주순이익	1,528	2,000	1,999	1,931	1,502	28.5

다우데이타의 2018년 말 시가총액은 3,619억 원으로 연결당기순이익 2,329억 원의 1.55배 수준밖에 안 된다. 하지만 다우데이타의 시가총액은 지배주주

순이익과 비교해야 한다. 지배주주순이익은 331억 원으로 오히려 비지배주주순이익 1,999억 원의 17% 수준밖에 안 된다. 지배주주지분보다 비지배주주지분이 6배나 더 크다. 지배주주순이익과 비교해 보면 시가총액은 이익의 10.93배 수준이다. 그래서 회사의 가격(Price)과 이익(Earning)의 비율을 나타내는 PER이 10.93배가 되는 것이다.*

> *PER의 의미와 활용은 〈3부〉에서 다룬다.

재무상태표도 같은 원리로 ㈜엄마의 자산, 부채, 자본을 ㈜아들의 것과 지분율에 상관없이 100% 합산하게 된다. 그런 다음 연결자본을 지배주주지분과 비지배지분으로 나누어 보여준다. 이 중에서 ㈜엄마에 투자한 주주들이 가져갈 수 있는 순자산은 연결자본이 아닌 지배주주지분에 해당한다. 다우데이타의 연결재무제표상 자본내역이다.

IFRS(연결)	2016/12	2017/12	2018/12	2019/6
자산	99,012	129,995	193,460	236,934
유동자산	82,943	111,000	160,915	191,738
비유동자산	16,069	18,995	32,546	45,195
기타금융업자산				
부채	81,852	109,241	167,689	209,960
유동부채	35,583	49,837	100,344	193,512
비유동부채	4,484	9,505	15,120	16,448
기타금융업부채	41,784	49,899	52,226	
자본	17,160	20,754	25,771	26,973
지배기업주주지분	4,340	4,729	4,354	4,710
비지배주주지분	12,820	16,025	21,417	22,263

자회사의 지분가치를 단순 합산한 개념의 연결자본 2조 5,771억 원에 비하면 시가총액 3,619억 원이 무척 싸다고 느껴질 수 있다. 하지만 3,619억 원을 지급하고 얻게 되는 것은 자회사의 지분 100%가 아닌 지배주주 지분에 해당하는 4,354억 원을 얻게 되는 것이다.**

결론적으로 투자자에게 더 유용한 재무제표는 별도재무제표가 아닌 연결 재무제표이다. 하지만 이때 연결재무제표에서 확인해야 하는 것은 연결당기순이익이나 연결자본이 아닌, 지배주주순이익과 지배주주지분이다.

실무상 '개별재무제표'라는 용어도 사용되는데, 회계업무담당자가 아닌 일반투자자 입장에서는 별도재무제표의 옛날 이름 정도로 생각하는 것이 편하다. 원래 IFRS 도입 전까지 '재무제표'라고 하면 회사 각자가 작성한 자신만의 재무제표를 말했다. 그리고 일정 기준을 만족하는 회사에 대해서만 따로 각각의 재무제표를 합쳐서 '연결재무제표'를 만들었다. 연결하기 전의 재무제표를 연결재무제표와 구분하기 위해서 과거에 사용했던 용어가 개별재무제표이다. IFRS를 도입하면서 기본 재무제표가 연결재무제표가 되었다. 그리고 연결재무제표를 작성하는 회사가 자신만의 재무제표를 따로 만드는 걸 별도재무제표라고 부른다. 그런데 연결할 자회사가 없는 경우에는 연결재무제표가 곧 별도재무제표가 되어야 한다. 자회사가 없으므로 자회사를 연결한 연결재무제표나 연결하지 않는 별도재무제표나 같은 재무제표가 되는 것이다. 그런데 IFRS 도입 초기에 이렇게 '자회사가 없는 경우의 연결재무제표'와 별도재무제표의 회계처리가 다른 부분이 있었다.*** 그래서 이를 구분하기 위해 자회사가 없는 기업의 단독재무제표를 한동안 개별재무제표라고 불러서 구분했다. 하지만 현재는 이러한 차이도 없어졌기에 공식적으로는 연결재무제표와 별도재무제표만 존재한다.

＊＊앞에서 '회사가 보유한 상장종속기업의 지분가치만 1조 3,043억 원'이라 했는데, 여기에는 비지배지분을 제외한 지배기업의 지분율만 반영되어 있으므로, 시가총액 3,619억 원이 여전히 저평가란 생각이 들 수 있다. 하지만 하나 더 고려해야 할 것은 회사의 주식을 취득하면 그 회사의 '자산'을 취득하는 것이 아니라, '순자산'을 취득하게 된다는 사실이다. 즉, 다우데이타가 보유한 1조 3,043억 원의 지분만 사는 게 아니라 동시에 회사가 보유한 부채까지도 인수해야 한다. 5억 원짜리 아파트를 2억 원에 샀다고 하더라도 세입자에 대한 전세보증금 4억 원을 끼고 산 거라면 결코 싸게 샀다고 할 수는 없다.

＊＊＊구체적으로는 관계기업(지분율 20% 이상)에 대한 지분법 적용 여부가 달랐다. 현재는 그 차이가 없어졌고 지분법 회계처리는 내용이 복잡하므로 자세한 설명은 생략한다.

회사의 의도를 알면
숫자가 보인다

Advice

*회사의 자발적인 선택에 따라 2009년부터 조기 적용한 기업들도 있지만, 모든 기업에 의무 적용된 것은 2011년부터이다.

　2011년은 회계분야에 커다란 변화가 있었던 해이다. 모든 상장기업에 IFRS가 적용된 것이다.* 과거에 회계기준은 국가별로 각기 달랐다. 한국은 한국의 회계기준이 있었고, 미국은 미국의 회계기준이 존재했다. 이로 인해 불편한 점이 있었는데, 기업의 활동이 국경을 넘나들며 발생한다는 사실이다. 많은 기업이 생산시설이나 판매법인을 해외에 두고 있다. 어느 회사가 베트남 시장을 개척하기 위해 현지법인을 설립하였다고 가정하자. 형태는 법인이지만 아직 진출 초기이기 때문에 작은 사무실을 마련하고, 담당 직원 2명 정도를 보내서 시장 조사하는 수준이다. 별다른 매출도 없이 경비만 발생하겠지만, 세무신고는 해야 한다. 적자라서 낼 세금이 없더라도 법인세신고는 해야 하는데, 이를 위해서는 재무제표를 작성해서 적자라는 사실을 보여야 한다. 문제는 베트남회계기준이 한국회계기준과 다르다는 점이다. 이 때문에 직원 2명 중 1명이 베트남 회계기준을 공부해야 한다. 회계업무를 해본 적이 없는 직원이라면 별도로 1명을 채용해야 할지도 모른 다. 해외 진출을 할 때마다 현지 회계기준을 공부하고 시스템을 구축 해야 하는 불편이 따른다.

이러한 불편은 투자자 입장에서도 발생한다. 과거에는 국내주식 에만 투자가 가능하던 것이 최근에는 해외주식에 대한 직접투자도 활 발해졌다. 누구든지 증권사에 가서 계좌만 개설하면 미국, 일본, 중국 등에 상장된 개별주식을 직접 사고팔 수 있다. 하지만 여기서 한 가지 문제점이 있다. 필자가 계속 강조하듯이 투자에 있어 재무제표를 확 인하는 것은 필수절차이다. 만약 나라별로 회계기준이 다르다면 중 국에 투자하기 위해서 중국회계기준을 따로 공부해야 하는 상황이 발생할 수 있다.** 이러한 불편들을 해소하기 위해서 만들어진 것이 IFRS이다. 전 세계의 회계기준이 하나로 통일된다면 해외주식에 투 자할 때도 한국기업을 분석하는 것과 똑같은 접근이 가능해진다. 이 렇게 만들어진 국제회계기준을 IFRS(International Financial Reporting Standards)라고 하는데 우리나라도 2011년부터 상장기업에 한해 의 무적용하도록 제도를 도입한 것이다.

국내에 IFRS를 도입하며 생겨난 몇 가지 변화가 있는데, 연결재무 제표를 기본재무제표로 한다는 점이나 주석공시가 많아지고 공정가 치의 적용이 확대된다는 점 등이다. 그런데 투자자 입장에서 조심해 야 할 변화가 하나 있었다.(과거형으로 표현한 이유는 잠시 후에 밝힌 다.) 바로 영업이익의 계산방식이 회사마다 다를 수 있다는 점이다. 앞에서 〈Check Point〉 코너를 통해 '구분손익'에 대해서 설명한 적이 있다. 손익을 몇 가지로 구분하는 이유가 정보이용자에 따라 추가적 인 정보를 제공할 수 있기 때문이라고 밝혔다.

Advice

** 실제로 중국의 회계기준은 우 리의 것과 달라서 영업이익 계산 방식에 차이가 있다. 상해자동차의 영업이익률 5%와 현대자동차의 영 업이익률 5%를 같다고 판단해서는 안 된다.

2011년
IFRS의 해

그렇다면 영업이익과 당기순이익 중 투자자에게 더 중요한 것은 무엇일까?

Advice

*미리 고백하자면 여기에 대해 필자는 조금 다른 생각을 하고 있다. 이 책에서 주장하는 내용 중 상당 부분은 초보자의 눈높이에 맞추어 일단은 '단정적으로' 얘기하고 있다. 내공이 쌓여가고 공부를 해나간다면 자기 생각을 깨고 나올 수 있을 것이다.

영업이익과 당기순이익 중 어떤 것이 더 중요할까? 투자자 입장에서 보면 중요한 건 영업이익이다.* 왜냐하면 영업이익은 지속가능성이 더 높아 미래를 예측하는 데 도움이 되기 때문이다. 영업외수익이나 비용에는 일회성 항목이 많다. 회사가 보유 중이던 토지를 처분하면 토지처분손익이 발생한다. 하지만 회사의 업종이 부동산매매업이 아닌 이상 계속해서 땅을 팔지는 않을 것이다. 또 환율이 변동하면 외화환산손익이 생기는데, 올해 이익이 났다고 해서 앞으로도 계속 이익이 날 것이라고 기대하기는 어렵다. 올해 환율이 기업에 유리하게 작용했다 해서 앞으로도 계속 유리한 방향으로 움직이리라 기대할 수는 없다는 것이다. 주가는 미래를 반영하기 때문에 투자자 입장에서는 이런 일회성 손익을 제외한 영업이익에 관심을 두는 것이다. 코스닥 시장에서도 당기순손실이 아닌 '영업손실의 지속'을 상장폐지 요건으로 규정하고 있다.

그렇다면 기부금은 영업비용일까, 영업외비용일까? 일반적으로 기부금은 영업외비용으로 처리한다. 기부와 접대의 차이가 무엇인가? 둘 다 외부의 제삼자에게 가치 있는 무엇인가를 제공하는 행위이다. 하지만 접대가 영업과 관련하여 대가를 바라고 이루어지지만, 기부는 업무와 무관한 순수한 행위이다. 따라서 접대비는 영업비용으로, 기부금은 영업외비용으로 처리하는 것이 일반적이다.

그런데 이런 기업이 있다면 어떨까? 회사가 영업 목적의 기부를 하는 경우다. 매출액 일부를 기부했더니 '착한 기업'이라고 알려져 제품판매가 증가했다. 따져보니 광고보다 효과가 훨씬 좋아서 광고선전

우리 회사
영업이익 계산법은
내 맘대로
고칠 수 있어.

비 대신 해마다 매출액의 1%를 기부하기로 한 경우다. 이런 경우라면 기부금을 영업과 관련된 비용으로 보아야 하지 않을까? 투자자 입장에서 '미래에 지속할 이익'을 예측할 때도 기부금이 계속 지출될 것이라고 보는 게 합리적일 것이다. 따라서 이런 경우에는 영업이익을 계산할 때 기부금도 차감해서 보여주는 것이 투자자에게 더 유용한 정보가 된다. 하지만 회사가 지출하는 기부금이 순수한 목적인지 영업목적인지 외부에서는 알 수 없다. 오직 회사만이 정확하게 알 것이다. 이러한 이유 때문에 IFRS는 영업이익의 계산방식을 회사가 정하도록 하고 있다. 어떤 항목이 영업과 관련이 있고 앞으로 지속할 가능성이 높은지 그에 관해 가장 잘 알고 있는 회사 스스로 판단하라는 것이다. 그렇게 해서 정보이용자(투자자)에게 유용한 정보를 제공하고 신뢰를 얻도록 하려는 취지이다. 그래서 IFRS가 도입된 2011년부터 우리나라도 영업이익의 계산방식을 회사가 정하도록 하였다.

자, 이제 앞에서 보여드린 영업손실 지속기업의 입장에서 상상해보자. 2008년 새로운 규정이 도입되어 4년 연속 영업손실이면 관리종목 지정, 5년 연속이면 상장폐지가 된다. 회사는 2008년부터 2010년까지 3년 연속 영업손실을 기록했기 때문에 2011년에는 어떻게든 영업이익을 내야 관리종목으로 지정되지 않는다. 그런데 이때 회계기준이 바뀐 것이다. 바로 영업이익의 계산방식을 회사가 정하도록 한 것이다. 회사가 얼마나 기뻤을지 상상이 가는가? 앞에서 보여드린 솔브레인이엔지, 바이온, 큐렉소, 코리드, 아미노로직스, 한국가구, 서울전자통신 7개사는 전부 '2011년 공시된 재무제표'에서 영업이익을 기록했다. 하지만 본래의 취지와는 달리 IFRS 규정이 회사에 유리한 방향이나 규제를 피할 목적으로 악용되자 금감원과 한국회계기준원은 이듬해 영업이익의 계산방식을 과거로 되돌리기로 한다. IFRS에는 없는 규정을 '한국채택국제회계기준'에 추가한 것이다. 이렇게 원래 했던 방식대로 영업이익 계산을 되돌리자 위 기업들은 전부 영업적자를 기록했다.(2012년 공시된 재무제표에 '전기'영업이익이 모두 적자로 바뀌었다.) 실제로 증권사 HTS 등에서 이 종목들의 영업이익을 조회하면 적자를 지속한 것으로 나타난다. 2011년에 단 한 번 회사가 임의로 계산한 방식이 아닌 계속해서 적용한 방법으로 계산해서 보여주기 때문이다. 그래야 회사의 실적 추이를 좀 더 정확하게 판단할 수 있다.

5년 넘게 영업손실을 기록한 회사들이 상장폐지 되지 않고 거래되는 이유다.

그렇다면 2011년에는 어떻게 영업이익을 기록할 수 있었을까? 이해를 돕기 위해서 가장 흥미로웠던 사례를 확인해보자. 다음은 큐렉소라는 기업이 2011년과 2012년에 공시한 손익계산서의 내용이다.

2011년 공시 손익계산서

과 목	제 20(당) 기	제 19(전) 기
Ⅰ. 매출액	8,030,086,556	3,978,586,037
Ⅱ. 매출원가	5,218,255,683	1,435,743,879
Ⅲ. 매출총이익	2,811,830,873	2,542,842,158
1. 판매비와관리비	4,601,779,481	6,123,288,972
2. 기타영업수익(주석 30)	2,583,645,791	22,996,841
3. 기타영업비용(주석 30)	504,667,851	408,375,855
Ⅳ. 영업이익	289,029,332	−3,965,825,828

2012년 공시 손익계산서

과 목	제 21(당) 기	제 20(전) 기
Ⅰ. 매출액	24,636,805,948	8,030,086,556

Ⅱ. 매출원가	22,401,848,472	5,218,255,683
Ⅲ. 매출총이익	2,234,957,476	2,811,830,873
1.판매비와관리비	7,568,161,993	4,601,779,481
Ⅳ. 영업이익	−5,333,204,517	−1,789,948,608

음영 처리한 부분을 비교해보자. 2011년 당기(20기)에는 영업이익을 기록했지만, 2012년 공시한 전기(20기)는 영업손실로 바뀌었다. 둘을 비교해보면 매출액, 매출원가, 매출총이익, 판매비와관리비까지는 숫자가 같다. 다만 2011년에는 여기에 '기타영업수익' 26억 원과 '기타영업비용' 5억 원이 추가돼서 3억 원의 영업이익을 보고했다. 2012년에는 이 부분이 제외되면서 18억 원의 영업적자로 바뀐 것이다. 기타영업수익에 대한 주석 내용을 확인해보자.

30. 기타영업손익

당기 및 전기의 기타영업수익 및 기타영업비용의 내용은 다음과 같습니다.

(단위 : 원)

구분		당기	전기
기타영업수익	외환차익	65,100,537	11,129,784
	외화환산이익	11,338,440	71,308
	유형자산처분이익	0	197,543
	무형자산처분이익	2,297,777,763	0
	채무면제이익	185,701,194	0
	잡이익	23,727,857	11,598,206
	계	2,583,645,791	22,996,841

기타영업수익 중 가장 큰 것은 '무형자산처분이익' 23억 원이다. 보통 영업외손익으로 분류하는 무형자산처분을 영업활동으로 보아 영업손익에 포함한 것이다. 어떤 자산을 처분했을까? 무형자산과 관련한 주석 내용이다.

14. 무형자산

(1) 당기 및 전기 중의 무형자산의 변동내용은 다음과 같습니다.

① 당기

(단위 : 원)

구분	영업권	특허권	～	소프트웨어	계
원가	0	8,076,697,020	～	110,523,000	8,187,220,020
기초상각누계액	0	(1,884,330,267)	～	(11,502,317)	(1,895,832,584)
기초손상차손누계액	0	(6,191,132,270)	～	0	(6,191,132,270)
기초장부금액	0	1,234,483	～	99,020,683	100,255,166
개별취득금액	0	1,295,400	～	2,346,000	25,641,400
사업결합으로인한취득	6,490,604,252	0	～	0	6,490,604,252
대체증감	0	0	～	0	162,486,856
처분금액	0	(2,222,237)	～	0	(2,222,237)
상각비	0	(307,646)	～	(22,456,500)	(28,180,375)
손상금액	0	0	～	0	0
기말장부금액	6,490,604,252	0	～	78,910,183	6,748,585,062

　　음영 처리한 '처분금액' 부분을 보니 무형자산 중 특허권을 처분했다. 장부금액 22억 원인 특허권을 처분해서 23억 원의 처분이익이 발생했으니, 45억 원에 처분했다고 생각하면 숫자를 잘 못 본 것이다. 금액 단위를 다시 확인해 보자. 단위는 '원'이다. 즉, 장부금액 222만 원의 특허권을 23억 원에 처분한 것이다. 도대체 누가 장부금액 222만 원짜리 특허권을 23억 원에 샀을까?* 다음은 재무제표 주석에 공시된 '특수관계자와의 거래내용' 중 일부이다.

36. 특수관계자와의 거래

(2) 특수관계자와의 거래내용

(단위 : 원)

구분	특수관계자명	거래내용	당기	전기
간접지분관계	㈜팔도(구,삼영시스템㈜)	무형자산의 취득	6,470,604,252	0
		무형자산의 처분	2,300,000,000	0

Advice

*특허권의 장부금액은 외부에서 취득한 경우에는 취득금액 전체가 계상되지만, 직접 개발하여 획득한 경우에는 관련된 직접비만 취득원가로 계상된다. 쉽게 말해, 특허의 객관적인 가치가 아닌 특허취득을 위해 변리사 등에 지급한 수수료 등만 원가로 잡힌다. 따라서 장부금액 222만 원의 특허권이 시장가치는 23억 원을 훨씬 넘어설 수도 있다.

확인해보면 특수관계자인 팔도가 사 간 것이다. 팔도는 이 특허권을 왜 샀을까? 팔도가 특허권이 필요한 것일까 아니면 큐렉소가 영업이익이 필요한 것일까? 다음은 팔도의 재무제표 주석에 기재된 내용이다.＊＊

17. 우발채무 및 약정사항

(4) 회사는 큐렉소(주)로부터 특허권을 2,300백만 원에 양수하는 계약을 체결하였으며, 특허 취득이 완료되기 이전이므로 지출한 금액을 선급금으로 회계처리하고 있습니다. 특허권의 사용대가로 수취하는 대가는 특허권사용수입으로 하여 영업외수익으로 인식하고 있습니다.

특허권을 사 간 팔도는 특허권을 사용하는 것이 아니라 사용 대가만 받는다. 회사가 진짜 본업에서 영업이익을 낸 것인지, 아니면 규정의 빈틈을 이용해 '눈 가리고 아웅'을 한 것인지는 독자의 판단에 맡기겠다. 어쨌든 한 가지는 주장하고 싶다.

회사의 의도를 읽으면 숫자가 보인다.

아미노로직스

마찬가지로 세세한 설명은 생략하고, 공시자료 위주로 나열한다. 이번 사례는 다소 어렵다. 당장에 이해가 되지 않고, 너무 복잡한 퍼즐로 보일 수도 있다. 그럼에도 불구하고 모범답안이나 설명은 제시하지 않는다. 증거를 수집해서 '확신'을 줄 수 있는 사례가 아니기 때문이다. 확신을 하고 투자를 한다는 건 쉬운 일이 아니다. 외부의 투자자 입장에서 확신의 근거가 될 '증거'를 수집하는 것이 불가능에 가깝기 때문이다. 하지만 투자자 입장에서 때로는 확신보다 중요한 것이 '정황'이다. 확신을 얻을 때까지 기다리면

늦는 경우가 많으므로 정황을 보고 움직일 수 있어야 한다. 재무제표를 통해 전후곡절과 정황을 유추해보는 연습은 투자에 분명 도움이 된다.

아미노로직스는 큐렉소와 마찬가지로 2008년에서 2010년까지 3년 연속 영업손실이었던 회사다. 그리고 2011년 IFRS 도입 당시 영업이익을 기록했다가 2012년에 규정이 바뀌면서 전기의 영업이익이 영업손실로 뒤바뀐 경우다. 큐렉소와 마찬가지로 2011년 공시 당시에는 어떻게 영업이익을 기록

했는지 확인해보자.

회사명	영업이익(단위:억원)				
	2008년	2009년	2010년	2011년	2012년
아미노로직스	-38	-45	-53	-14	-56

① 2011, 2012년 영업이익

2011년 손익계산서

과 목	주 석	제15(당)기	제14(전)기
매출액	26	4,028,759,526	5,399,625,336
매출원가	26	2,727,530,014	5,114,570,906
매출총이익		1,301,229,512	285,054,430
판매비와관리비	26	2,684,287,274	5,508,903,393
기타영업수익	26	4,054,555,331	127,118,444
기타영업비용	26	2,083,766,845	9,297,135,147
영업이익		587,730,724	−14,393,865,666

2012년 손익계산서

과 목	주 석	제16 (당) 기	제15(전)기
매출액	4,27,37	3,440,868,749	4,028,759,526
매출원가	11,28,32	2,840,053,646	2,727,530,014
매출총이익		600,815,103	1,301,229,512
판매비와관리비	29,32,37	6,238,978,736	2,700,618,039
영업손실		−5,638,163,633	−1,399,388,527

② 2011년 기타영업수익 내역

주석 26. 영업손익

(4) 당기 및 전기 중 발생한 기타영업수익과 기타영업비용은 다음과 같습니다.

(단위 : 천원)

계정과목	당기	전기
기타영업수익	4,054,555	127,118
외환차익	43,000	105,018
외화환산이익	123,805	9,263
단기매매증권평가이익	–	1,450
관계기업투자주식처분이익	3,282,654	–
대손충당금환입	465,306	
잡이익	139,790	11,387

③ 2011년 관계기업투자주식 내역

주석 16. 종속기업 및 관계기업투자

(4) 당기 및 전기 중 종속기업 및 관계기업투자의 기중 변동내역은 다음과 같습니다.

회사명	기초	취득	처분	기타증감(주1)	손상차손(주2)	기말
대전열병합발전㈜	13,177,441	–	7,838,210	(5,339,231)	–	–
Ream Power Co.Ltd.	747,156	–	–	–	16,652	730,504
㈜유창플랜트	9,375,507	–	–	–	1,637,035	7,738,472
Aminologics Cambodia Co.,Ltd.	602,752	–	–	–	188,308	414,444
합계	23,902,856	–	7,838,210	(5,339,231)	1,841,995	8,883,420

(주1) 당기 중 일부 처분(569,600주)으로 인하여 지분율이 10.20%로 하락함에 따라 유의적 영향력이 상실되어 매도가능금융자산으로 계정재분류하였습니다.

(주2) 당기 회수가능가액이 장부가액보다 하락하여 손상차손을 인식하였습니다.

④ 대전열병합발전㈜의 주주구성 내역

2010년 12월 31일

주주명	주식수	지분율
조선내화(주)	2,842,400	74.80%
(주)아미노로직스	957,600	25.20%
계	3,800,000	100.00%

2011년 12월 31일

주주명	주식수	지분율
조선내화(주)	2,842,400	74.80%
그린손해보험(주)	569,600	15.00%
(주)아미노로직스	388,000	10.20%
계	3,800,000	100.00%

⑤ 지분매각관련 공시내용(2011.08.30)

타법인 주식 및 출자증권 처분결정

	회사명(국적)	대전열병합발전 주식회사 (한국)	대표이사	정영록
1. 발행회사	자본금(원)	19,000,000,000원	회사와 관계	투자회사
	발행주식총수(주)	3,800,000	주요사업	제조(증기, 전기, 온수)
2. 처분내역	처분주식수(주)			569,600
	처분금액(원)			11,300,864,000원
	자기자본(원)			58,819,618,327원
	자기자본대비(%)			19.2%
	대규모법인여부			미해당
3. 처분후 소유 주식수 및 지분 비율	소유주식수(주)			388,000
	지분비율(%)			10.2%
4. 처분목적		기업 경쟁력 강화를 위한 유동성 자금 확보 및 아미노산 사업 집중		
5. 처분예정일자		2011.08.30		

6. 이사회결의일(결정일)		2011.08.30
– 사외이사 참석 여부	참석(명)	–
	불참(명)	–
7. 공정거래위원회 신고대상 여부		미해당
8. 풋옵션계약 등의 체결여부		아니오
– 계약내용		
9. 기타 투자판단에 참고할 사항		– 상기 2. 자기자본금액은 2010년 12월 31일 자기자본과 2011년 상반기 유상증자로 인한 자본금 및 자본잉여금 변 동분을 반영한 금액임 – 상기 5. 처분예정일자는 매매대금 잔금지급 예정일임 – 대전열병합발전(주) 지분 매각 상대방은 그린손해보험입니 다. – 본 주식의 1주당 액면가는 ₩5,000이며, 1주당 처분가는 ₩19,840입니다.

⑥ 동일자 공시내용—금전대여결정(2011.08.30)

금전대여 결정

1. 성명(법인명)		㈜인핸스먼트컨설팅코리아	(회사와의 관계)	투자회사
– 최근 6월 이내 제3자 배정에 의 한 신주취득 여부		아니오		
2. 금전대여 내역	거래일자	2011.08.30		
	대여금액(원)	10,000,000,000원		
	– 자기자본(원)	58,819,618,327원		
	– 자기자본 대비(%)	17%		
	– 대기업해당 여부	미해당		
	이율(%)	7.0%		
	대여 기간	시작일	2011.08.30	
		종료일	2012.08.29	
3. 금전대여 목적		운영자금		
4. 금전대여 총잔액(원)		10,000,000,000원		
5. 이사회결의일(결정일)		2011.08.30		
– 사외이사 참 석 여부	참석(명)	–		
	불참(명)	–		
– 감사(사외이사가 아닌 감사위 원) 참석여부		참석		

6. 기타 투자판단에 참고할 사항	– 담보내역 : ㈜인핸스먼트컨설팅코리아 소유 그린손해보험㈜ 발행주식을 질권 설정(₩10,000,000,000) – 지연배상금 : 대여금(원금 및 이자 포함)의 상환의무를 이행하지 않을 경우에 상환하지 않은 금액에 대하여 연 12%의 금리를 적용(1년을 365일로 하여 일할 계산) – 이자지급 및 상환방법 : 원리금 지급은 만기일에 일시 상환한다. 단, 대여기간이 연장된 경우에는 대여일로부터 1년째 되는 날에 1년간 이자를 우선 지급키로 한다.	
	※관련공시	–

⑦ 그린손해보험 주주현황(2011.06.30기준)

주 주 명	소유주식수(주)	지 분 율(%)
㈜인핸스먼트컨설팅코리아	5,743,993	21.60
㈜바이콘	2,457,150	9.24
권도균	2,000,000	7.52
박규철	1,211,530	4.56
장홍선	1,100,240	4.14
유진기업㈜	1,000,000	3.76
이영두	799,107	3.01
㈜리더스초이스	608,346	2.29
㈜귀한수정	100,000	0.38
기 타	11,568,320	43.51
합 계	26,588,686	100.00

⑧ 2012년 8월 30일 아미노로직스 공시내용

기타 주요경영사항(자율공시)

1. 제목	((㈜인핸스먼트컨설팅코리아)단기대여금 미회수	
2. 주요내용	1. 단기대여금 내역 – 대여금액 : 10,000,000,000원 – 금리 : 7.0% – 대여기간 : 2011.08.30 ~ 2012.08.29 – 이사회결의일 : 2011.08.30 2. 단기대여금 미회수 – 미회수 원금 : 3,940,038,140원 – 미회수 이자 : 478,203,047원 – 소계 : 4,418,241,187원 3. 당사는 동 건과 관련하여 현금 20억원을 상환받았고 ㈜그린손해보험 주식 2,500,000주와 SM C&C 주식 467,642주를 특별현금화양도명령에 의해 대여금회수로 갈음하였고 ㈜티웨이항공주식 6,000,000주에 대해서 질권설정 및 압류명령을 받았습니다. 당사는 ㈜인핸스먼트컨설팅코리아와 협의를 통해 적법하게 회수 처리토록 하겠습니다. 4. 상기 대여금에 대하여 5,922,085,190원이 2012년 반기회계감사 시 대손충당금으로 설정되었습니다.	
3. 결정(확인)일자	2012.08.30	
4. 기타 투자판단에 참고할 사항	–	
	※관련공시	2011.08.30 금전대여결정

4년마다 이익을 내는
올림픽종목

필자가 글을 쓰던 시점에서는 브라질 리우올림픽이 한창이었다. 비인기 종목에서 남모르게 묵묵히 땀을 흘려온 선수들이 4년마다 한 번씩 전 국민에게 희열을 선사한다. 그런데 주식시장에도 4년마다 한 번씩 이익을 내는 종목들이 있다. 필자는 이런 종목들을 묶어서 이른 바 '올림픽종목'이라고 부른다. 2015년 기준 올림픽종목 리스트이다.

종목명	영업이익(별도, 단위:억원)							
	2008	2009	2010	2011	2012	2013	2014	2015
판타지오	−28	−19	−19	2	−2	−12	−28	19
마제스타	−101	−47	−79	10	−58	−92	−72	5
제닉스	−7	−26	−15	5	−3	−40	−46	4
보타바이오	−27	−24	−55	4	−24	−10	−30	8
이매진아시아	−52	−38	−44	15	−11	−20	−12	4
에스아이리소스	−42	−4	−14	41	−14	−9	−15	7
파나진	−8	−47	−25	3	−23	−36	−9	2

올림픽 치르듯 4년마다 이익이 나는 이유가 뭘까?
영민한 독자라면 금방 눈치를 챌 것이다.

종목명	영업이익(별도, 단위:억원)							
	2008	2009	2010	2011	2012	2013	2014	2015
KD건설	−48	−10	−1	5	−4	−10	−29	13
손오공	−73	−50	−182	32	−49	−143	−66	89

코스닥 기업이 4년 연속 영업손실을 기록하면 관리종목에 편입된다. 3년 연속 영업손실을 기록한 회사가 4년째에 맞춰서 영업이익을 내는 것이 순전히 우연일까? 2008년부터 적용된 규정에 의해 첫 4년째가 되는 2011년에 IFRS 도입이 있었다. IFRS가 영업이익의 계산을 회사에 맡긴다는 허점을 이용해 4년 연속 영업적자를 피했던 회사들은 2012년 이후로 더는 그 방법을 쓰지 못한다. 금융감독원이 영업이익 계산방식을 과거로 되돌렸기 때문이다. 2011년에 한 번 있었던 예외이고, 앞으로는 쓰지 못하는 방법인데 굳이 살펴볼 필요가 있을까?

중요한 건 '방법'이 아니라 '의도'이다. 2011년에 썼던 방법은 못 쓰지만, 여전히 4년 연속 영업손실을 피하려는 의도는 남아 있다. 칼로 누군가를 살해하려는 사람에게 칼을 빼앗았다고 안심할 수 있겠는가? 이익을 만들려는 의도가 있다면 방법이야 찾으면 된다. 그리고 투자자 입장에서는 이를 가려낼 수 있어야 한다. 회사가 진짜 4년 만에 흑자로 전환하고 실적이 좋아진 것인지, 아니면 장부상의 숫자만 좋아진 것인지 구분할 수 있는 혜안이 필요하다.[*]

지금부터 보타바이오라는 회사의 사례를 통해 4년마다 생겨나는 이익을 '실적개선'으로 보아야 할지 '장부상의 숫자'로 보아야 할지 구분해보자. 보타바이오는 앞에서 잠깐 언급한 종목이다. 바로 HTS에서

Advice

*앙드레 코스톨라니를 비롯한 투자대가들 중 상당수가 재무제표나 숫자는 조작되거나 포장되기 때문에 믿어서는 안 된다고 얘기한다. 맞는 얘기다. 다만, 대다수의 투자자는 '믿지 말라'는 얘기를 '보지 말라'는 얘기로 받아들인다. 둘은 다른 얘기다. '의심'을 가지고 잘 들여다 '봐야' 한다.

조회했을 때 10년 연속 영업손실로 확인되는 다섯 종목 중 하나였다. 단, 영업적자의 판단은 별도재무제표를 대상으로 하므로 별도기준으로 10년 연속 적자에 해당하지 않는 기업으로 제외했었다. 바로 여기에 함정이 있다.

연결기준으로는 영업적자이더라도 별도기준으로 흑자이면 관리종목에 편입되지 않는다.

한번 상상해보자. 당신은 주택을 사기 위해 1억 원의 대출이 필요한 상황이다. 은행에 문의해보니 담보대출은 안 되고, 신용대출로 연 소득의 2배까지만 가능하다고 한다. 연봉은 3,000만 원이므로, 6,000만 원을 대출받아도 4,000만 원이 부족하다. 그런데 은행의 대출담당자가 이렇게 얘기한다.

"친척들에게 받는 돈도 소득에 포함합니다"

자, 받아. 저녁때 돌려줘야 해.

친척

당신은 이제 얼마까지 대출을 받을 수 있을까? 필자라면 은행이 가진 모든 돈을 대출해 올 수도 있다. 가까운 친척에게 매일 아침 100만 원을 보낸다. 그리고 매일 저녁에 다시 100만 원을 받는다. 이렇게 1년이면 이제 내 연 소득은 3억6천500만 원만큼 늘어난다. 주고받는 금액을 100만 원에서 더 높이거나 횟수를 하루에 여러 번으로 증가시키면 얼마든지 대출한도를 늘릴 수 있다. 장난처럼 들리는가? 별도재무제표를 기준으로 영업이익을 산정하는 것이 이 장난과 비슷하다.

㈜공장은 빵을 제조하는 회사이다. ㈜공장은 제조한 빵을 판매하기 위해 별도로 ㈜매장이라는 법인을 설립하였다. ㈜공장이 100% 출

자하여 설립한 법인이므로 ㈜공장은 ㈜매장의 모회사가 된다. 제조와 판매를 담당하는 별도의 법인이지만, 사실상 하나의 기업이나 다름없다. 첫해 공장에서 빵 10,000개를 만들어 매장에 넘겼다. 이때 들어간 원가는 개당 80원으로 총 80만 원의 비용이 발생했다. 매장으로 넘길 때의 가격(이전가격)은 일단 개당 100원으로 설정해서 매출을 100만 원으로 잡았다. 매장에서는 이 빵을 개당 120원에 판매했는데, 막상 5,000개만 팔리고 나머지 5,000개는 유통기한이 지나 폐기할 수밖에 없었다. 그림으로 정리하면 다음과 같다.

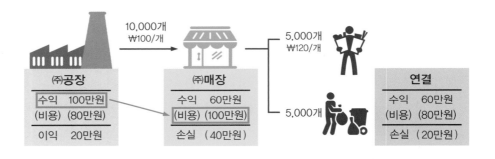

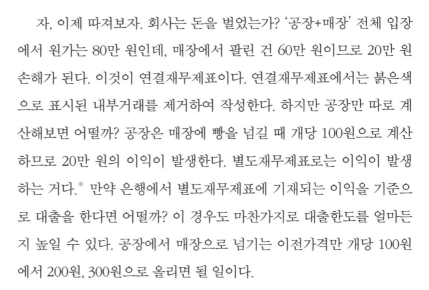

자, 이제 따져보자. 회사는 돈을 벌었는가? '공장+매장' 전체 입장에서 원가는 80만 원인데, 매장에서 팔린 건 60만 원이므로 20만 원 손해가 된다. 이것이 연결재무제표이다. 연결재무제표에서는 붉은색으로 표시된 내부거래를 제거하여 작성한다. 하지만 공장만 따로 계산해보면 어떨까? 공장은 매장에 빵을 넘길 때 개당 100원으로 계산하므로 20만 원의 이익이 발생한다. 별도재무제표로는 이익이 발생하는 거다.* 만약 은행에서 별도재무제표에 기재되는 이익을 기준으로 대출을 한다면 어떨까? 이 경우도 마찬가지로 대출한도를 얼마든지 높일 수 있다. 공장에서 매장으로 넘기는 이전가격만 개당 100원에서 200원, 300원으로 올리면 될 일이다.

Advice

*이해를 돕기 위해 예를 들었지만, 사실 정확한 표현은 아니다. 별도재무제표에서 원가법을 적용하면 이익이 발생하지만, 지분법을 적용하면 이익은 연결과 같아진다.

별도재무제표에서 이익은 얼마든지 만들 수 있다.

시장으로 돌아가 보자. 코스닥 상장사가 4년 연속 영업손실을 기록하면 관리종목에 편입된다. 그런데 이 영업손실에 대한 판단은 별도재무제표상의 영업이익으로 판단한다(지주회사 제외). 그리고 그 영업이익은 자회사와의 거래를 통해 만들어낼 수 있다. 어떤 바보 같은 회사가 관리종목에 편입된다는 말인가?**

보타바이오로 돌아가 보자. 회사는 연결기준으로 10년 넘게 영업손실이지만, 별도기준으로는 4년마다 영업이익이 발생한다. 빵 공장 사례에서 ㈜공장과 ㈜매장과의 사이를 전문용어로 '특수관계자'라고 부른다. 그리고 이 특수관계자 간의 거래는 회사의 실적을 부풀리거나 왜곡시킬 수 있으므로 주석에 별도로 공시하도록 하고 있다. ㈜공장의 경우 매출액 100만 원이 모두 특수관계자 거래가 된다. 영업이익 계산방식을 과거로 되돌린 2012년부터 3년 연속 영업손실을 기록한 보타바이오가 2015년에는 8억 원의 영업이익을 기록한다. 손익계산서가 아래와 같은데 이때 주석에 공시된 특수관계자와의 거래 내역을 첨부하면 다음과 같다.

Advice

＊＊그런데도 최근 3년 사이 이 규정에 해당하여 관리종목에 편입된 종목이 17개다.

과 목	주 석	제 26 (당) 기	제 25 (전) 기
매출액	25	16,282,269,463	3,176,794,968
매출원가	25,31	10,567,907,029	3,084,592,079
매출총이익		5,714,362,434	92,202,889
판매비와관리비	26	4,882,410,454	3,081,812,074
영업이익(손실)		831,951,980	−2,989,609,185

주석 34. 특수관계자와의 거래

(3) 당기 중 특수관계자와의 매출·매입 등 거래내역은 다음과 같습니다(단위:원).

〈당기〉

구분	특수관계자	매출액	매입액	기타수익	기타비용
종속기업	(주)인스피아	3,347,272,034	–	15,776,000	17,429,737
	한국인스팜(주)	2,011,090	750,320,705	–	–
	(주)드림스킨코리아	–	393,930,300	–	–
	(주)카바라인	–	641,402,017	–	–
합계		3,349,283,124	1,785,653,022	15,776,000	17,429,737

전기 중 특수관계자와의 매출·매입 등 거래내역은 없습니다.

물론 이 내부거래가 순전히 영업이익을 만들기 위한 거래였는지는 단정 지을 수 없다. 특수관계자에 대한 매출액만 공시될 뿐이지 해당 거래의 원가가 얼마인지는 공시되지 않기 때문에 위의 거래에서 얼마의 이익을 남긴 건지도 공시된 자료만으로는 계산할 수 없다. 하지만 실습사례를 다룰 때 했던 얘기처럼, 투자자에게 중요한 건 '증거'가 아니라 '정황'이다.

먼저 사실관계만 정리해보자.

1. 회사는 3년 연속 영업손실을 기록했고, 2015년에도 영업손실을 기록하면 관리종목에 편입될 상황이다.
2. 2015년에 내부거래가 제거된 연결기준으로는 영업손실이지만, 별도기준으로는 영업이익 8억 원을 기록한다.
3. 전년도에는 없었던 특수관계자에 대한 내부매출 33억 원이 발생했다.

판단은 독자에게 맡기겠다.

앞에서 보여드린 '올림픽 기업'에 해당하는 9종목이 모두 이런 건 아니다. 정말로 4년 차에 때마침 이익이 났을 수도 있지 않은가? 이에 대한 판단은 독자에게 맡기겠다. 대신 이 기업들에 대해 집필하고 있던 시점(2016년 반기)의 실적을 추가하면 다음과 같다.

종목명	영업이익(별도, 단위:억원)								
	2008	2009	2010	2011	2012	2013	2014	2015	2016 반기
판타지오	−28	−19	−19	2	−2	−12	−28	19	−5
마제스타	−101	−47	−79	10	−58	−92	−72	5	−96
제낙스	−7	−26	−15	5	−3	−40	−46	4	−17
보타바이오	−27	−24	−55	4	−24	−10	−30	8	−63
이매진아시아	−52	−38	−44	15	−11	−20	−12	4	−14
에스아이리소스	−42	−4	−14	41	−14	−9	−15	7	−9
파나진	−8	−47	−25	3	−23	−36	−9	2	−8
KD건설	−48	−10	−1	5	−4	−10	−29	13	6
손오공	−73	−50	−182	32	−49	−143	−66	89	32

본문에 여러 차례 언급하고, 사례로 다룬 보타바이오는 그 뒤로 어떻게 됐을까? 자세한 후기를 써보고 싶지만 괜히 소란스러울 수 있어서 뉴스기사 제목으로 대신한다. 저자가 초판 원고를 썼던 2016년 반기 이후로 회사와 관련해서 발표된 주요 뉴스의 타이틀만 모아보았다.

제 목	날 짜
보타바이오, 72억 규모 케이사후면세점 지분 80% 취득 (이데일리)	2016.11.09.
보타바이오, 케이사후면세점 지분 취득 '급등' (뉴스핌)	2016.11.09.
보타바이오, 39억 원에 대산도시개발 인수 (서울경제)	2016.11.10.
보타바이오, 72억 규모 제3자배정 유증 결정에↑ (브릿지경제)	2016.11.11.
"보타바이오 상장폐지 될라"…투자자 발 동동 (청년의사)	2017.03.02.
보타바이오, 최대주주가 유한회사 우민으로 변경 (이데일리)	2017.03.27.
[특징주] 최대주주 변경 소식에 보타바이오 강세 (컨슈머타임스)	2017.03.28.
보타바이오, 35억 원 수혈받아…3월에만 120억 원 자금 조달 (베타뉴스)	2017.03.30.
[더벨]'한숨 돌린' 보타바이오, 감사의견 적정 (더벨)	2017.03.31.
회사명 변경(보타바이오 → 카테아)	2017.04.27.
'舊 보타바이오'카테아, 복잡한 유상증자 구조에도 상승세 (이데일리)	2017.06.30.
카테아, 6월에만 4차례 유증 '눈길'...주가 영향은? (이투데이)	2017.07.03.
[상한가 근접] 관리종목지정사유 일부해제, 카테아 상한가 우뚝 vs 바이칼심층... (글로벌이코노믹)	2017.08.16.
[특징주] 카테아, 관리종목사유 일부 해소에 이틀째 상한가 (연합뉴스)	2017.08.17.
18일 주식시장 거래량 상위종목..1위 카테아 (브레이크뉴스)	2017.08.18.
[특징주] 카테아, 관리종목 지정사유 해소 소식에 나흘째 강세 (이투데이)	2017.08.21.
카테아, 경영정상화 '박차'… 하반기 신규사업 추진 (아시아타임즈)	2017.09.05.
카테아 75억 원 출자…CCTV 제조업체 인수 (연합뉴스)	2017.12.27.

제 목	날 짜
[Hot-Line] 카테아, 팬톰 흡수합병 소식에 이틀 연속 급등 (매일경제)	2017.12.28.
[Hot-Line] 카테아, 감사보고서 제출 지연 소식에 급락 (매일경제)	2018.03.23.
거래소, 카테아 '분식회계'로 상장적격성 실질심사 대상 (이데일리)	2018.03.29.
카테아, 상장폐지 관련 이의신청서 접수 (이데일리)	2018.04.06.
거래소, 카테아에 개선기간 부여 (이데일리)	2018.04.25.
[코스닥 메모] (4일) 변경상장=카테아→위너지스(상호변경) 등 (한국경제)	2018.05.03.
위너지스, 2억 원 규모 유상증자 결정 (이투데이)	2018.07.12.
위너지스, 60억 원 규모 3자배정증자 결정 (이투데이)	2018.07.13.
위너지스, 반기 검토 '의견 거절' (아시아경제)	2018.08.14.
거래소 "위너지스, 21일까지 재감사보고서 미제출시 상폐"(이데일리)	2018.09.19.
코스닥 10개사 상장폐지 결정 (내일신문)	2018.09.27.
상장폐지 코스닥 10개사 기업·주주, "억울하다" 소송전도 불사 (금융소비자뉴스)	2018.09.27.
견미리 남편 주가조작 종목…보타바이오→카테아→위너지스 (머니투데이)	2018.11.02.

제낙스

본문에서 다룬 이른바 올림픽 기업 중 하나다. 아마도 독자 입장에서 보타바이오보다 더 쉽게 정리할 수 있으리라 생각한다. 알고 보면 별거 아닌 것 같지만, 실제 투자를 하며 이런 내용을 알아내는 투자자는 별로 없다. 이것을 알아본다면 당신이 이미 고수의 냄새를 풍길 기본이 되었다는 얘기다.

① 영업이익 추이

종목명	영업이익(별도, 단위:억원)							
	2008	2009	2010	2011	2012	2013	2014	2015
제낙스	−7	−26	−15	5	−3	−40	−46	4

② 2015년 손익계산서

별도

	제 24 기	제 23 기
Ⅰ. 매출액	11,164,914,326	10,446,197,525
Ⅱ. 매출원가	9,097,652,287	12,433,921,066
Ⅲ. 매출총이익(손실)	2,067,262,039	−1,987,723,541
Ⅳ. 판매비와관리비	1,656,726,871	2,645,987,042
Ⅴ. 영업이익(손실)	410,535,168	−4,633,710,583

*별도매출액보다 연결매출액이 더 작다. 어떻게 자회사 매출까지 더했는데 매출이 작아질 수 있는지 이해가 되지 않는다면 본문의 빵 공장 그림을 다시 보기 바란다. ㈜공장의 매출은 100만 원이지만, 연결매출은 60만 원이다. 연결재무제표에서는 내부거래로 인한 매출이 제거된다.

연결

	제 24 기	제 23 기
Ⅰ. 매출액*	10,670,914,326	10,446,197,525
Ⅱ. 매출원가	8,893,964,063	13,981,666,669
Ⅲ. 매출총이익(손실)	1,776,950,263	−3,535,469,144
Ⅳ. 판매비와관리비	2,183,714,325	3,206,806,835
Ⅴ. 영업이익(손실)	−406,764,062	−6,742,275,979

③ 특수관계자 거래

26. 특수관계자와의 거래 :

다. 회사의 특수관계자와 당기와 전기 중 중요한 거래내용은 다음과 같습니다.

특수관계자명	거래내역	거 래 금 액(단위: 천원)	
		당 기	전 기
양광특수강고분유한공사	매입등	494,000	3,970
	유형자산취득	212,335	16,290
㈜이기산업	매입등	100,855	153,393
	자금차입	570,000	−
㈜무평산업	신주인수권부사채	−	1,800,000
	자금차입	450,000	−
	매출	3,300,000	−
주주·임원	자금차입	130,000	1,420,000
계		5,257,190	3,393,653

④ ㈜무평산업 손익계산서

과 목	제 8(당) 기	제 7(전) 기
매출액	−	−
매출원가	−	−
매출총이익	−	−
판매비와관리비	89,682,114	190,625,358
영업손실	89,682,114	190,625,358

⑤ ㈜무평산업 재무상태표 일부

과 목	제 8(당) 기	제 7(전) 기
자산		
유동자산	3,573,266,583	19,672,098
당좌자산	373,266,583	19,672,098
재고자산	3,200,000,000	—

분식 의도가

가득한 기업들

우리 회사의 훌륭한 재무제표 입니다. 투자하세요!

끝내주는 손익계산서

조금만 더 보고요.

앞에서 강조했듯이 상대방의 의도를 알면 숫자가 잘 보인다. 다음 기업은 어떤 의도가 있었을까? 코스닥에 등록된 회사였는데, 고민해 보고 곰곰이 살펴본다면 그만큼 자기 실력이 될 것이다.

손 익 계 산 서

제 19 기 2005년 1월 1일부터 2005년 12월 31일까지
제 18 기 2004년 1월 1일부터 2004년 12월 31일까지

아이메카주식회사 (단위 : 원)

과 목	제 19 (당) 기 금액		제 18 (전) 기 금액	
Ⅰ. 매출액		3,435,773,654		8,747,709,485
1. 제품매출액	1,625,012,563		8,747,709,485	
2. 상품매출액	1,719,852,000		−	
3. 행사매출액	90,909,091		−	
Ⅱ. 매출원가		3,439,144,776		12,001,412,135
1. 제품매출원가	1,699,603,367		12,001,412,135	
2. 상품매출원가	1,644,900,045		−	
3. 행사원가	94,641,364		−	
Ⅲ. 매출총손실		3,371,122		3,253,702,650

어떤 의도인지 짐작이 가는가? 정황상 어떤 부분이 의심스러운가? 제시한 자료는 재무제표의 극히 일부일 뿐이다. 매출액과 매출원가뿐인데 여기서 찾아낼 수 있는 것이 무엇일까? 앞에서 제시했던 상장폐지 요건을 다시 살펴보면 매출액과 관련하여 이런 내용이 있었다.

요건	유가증권시장	코스닥 시장
매출액(지주회사는 연결기준)	[관리] 50억 원 미만 [상폐] 2년 연속	[관리] 30억 원 미만 [상폐] 2년 연속

코스닥 기업의 경우 매출액 30억 원이 되지 않으면 관리종목에 편입되고, 2년 연속이면 상장폐지가 된다. 아이메카의 경우 당기 매출액이 34억 원으로 기준점을 살짝 넘겼다. 하지만 매출이 진짜로 30억 원을 넘긴 것인지, 아니면 의도적으로 만들어낸 것인지, 정황을 살펴볼 필요가 있다. 어쨌든 매출액이 30억 원을 넘겼으니 다행이라고 결론 내릴 수도 있지만, 그전에 매출의 구성을 확인해보자. 작년에 없었던 매출항목이 많이 늘어난 것을 확인할 수 있다. 바로 '상품매출액'이다.

상품과 제품의 차이는 무엇일까? 제품은 회사가 직접 '제조'한 물건을 말한다. 일반적으로 제조업이란 바로 이런 업종을 말한다. 반면에 상품은 회사가 제조하지 않고 '구매'한 물건을 말한다. 제품 포장지에 '제조원'과 '판매원'이 별도로 기재된 경우가 많다. 필자의 책상에 올려져 있는 생수병에는 이렇게 적혀 있다. '제조원: 제주특별자치도 개발공사', '판매원: 광동제약㈜'. 광동제약 입장에서 이 생수는 상품이 된다. 그리고 광동제약의 재무제표 주석에는 매출액이 다음과 같이 기재되어 있다.

주석 28. 매출액 및 매출원가
당기 및 전기 중 매출액 및 매출원가의 세부내역은 다음과 같습니다.

(단위:천원)

계정과목	당기	전기
매출액		
제품매출	404,273,141	346,659,502
상품매출	291,635,435	340,683,568
기타매출액	1,168,974	1,194,328
합　계	697,077,550	688,537,398

아이메카의 전년도 매출 87억 원은 모두 제품매출이었다. 그런데 올해 제품판매는 16억 원밖에 하지 못했다. 관리종목에 편입되는 것을 막으려면 14억 원의 매출이 더 필요하다. 이때 취할 방법은 어떤 것이 있을까? 첫 번째는 앞에서 영업이익을 만들었던 방법을 똑같이 쓸 수 있다. 매출액에 대한 판단 역시 별도기준이기 때문이다. ㈜공장이 ㈜매장에 빵을 넘기면 이것이 전부 공장의 별도매출액으로 보고된다. 하지만 아이메카의 경우 자회사가 없어서 이 방법을 쓰기는 어렵다. 다른 방법이 없을까?

은행을 이용하는 팁 중에 수수료를 줄이기 위한 방법으로 소위 '급여 돌리기'라는 것이 있다. 은행을 이용하다 보면 타행이체나 ATM기 이용에 대한 수수료가 생각보다 적지 않다. 그래서 주거래은행을 정하고 급여통장을 만들어 수수료를 줄이는 경우가 많다. 대부분의 은행에서 급여통장에 대해서는 수수료 면제나 금리 우대 등의 혜택을 주기 때문이다. 하지만 사정에 따라서는 주거래은행이 아닌 다른 은행의 통장을 개설해야 하는 경우도 있고, 직장이 없는 가정주부나 학생의 경우에는 급여통장을 개설할 수 없다는 문제가 있다. 이때 이용할 수 있는 방법이 바로 급여를 돌려가며 이체하는 것이다. 조건이 약간씩 다를 수도 있지만, 대다수의 은행에서 매월 특정일의 전후로 일정금액 이상이 급여의 명목으로 이체되면 이를 급여통장으로 인정한다. 주로 사용하는 통장이 3개가 있는데 각각 A, B, C라고 하자. 원래 급여가 입금되는 통장이 A라면 급여일 다음 날 A통장에서 B통장으로 일정 금액이 입금되도록 자동이체를 하고, B통장에서 C통장 그리고 다시 A통장으로 예금을 돌려서 이체하도록 설정해두면 세 통장 모두 급여통장의 혜택을 받을 수 있다. 가정주부의 경우에도 남편의 통장에서 일정금액이 '급여'라는 명목으로 이체되도록 하고 다시 남편 통장으로 되돌아가도록 설정한다면 식구들 모두 급여통장을 가질 수 있다.* 돈이 한 번 거쳐 가는 것만으로 급여통장처럼 보이게 할 수 있다.

비슷한 방법으로 회사도 매출이 있는 것처럼 보이게 할 수 있다.

　　남편 월급이 거치는 것만으로 아내의 통장도 급여통장이 되는 방법과 같은 방법이다. 회사A가 잘 아는 거래처 B사가 있다고 가정하자. B사는 C사에 물건을 납품한다. 이때 A가 매출액을 늘려야 하는 상황이라면 방법은 간단하다. B사가 C사에 직접 납품하는 건에 대해서 A사를 거쳐서 납품하는 것으로 처리하면 된다. B사가 A사에 납품을 하고 A사가 이를 다시 C사에 판매하는 것으로 세금계산서를 발행하는 것이다. B사나 C사의 입장에서 이 거래로 인해 크게 피해를 볼 일은 없다. A사 입장에서도 매출액 10억 원과 매입액 10억 원이 동시에 잡히기 때문에 이익에 영향은 없다. 다만 회사의 매출을 10억 원 늘릴 수 있다. 그리고 이러한 매출은 상품매출로 기록이 된다.

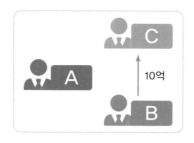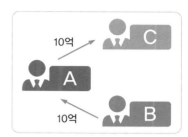

아이메카를 살펴보자. 아이메카의 3분기까지의 매출은 다음과 같 았다.

손 익 계 산 서
제 19 기 3/4분기 (2005. 01. 01 부터 2005. 09. 30 까지)

(단위 : 원)

과 목	제19기 3/4분기		제18기 연간	제17기 연간
	3개월	누적		
Ⅰ. 매출액	289,058,674	339,058,674	8,747,709,485	23,848,610,249
1. 국내매출	276,398,500	326,398,500	8,072,001,249	21,743,686,010
2. 수출매출	12,660,174	12,660,174	675,708,236	2,104,924,239

9개월간 누적매출이 3.3억 원인데 관리종목 편입의 기준이 되는 30억 원에 한참 모자란다. 그런데 4분기가 되자 3개월 만에 31억 원 의 매출이 추가됐다. 그리고 매출 중 절반이 넘는 17억 원이 작년까지 는 없었던 상품매출이다. 어떤 생각이 드는가? 공시된 자료를 통해서 합리적인 의심을 품고 이를 해결해 나가는 것이 투자의 정도라고 생 각한다. 이 의심이 해결되지 않으면 필자는 매수주문을 내지 않는다. 저 당시에 당장 문제가 터지지는 않았다. 하지만 2년 뒤에 다음과 같 은 공시가 떴다. 증권선물위원회가 감리를 통해 회계처리기준 위반행 위를 적발하고 검찰에 고발한다는 내용이다.

회계처리기준 위반행위로 인한 증권선물위원회의 검찰고발 등

1. 조치대상자	아이메카(주)	회사와의 관계	본인
2. 감리(조사) 지적사항	① 미수금 과대계상(무형자산 감액손실 미계상)(2,940백만원) - 자산성이 없는 무형자산(음성 · 초상권 등)에 대하여 감액손실을 인식하지 아니하고 미수금으로 대체함으로써 유동자산 및 자기자본을 과대계상함 ② 매출 및 매출원가 허위계상(1,709백만원) - 명목상으로 회사가 중간에 개입하여 제품매출과 외주제작비가 발생된 것처럼 회계처리하는 방법으로, 매출액 및 매출원가를 허위계상함 ③ 매도가능증권 과대계상(64백만원) - 이미 폐업한 회사의 보통주식에 대하여 감액손실을 계상하지 아니함 [2006회계연도]　(단위:백만원) 당기순이익　△12,427　→　△15,431 자기자본　　7,687　→　　4,683 매 출 액　　3,040　→　　1,331		
3. 증권선물위원회 조치내용	- 유가증권발행제한 12월 - 감사인지정 3년 (2009~2011회계연도) - 시정요구 - 임원해임권고 (1명) - 검찰고발 (회사 및 前대표이사 1명)		
4. 조치 결정일	2008년 07월 23일		

Advice

* 2020년부터는 '주기적 감사인 지정제'가 도입된다. 상장기업(일부 대형 비상장기업 포함)의 경우 6년은 기업이 외부감사인을 자율적으로 선임하되 그다음 3년은 증권선물위원회로부터 감사인을 지정받도록 하는 제도이다.

회사는 감리조치로 3년간 감사인을 지정받는다. 원래 감사계약은 회사가 자유롭게 체결한다. 쉽게 말해 누구한테 감사를 받을지 회사가 정한다는 얘기다.* 하지만 이 경우처럼 감리결과, 중요한 지적사항이 발생한다거나 하는 예외적인 경우에는 증권선물위원회가 지정해주는 감사인에게 감사를 받도록 한다. 2009년에 첫 지정감사를 받자 회사는 관리종목에 편입됐다. 2010년 지정감사 둘째 해에 '감사의견 거절'로 상장폐지가 된다. 안타깝게도 이런 사례들은 그 이전과 이후에도 계속해서 해마다 나타난다.

2004년 휴먼컴(코스닥)이라는 회사의 3분기 손익계산서다. 매출액이 30억원에 한참 모자란 6억 원이다. 3개월 뒤 연차보고서에서 매출이 어떻게 변했는지 확인해보자.

과 목	제16기 3분기		제15기 연간
	3분기	누적	
Ⅰ. 매출액	100,882,565	626,625,417	9,622,391,958
1. 상품매출액	6,998,768	167,355,019	896,980,957
2. 제품매출액	55,383,797	415,353,581	437,053,813
3. 영화수입	–		–
4. 용역매출액	38,500,000	43,916,817	8,288,357,188

손 익 계 산 서

제16기 2004년 1월 1일부터 2004년 12월 31일까지
제15기 2003년 1월 1일부터 2003년 12월 31일까지

주식회사 휴먼컴 (단위 : 원)

과 목	제 16 (당) 기 금액		제 15 (전) 기 금액	
Ⅰ. 매출액		3,300,916,465		9,622,391,958
1. 제품매출액	881,363,581		437,053,813	
2. 상품매출액	2,375,636,067		896,980,957	
3. 용역매출액	43,916,817		8,288,357,188	
Ⅱ. 매출원가		2,877,843,523		8,091,489,131
(1) 제품매출원가	667,867,187		106,538,997	
(2) 상품매출원가	2,209,976,336		702,715,734	
(3) 용역매출원가	-		7,282,234,400	
Ⅲ. 매출총이익		423,072,942		1,530,902,827

3개월 뒤 연차보고서 매출은 30억 원을 슬쩍 넘긴 33억이다. 그리고 매출에서 가장 많이 늘어난 것은 상품매출이다. 이 회사도 몇 년 뒤 상장폐지가 됐다. 이렇게 상장폐지에 대한 '양적 기준'을 형식적으로 회피하는 사례가 늘어나자 거래소는 '질적 기준'을 도입하기로 한다.

양적 기준은 구체적으로 계량화할 수 있는 기준을 세우는 것이다. '매출액 30억 원 미만' 등과 같이 숫자로 나타내는 것으로 그 기준이 명확하다는 장점이 있다. 하지만 그 기준만 살짝살짝 피해 나가는 것을 막지 못하고 쳐다봐야 하는 단점이 있다. 앞에서 언급한 대로 자회사를 하나 설립한 다음에 자회사에 물건을 넘기는 것으로 처리해

서 '30억 1원'의 매출을 기록하더라도 관리종목에 편입되지 않는 것이다.* '4년 연속 영업손실'이라는 양적 기준은 4년마다 단 1원의 영업이익만 기록해도 피해갈 수 있다. 반면에 질적 기준은 '영업손실이 수년간 지속하고, 재무건전성이 악화하여 사실상 상장을 지속하기가 힘든 경우'와 같은 판단이 개입한다. 이 경우에는 매출액이 30억 원을 넘더라도 문제가 있다면 상장폐지가 될 수 있고, 30억 원이 안 되더라도 타당한 사유가 있다고 판단하면 상장이 유지될 수도 있다. 이렇게 질적 기준은 형식적으로 요건을 회피하려는 기업을 막아낼 수 있다는 장점이 있지만, 명확하지 않은 자의적인 판단에 의존한다는 단점이 있다. 거래소는 기존의 양적 기준에 더해 2009년 '상장폐지 실질심사'라는 질적인 제도를 도입했다. 불량한 기업이 형식적인 조건만 달성하여 살아남는 것을 막고, 우량 기업이 조건달성을 못했다는 이유만으로 상장폐지되는 것을 구제하겠다는 것이다.

2008년 온누리에어(코스닥)라는 회사의 손익계산서이다. 이 회사는 2007년에 매출액 30억 원 미달로 관리종목에 들어가 있던 상태이고, 2008년에도 동일 사유에 해당하면 상장폐지가 될 상황이다. 2008년 3분기까지의 매출은 다음과 같다.

*기준은 30억 원 '미만'이기에 30억 원부터 통과되지만, 극적인 이해를 위해 '30억 1원'이라는 금액으로 표현했다.

손 익 계 산 서
제24기 3분기 2008년 01월 01일 부터 2008년 09월 30일 까지
제23기   2007년 01월 01일 부터 2007년 12월 31일 까지

(단위 : 원)

과 목	제24기 3분기		제23기 연간
	3개월	누적	
매출액	1,521,033,750	1,521,033,750	2,078,055,160
상품매출	1,521,033,750	1,521,033,750	2,043,055,160
임대수익	0	0	35,000,000

**회사의 3분기 보고서상 전기매출액(21억 원)과 연차보고서상 전기매출액(3,500만 원)이 다르다. 중단사업부문이 생겨서 발생한 차이인데, 이에 대해서는 〈Check Point〉 코너를 참조하기 바란다.

3개월 뒤 연차보고서상 매출액이다.** 역시 가까스로 30억 원을

넘겼고 매출액은 전부 상품매출에 해당한다. 매출액과 매출원가는 금액 차이마저 거의 나지 않는다.

과 목	제24(당)기		제 23(전) 기	
Ⅰ. 매출액(주석6,27)		3,398,914,050		35,000,000
1. 상품매출	3,398,914,050		−	
2. 임대료수입	−		35,000,000	
Ⅱ. 매출원가		3,355,537,230		49,332,277
1. 상품매출원가	3,355,537,230		−	
2. 제품매출원가	−		49,332,277	
Ⅲ. 매출총이익		43,376,820		(14,332,277)

그리고 2009년 거래소는 해당 매출에 대해 임의적, 일시적 매출로 의심된다며 최초의 '상장폐지 실질심사 대상'으로 결정한 다음 최종적으로 상장폐지 되었다. 당시 회사(상장폐지 결정 당시의 상호는 '뉴켐진스템셀')의 소액주주들은 한국거래소가 분명한 원칙 없이 해당 종목을 퇴출했다고 주장했다. 당시 언론에 "처음 도입한 실질심사로 성과를 내기 위해 막무가내로 멀쩡한 회사를 상장폐지했다."라며 억울해했고, 회사는 거래소를 상대로 상장폐지 결정에 대한 효력정지가처분까지 신청했다. 하지만 법원은 이를 기각했고, 상장폐지는 확정되었다.

상장폐지실질심사제도 도입 이후 상품매출을 통해 형식적인 회피를 하는 경우는 크게 줄어들었다. 하지만 여전히 다른 방법들이 존재한다. 다음 회사를 살펴보자.*** 경원산업(현 위드인네트웍)이라는 회사의 2012년 매출액이다.

Advice

*** 현재 거래 중인 종목들에 대한 얘기라 매우 부담스럽다. 해당 종목의 주주라면 종목을 좀 더 객관적으로 바라보고, 만약 몰랐던 사실이라면 회사에 대한 이해를 넓히는 차원에서 도움이 되길 바란다.

<table>
<tr><th colspan="5" align="center">포 괄 손 익 계 산 서</th></tr>
</table>

포 괄 손 익 계 산 서
제18기 2012년 1월 1일부터 2012년 12월 31일까지
제17기 2011년 1월 1일부터 2011년 12월 31일까지

회사명 : 주식회사 경원산업(구, 주식회사 유비컴)*　　　　　　　　　　　　　　　(단위 : 원)

과 목	제 18(당) 기		제 17(전) 기	
1. 매출액		3,513,153,640		25,509,486,631
상품매출	583,467,971		98,717,078	
제품매출	2,929,685,669		25,394,785,709	
기타수익	−		15,983,844	
2. 매출원가(주석22)		3,598,299,463		23,519,018,359
상품매출원가	625,734,194		245,390,361	
제품매출원가	2,972,565,269		23,273,627,998	
3. 매출총이익(손실)		(85,145,823)		1,990,468,272

*회사명이 자주 바뀌는 부분에 대해서는 이 책의 초반에 언급한 적이 있다. 결코 좋은 신호로 보기는 어렵다.

**'밀어내기'는 공식적인 용어가 아니라서 일반적인 정의가 없다. 투자자 입장에서는 공식적인 용어가 중요한 게 아니기에 그대로 가져다 썼다. 최근에는 '갑'의 위치에 있는 회사가 대리점에 강제로 매출을 밀어내는 것을 의미하는 용어로 많이 쓰이고 있다.

　　회사의 경우는 3분기까지의 매출액이 19억 원을 기록했다. 4분기만 16억 원을 기록했으므로 갑자기 늘어난 경향이 있지만, 앞의 사례들에 비하면 급격한 증가는 아니다. 또한, 상품매출의 비중도 크지 않고 제품만으로도 29억 원의 매출을 기록했다. 그래서 임의매출이나 일시적 매출로 보아 당장에 상장폐지실질심사대상으로 삼기는 어려워 보인다. 하지만 재무제표를 볼 줄 아는 투자자라면 여러 가지 의심스러운 정황을 발견할 수 있다.

　　일정액 이상의 매출액을 달성해야 하는 회사가 취할 방법으로 '밀어내기 매출'이라는 것이 있다.** 연말에 거래처에 가서 물건을 미리 주문해달라고 부탁하는 것이다. 상대방 입장에서 당장에 필요한 물건이 아니기에 거절한다면 거래조건을 변경해준다.

　　"당신네 어차피 내년 초에 물건 필요해서 주문할 거 아니냐? 그걸 미리 좀 주문해달라. 원래 물건 주문하면 3개월 뒤 결제하는 조건인데, 지금 주문하면 결제기한을 6개월로 늘려주겠다. 그러니 어차피 대금 지급은 내년 여름에 하면 된다. 거기다 지금 주문하면 평소에 주문하던 가격에서 10% 할인해주겠다."

상대방 처지에서 어차피 내년 초에 주문할 물건이었는데 결제는 천천히 해도 되고 10% 할인까지 받을 수 있다면 굳이 마다할 이유가 없겠다. 창고에 채울 수 있는 만큼 주문할 것이다.

이렇게 밀어내는 매출이 분식이나 속임수에 해당할까?

만약 이것을 분식이라고 한다면, 백화점이나 유통업체가 하는 '연말세일'이 모두 분식에 해당할 것이다. 위의 '밀어내기'와 백화점의 '연말세일'에 무슨 차이가 있는가? 당신이 감사인이라면 이를 '매출액으로 인정하지 않겠다'고 할 수 있겠는가? 직장생활을 해보신 분들이라면 대부분 기업에서 '연말 실적'을 올리기 위해 여러 가지 일들이 이루어진다는 것을 알 것이다. 그중에는 비정상에 가까운 '실적 부풀리기'도 있지만, 상당수는 '정상적인 판촉활동'에 해당한다. 그러니 위의 '할인을 통한 밀어내기 매출'도 회사의 매출로 인정된다. 다만 투자자 입장에서는 회사의 매출이 정상적인 영업활동을 통해 늘어났는지 아니면 이렇게 일시적으로 미래의 매출을 희생해서 당겨온 것인지 구분할 필요가 있다. 여러 가지 가정과 추정에 의존하는 재무제표는 분명 회사의 의도에 따라 조정할 수 있다. 많은 사람이 '그래서 재무제표는 믿을 수 없어. 재무제표를 보고 투자하면 망해'라고 하는데, 필자의 주장은 다르다.

"그래서 재무제표를 잘 봐야 한다. 매출액과 영업이익 정도만 보고 안심할 게 아니라, 전체 흐름을 읽고 회사의 의도를 파악해서 옥석을 구분할 수 있어야 한다."

이 회사의 매출이 정상적인 매출이 아니라 밀어내기 매출일 확률이 높다는 것을 어떻게 확인할까? 위에서 예시로 보인 대화에 힌트가 있다. 바로 상대방을 설득하기 위해 '결제기한을 연장'해주고, 동시에 '가격도 할인'했다는 점이다. 먼저 가격을 할인하면 어떤 부분에 변화가 생겨날까? 간단히 말해서 회사의 마진이 줄어든다. 거의 원가에 넘기다 보면 매출액과 매출원가가 비슷해질 것이다. 회사의 손익계산서를 다시 확인해보자. 제품매출에 대해서 매출액과 매출원가를 비교해보면 어떤가?

과 목	제 18(당) 기		제 17(전) 기	
1. 매출액		3,513,153,640		25,509,486,631
상품매출	583,467,971		98,717,078	
제품매출	2,929,685,669		25,394,785,709	
기타수익	－		15,983,844	
2. 매출원가(주석22)		3,598,299,463		23,519,018,359
상품매출원가	625,734,194		245,390,361	
제품매출원가	2,972,565,269		23,273,627,998	

매출액보다 오히려 매출원가가 더 크다. 장사꾼이 '밑지고 판다'고 얘기하는 걸 3대 거짓말이라고 하는데, 이 회사는 정말 밑지고 판 거다. 장사에서는 손해를 보더라도 주식시장에서는 상장을 유지하기 위함일 수 있다. 한 가지 더, 외상기간을 연장해주면 재무제표에 어떤 영향으로 나타날까? 외상기간을 늘려준 만큼 외상대금인 매출채권이 증가할 것이다. 일반적으로 회사는 매출액이 늘어나면 매출채권도 늘어난다. 많이 팔면 외상도 많이 주기 때문이다. 반대로 매출이 줄어들면 매출채권도 줄어든다. 회사의 매출액은 255억 원에서 35억 원으로 7분의 1 이하로 줄었다. 이때 회사의 매출채권은 어떻게 변했는지 확인해보자. 재무상태표에 나타낸 매출채권 금액이다.

과 목	제 18(당) 기말	제 17(전) 기말
매출채권	1,701,143,918	818,273,237
대손충당금	(721,738,361)	(137,860,660)

어떤가? 매출액은 7분의 1이 됐는데 매출채권은 2배 이상 증가했다. 그리고 친절하게도 늘어난 매출채권 대부분은 회수가 안 될 수 있다고 대손충당금을 설정했다.＊ 물론 복식부기와 재무제표라는 것은 완벽한 시스템이 아니기에 많은 허점이 존재한다. 하지만 재무제표를 깎아내리는 사람들의 생각보다는 훨씬 정교하고 훌륭해서 이렇게 여러 곳에 흔적을 남기고 일관된 방향을 제시하는 경우가 많다. 3년 뒤에 이 회사에 내린 조치와 관련한 공시내용 중 일부이다.

회계처리기준 위반행위로 인한 증권선물위원회의 검찰고발 등

1. 조치대상자	(주)위드윈네트웍	회사와의 관계	본인
2. 감리(조사) 지적사항	2015년 12월 09일 증권선물위원회는 (주)위드윈네트웍에 대하여 다음사항을 지적하였습니다. ● 매출 · 매출원가 과대계상 – 회사는 매출액 30억원 미달로 인해 관리종목으로 지정되는 것을 회피하기 위해 생산, 판매되지 않은 제품에 대한 허위의 세금계산서, 거래명세표 등을 이용하여 허위의 매출을 계상하고, 인터넷전화기 거래와 관련하여 받은 금액과 지급금액이 일치하고, 실질적으로 제공한 재화나 용역이 없음에도 동 거래와 관련하여 수수한 금액을 총액으로 매출, 매출원가로 계상함으로써 제18기 및 제19기 매출, 매출원가를 각각 1,834백만원 1,302백만원 과대계상한 사실이 있음.		

아직 이러한 부분에 대한 분석이나 판단이 어려운 초보 투자자라면 다음 내용을 기억했으면 좋겠다.

분기 매출액이 10억 원 미만의 한 자리라면, 내공이 쌓이기 전까지는 근처에도 가지 말자!

중단사업부문

앞에서 투자자에게 중요한 것은 당기순이익보다 영업이익이라고 했다. 주가는 미래를 반영해야 하는데, 당기순이익에는 일회성 손익에 해당하는 영업외손익이 포함되어 있으므로 미래에도 지속할 가능성이 높은 영업이익이 더 유용한 지표가 된다. 그렇다면 이런 경우는 어떨까? 회사는 유통과 건설 두 가지 사업을 하고 있다. 사업부문별 실적은 다음과 같다.

	유통		건설		전체
수익	100억		40억		140억
(−) 비용	(−) 80억	**+**	(−) 50억	**=**	(−) 130억
이익	20억		(−) 10억		10억

유통부문은 20억 원의 흑자를 냈지만, 건설 부문에서 10억 원의 적자가 생겨 기업 전체 이익이 10억 원이다. 건설 부문은 최근 몇 년간 계속해서 적자를 기록했다. 회사는 건설 부문에 대해 앞으로도 전망이 밝지 않다고 판단하여 건설부문을 매각하고 유통부문에 집중하기로 하였다. 만약 이런 상황이라면 투자자 입장에서 중요한 손익은 건설 부문을 포함한 전체손익일까, 아니면 유통부문의 손익일까? 앞에서 얘기한 '미래에도 지속가능한 이익'은 유통부문의 이익이 된다. 건설 부문의 손익은 더 이

야! 우린 20억 흑자인데 너 왜 그래!

미안해, 난 적자야…

유통

건설

상 이 회사의 미래를 추정하는 데 포함되어서는 안 된다. 이 때문에 중단하기로 한 사업부문은 수익과 비용에 포함하지 않고 지속할 부문에 대한 손익만을 보여준다. 이를 '계속사업손익'이라고 부른다. 이때 건설부문의 손실 10억 원을 완전히 무시한 채 올해 20억 원의 이익이 났다고 보아서는 안 된다. 어쨌든 올해 이익은 10억 원이기 때문에 중단한 사업부문에 대해서는 수익에서 비용을 차감한 순이익을 따로 한 줄로 기재한다. 이것이 '중단사업손익'이다. 결과적으로 위에서 사례를 든 회사의 재무제표는 다음과 같이 만들어진다.

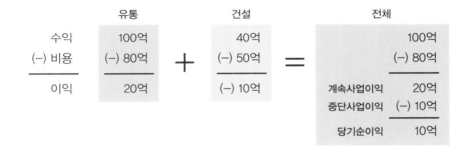

본문 중에 다루었던 '온누리에어'의 2008년 손익계산서다.

과 목	제 24(당) 기	제 23(전) 기
Ⅰ. 매출액	3,398,914,050	35,000,000
Ⅱ. 매출원가	3,355,537,230	49,332,277
Ⅲ. 매출총이익	43,376,820	−14,332,277
Ⅳ. 판매비와관리비	1,607,223,910	1,151,707,458
Ⅴ. 영업손실	1,563,847,090	1,166,039,735
Ⅵ. 영업외수익	1,084,111,499	326,717,865
Ⅶ. 영업외비용	7,222,791,171	5,415,115,676
Ⅷ. 법인세비용차감전계속사업손실	7,702,526,762	6,254,437,546
Ⅸ. 계속사업손익법인세비용	−	−
Ⅹ. 계속사업손실	7,702,526,762	6,254,437,546
Ⅺ. 중단사업손실(주23)	2,736,692,551	2,967,429,998
Ⅻ. 당기순손실	10,439,219,313	9,221,867,544

계속사업손실외에 따로 중단사업손실을 기재하였다. 중단사업손실에 대한 주석 내용이다.

23. 중단사업손익

당사의 이사회는 2008년 3월이후 매출실적이 없는 전자상거래 유통사업부문을 2008년 8월 14일까지 중단하기로 하는 사업부문 중단계획을 승인하고 2008년 3월 13일(최초공시사건) 이를 발표하였습니다.

손익계산서에 계상된 중단사업손익의 산출내역은 다음과 같습니다.

(단위 : 천원)

	당기	전기
매출액	2,943	2,043,055
매출원가	4,213	1,082,199
매출총이익	(1,270)	960,856
판매관리비	2,615,553	3,863,991
영업이익	(2,616,823)	(2,903,135)
영업외수익	17,941	1,543,678
영업외비용	137,811	1,607,973
전자상거래 사업부문의이익	(2,736,693)	(2,967,430)
사업중단직접비용	–	–
중단사업자산손상차손	–	–
법인세효과	–	–
중단사업손익	(2,736,693)	(2,967,430)

대손충당금

　재무제표에 등장하는 용어 중 일반인에게 익숙하지 않은 용어로 '대손충당금'이라는 계정과목이 있다. 회사가 돈을 빌려주거나 외상판매를 하면 대금을 100% 다 받을 수 있을까? 전부 회수되면 좋겠지만, 현실적으로는 못 받고 떼이는 돈이 발생한다. 이렇게 '빌려줬다 생기는 손해'를 대손(貸損)이라고 한다. 과거 경험상 매출채권(외상매출을 하고 받을 돈)의 1% 정도를 떼였던 회사가 기말에 남아 있는 매출채권이 1억 원이라면, 이 매출채권은 1억 원의 가치가 있을까? 1억 원의 가치를 갖기 위해서는 100% 회수가 된다는 확신이 있어야 한다. 하지만 과거 경험에 비추어 볼 때 1억 원의 1%에 해당하는 100만 원 정도는 받을 수 없다고 추정하는 것이 합리적일 것이다. 그렇다면 매출채권의 가치를 재무제표에 1억 원이 아닌 9,900만 원으로 표시해야 한다. 이렇게 대손가능성을 고려해서 채권의 적정가치를 표시하기 위해 사용하는 것이 대손충당금이다. 이 경우에 채권액은 1억 원이지만 대손충당금 100만 원을 차감하면 자산가치는 9,900만 원이라고 다음과 같이 표시한다.

	매출채권
채권액	100,000,000
대손충당금	(1,000,000)
장부금액	99,000,000

　실제 감사보고서에는 이렇게 표시된다. 삼성전자의 매출채권 관련 주석 내용이다.

10. 매출채권 및 미수금

가. 보고기간종료일 현재 매출채권 및 미수금의 내역은 다음과 같습니다.

(단위 : 백만원)

구분	당기말		전기말	
	매출채권	미수금	매출채권	미수금
채권액	25,707,615	1,553,362	28,303,421	2,242,026
차감 : 손실충당금	(260,588)	(14,912)	(315,020)	(18,045)
소　계	25,447,027	1,538,450	27,988,401	2,223,981
차감 : 장기 채권	(513,760)	(23,371)	(106,624)	(22,579)
유동항목	24,933,267	1,515,079	27,881,777	2,201,402

　　매출채권과 미수금*에 대해 손실충당금이라고 차감된 내역이 바로 대손충당금에 해당한다. 이때 대손충당금 액수는 어떻게 추정할까? 일반적으로는 '연령분석법'이라는 방법을 쓴다. 하루 이틀 연체한 채권과 1년 넘게 연체한 채권은 받을 확률이 다르므로 얼마나 오래된 채권인지 구분한 다음 각각 서로 다른 대손 비율을 적용해서 충당금을 구한다. 삼성전자의 채권에 대한 연령분석 내용도 주석에서 보여주고 있다.

*매출채권과 미수금은 모두 회사가 아직 받지 못한 대가이다. 다만, 이 둘의 차이는 '주된 영업'에서 발생했는지에 따라 구분한다. 삼성전자가 핸드폰을 팔고 아직 대금을 받지 못했다면 매출채권이 된다. 하지만 건물을 팔고 아직 받지 못한 잔금은 미수금이 된다. 부동산매매가 회사의 주된 영업은 아니기 때문이다.

보고기간 종료일 현재 기대신용손실을 측정하기 위해 연체일을 기준으로 구분한 매출채권 및 미수금 내역은 다음과 같습니다.

(단위 : 백만원)

구분	당기말		전기말	
	매출채권	미수금	매출채권	미수금
연체되지 않은 채권	25,424,293	1,395,176	27,918,884	2,019,741
연체된 채권(*) :				
31일 이하	99,277	36,250	185,199	98,684
31일 초과 90일 이하	77,532	27,180	93,119	15,469
90일 초과	106,513	94,756	106,219	108,132

구분	당기말		전기말	
	매출채권	미수금	매출채권	미수금
소 계	283,322	158,186	384,537	222,285
합 계	25,707,615	1,553,362	28,303,421	2,242,026
(*) : 회사는 31일 이하 연체된 매출채권 및 미수금은 신용이 손상된 것으로 간주하지 않습니다.				

전체 채권을 연체되지 않은 채권과 연체된 채권으로 구분하고, 연체된 채권은 다시 연체기간에 따라 31일과 90일을 기준으로 하여 세 가지로 구분해서 보여주고 있다. 이러한 내용은 HTS에서는 확인할 수 없지만, 회사에 대한 투자 의사결정을 할 때 중요한 정보가 되기도 한다. 참고 차원에서 필자가 강의시간에 다루었던 'LS네트웍스'의 2014년 감사보고서에 기재된 연령분석 내용을 확인해보기 바란다. 전기 말과 당기 말의 연체채권 비율을 비교해보기 바란다. 회사에 대한 판단은 독자에게 맡기겠다. 재무제표를 HTS가 아닌 감사보고서를 통해 확인해야 하는 이유 중 하나이다.

주석 - 계속

(3) 당기말 및 전기말 현재 매출채권 및 기타수취채권의 연령분석 내역은 다음과 같습니다.

(단위: 천원)

구 분	당기말			전기말		
	매출채권	기타수취채권	계	매출채권	기타수취채권	계
연체되지 않은 채권	120,868,384	24,238,374	145,106,758	83,164,076	24,793,144	107,957,220
연체되었으나 손상되지 않은 채권						
만기경과후 1~30일	8,664,574	-	8,664,574	-	-	-
만기경과후 31~60일	5,069,582	-	5,069,582	-	-	-
만기경과후 61~90일	13,102,068	-	13,102,068	-	-	-
만기경과후 90일 초과	12,750,280	12,087,167	24,837,447	-	994,762	994,762
소 계	39,586,504	12,087,167	51,673,671	-	994,762	994,762
손상된 채권(전액 만기경과후 90일 초과)	465,544	2,120,337	2,585,881	779,398	2,120,337	2,899,735
합 계	160,920,432	38,445,878	199,366,310	83,943,474	27,908,243	111,851,717

소프트맥스

이 회사의 경우 길게 보여드릴 내용도 없다. 본문 내용을 제대로 읽어본 독자라면 전기와 당기의 '매출액'만 확인해도 왜 실습사례로 제시했는지 충분히 이해할 것으로 생각한다.

DART | 본문 +본문선택+
소프트맥스 | 첨부 2016.03.30 감사보고서

포 괄 손 익 계 산 서
제22(당)기 2015년 1월 1일부터 2015년 12월 31일까지
제21(전)기 2014년 1월 1일부터 2014년 12월 31일까지

주식회사 소프트맥스 (단위 : 원)

과 목	주석	제22(당)기	제21(전)기
매출액	20,27	3,181,551,826	3,146,063,572
매출원가	20,22	2,807,104,921	2,071,622,737
매출총이익		374,446,905	1,074,440,835
판매비와관리비	21,22	10,613,726,552	6,230,778,330
영업이익(손실)		(10,239,279,647)	(5,156,337,495)
영업외수익	23	380,239,588	577,197,623
영업외비용	23	7,811,529,681	963,358,211
법인세차감전순이익(손실)		(17,670,569,740)	(5,542,498,083)
법인세비용	24	39,481,598	(279,755,609)
당기순이익(손실)		(17,710,051,338)	(5,262,742,474)

갑작스러운 증자에
당황하는 투자자들

"이 회사 갑자기 증자는 왜 하는 걸까요?"

필자가 자주 받는 질문 중의 하나다. 증자는 일반적으로 주가에 악재다. 새로 조달한 자금이 설비투자나 미래의 성장동력으로 쓰이는 경우에는 호재가 되기도 하지만 대부분 주가가 하락한다. 새로 발행하는 주식이 기존 주식과 같은 권리를 가지면서도 더 싼 가격에 발행되기 때문이다. 당신이 새로 장만한 최신형 핸드폰이 다음 주에 갑자기 30% 할인된 가격으로 팔린다면 기분이 어떻겠는가?

회사가 이렇게 주가에 부정적인 영향을 주는 증자를 도대체 왜 하는 걸까? 회사가 증자할 때는 기본적으로 그 목적을 공시하도록 하고 있다. 예를 들어 이런 식이다. 2015년 9월 필자가 질문을 받았던 태양기전(후에 '태양씨앤엘'로 사명변경)이라는 회사의 공시내용이다. 익숙해지기를 바라는 마음에 DART의 전자공시화면을 그대로 가져왔다.

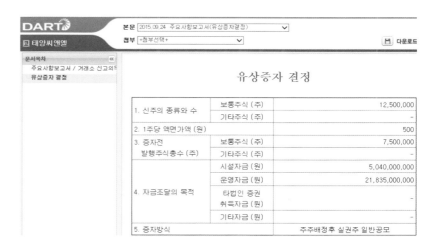

| DART | 본문 | 2015.09.24 주요사항보고서(유상증자결정) | | | ▼ | | | |
| 태양씨앤엘 | 첨부 | +첨부선택+ | | | ▼ | | | 다운로드 |

문서목차

주요사항보고서 / 거래소 신고의무
유상증자 결정

유상증자 결정

1. 신주의 종류와 수	보통주식 (주)		12,500,000
	기타주식 (주)		-
2. 1주당 액면가액 (원)			500
3. 증자전 발행주식 총수 (주)	보통주식 (주)		7,500,000
	기타주식 (주)		-
4. 자금조달의 목적	시설자금 (원)		5,040,000,000
	운영자금 (원)		21,835,000,000
	타법인 증권 취득자금 (원)		-
	기타자금 (원)		-
5. 증자방식			주주배정후 실권주 일반공모

1,250만 주를 새로 발행하는데 증자 전의 발행주식 총수는 750만 주였다. 기존 주식보다 더 많은 주식이 새로 발행되는 것이다. 증자방식을 확인하면 '주주배정 후 실권주 일반공모'라고 되어 있다. 기존의 주주에게는 새로 발행하는 주식을 살 수 있는 권리를 우선적으로 주고, 기존 주주가 인수하기를 거부한 실권주에 대해서는 일반인들의 청약(공개모집)을 받아서 배정하겠다는 얘기다. 그리고 이렇게 해서 조달할 예정인 총 268.75억 원은 시설자금 투자로 50.4억 원을, 운영자금으로 218.35억 원을 사용할 계획이라 밝히고 있다. 이렇게 증자를 할 때는 '자금조달의 목적'을 포함하여 공시하도록 하고 있으니 해당 내용을 꼭 확인하자. 단, 여기서 한 가지 주의사항이 있다.

회사의 얘기를 곧이곧대로 믿지는 말자!

Advice

*기사를 인용할 때는 출처를 밝히는 것이 원칙이나 여러 언론사에서 동시에 회사의 주장을 그대로 받아적은 기사이고, 투자자를 오도한 기사이기에 일부 내용만 발췌하고 출처기재는 생략한다.

필자는 세상에 착한 사람이 많아지기를 바라지만, '착한 투자자'는 줄어들기를 바란다. 좀 더 정확히 말하자면 '착해서 돈을 못 버는 투자자' 말이다. 당시 이 회사의 증자와 관련해서 보도된 기사 내용 중 일부이다.*

태양기전은 열전사 글라스 생산설비 확충 등을 위해 268억 원 규모의 유상증자를 실시키로 결정했다고 24일 공시했다. 태양기전은 이번 증자대금을 신공법으로 승인받은 열전사 글라스 생산설비 확충에 사용해 Capa를 최대월 500만개로 대폭 늘릴 예정이다. 대표는 "올해 6월 중국 천진법인의 토지사용권과 건물을 매각하고, 왜관 공장을 매각하는 등 전사적으로 구조조정에 모든 노력을 기울이고 있다"며 "이 같은 노력과 2조 원대의 시장 규모를 지닌 열전사 글라스의 가능성을 증권사들도 높게 평가해 유상증자가 진행될 수 있었다"고 말했다.

Advice

*개인적으로 탐방은 회사에 대한 이해를 넓히고 투자 의사결정을 하는 데 도움이 된다고 본다. 필자는 직접 탐방을 다니는 일이 거의 없지만, 운이 좋게도 탐방에 정통한 분들을 몇 분 알고 있고, 그분들의 의견을 참조한다.

신문기사도 곧이곧대로 믿지 말자!

필자는 회사 탐방을 가지 않는다. 이 때문에 스스로 '반쪽투자'라고 부르는데, 이에 대해 증권사에 근무하는 지인은 오히려 그게 장점일 수 있다며 이런 얘길 했다.*

"탐방 가서 회사의 얘기만 들어보면, 사고 싶지 않은 회사가 없어요!"

남의 얘기만 듣고 많은 정보를 모으는 것이 중요한 게 아니라 스스로 생각하고 확인해보는 시간이 필요하다. 정말 회사가 증자하는 주목적이 신문기사처럼 '생산설비의 확충'이고 '2조 원대 시장에 대비한 capa확대'일까?

힌트는 이 회사의 재무제표에 있다.

증자 결정을 하기 한 달 전인 8월 17일에 공시된 반기보고서 중 일부이다. 왜 회사는 증자를 해야만 할까? '지속적인 영업손실'과 '매출액 일정액 미만'에 이어 상장폐지가 되는 세 번째 규칙이다.

연결 재무상태표
제 17 기 반기말 2015.06.30 현재
제 16 기말　　 2014.12.31 현재

(단위 : 원)

	제 17 기 반기말	제 16 기말
자본		
자본금	3,750,000,000	3,750,000,000
자본잉여금	16,673,630,000	16,673,630,000
이익잉여금(결손금)	(22,805,834,981)	(7,247,880,818)
기타자본구성요소	10,514,492,207	10,960,461,510
자본총계	8,132,287,226	24,136,210,692

연결 포괄손익계산서
제 17 기 반기 2015.01.01 부터 2015.06.30 까지
제 16 기　　 2014.01.01 부터 2014.12.31 까지

(단위 : 원)

과 목	제 17 기 반기		제 16 기
	3개월	누적	
수익(매출액)	25,358,600,781	55,496,710,389	133,468,550,502
매출원가	26,150,018,945	58,206,858,362	149,004,665,073
매출총이익	(791,418,164)	(2,710,147,973)	(15,536,114,571)
~	~	~	~
당기순이익(손실)	(8,290,564,545)	(15,557,954,163)	(33,997,410,532)

요건	유가증권시장	코스닥 시장
자본잠식	[관리] 자본금 50% 이상 잠식 [상폐] 자본금 전액 잠식 자본금 50% 이상 잠식 2년 연속	[관리] (A)사업연도(반기)말 자본잠식률 50%이상 (B)사업연도(반기)말 자기자본 10억원미만 (C)반기보고서 제출기한 경과후 10일내 반기검토(감사)보고서 미제출 or 검토(감사)의견 부적정 · 의견거절 · 범위제한한정 [상폐] 최근년말 완전자본잠식 A or C 후 사업연도(반기)말 자본잠식률 50%이상 B or C 후 사업연도(반기)말 자기자본 10억원미만 A or B or C 후 반기말 반기보고서 기한 경과후 10일내 미제출 or 감사의견 부적정 · 의견거절 · 범위제한한정

Advice

＊자본금과 자본총계의 구분, 자본잠식에 대한 내용은 〈Check Point〉에서 자세히 다룬다.

자본잠식이란 회사의 자본총계가 자본금보다 작아지는 것을 말한다.＊ 자본금이 100억 원인데 자본총계가 100억 원이 되지 않고 90억 원이라면 10%만큼 잠식된 거다. 이 잠식률이 50% 이상이면, 즉 자본총계가 자본금의 절반이 안 되면 관리종목에 해당하고 자본금이 완전히 잠식되어 자본총계가 마이너스가 되면 상장폐지에 해당한다.

태양기전의 경우 반기 말 자본총계가 얼마인가? 81억 원이다. 이에 반해 손익계산서상 6개월 동안의 반기 순손실은 156억 원이다. 전년도에도 당기순손실이 340억 원 규모였으니 대략 분기별로 7~80억 원의 손실이 계속되고 있다. 하반기에도 이 추세가 이어지면 기말에 회사 자본은 얼마가 될까? 분기별로 당기순손실로 7~80억 원씩 자본이 '날아가고' 나면 기말에 십중팔구 자본잠식 상태가 될 거다. 상반기에 156억 원이던 적자 폭을 하반기에 절반 이하로 줄인다 하더라도 63억 원을 넘어서면 최소 50% 잠식으로 인해 관리종목에 편입된다.

구분	반기말 현재	손실 63억 추가발생시
자본금	37.5억	37.5억
자본총계	81.3억	81.3억 − 63억 = 18.3억
자본잠식률	−	(37.5−18.3)/37.5 = 51%

회사가 관리종목에 편입되거나 상장폐지 되는 것을 막으려면 자

본을 늘려서 자본잠식을 피해야 한다. 물론 증자를 통해 마련한 자금을 설비투자에 사용하기도 하겠지만, 그 이전에 상장폐지를 막으려는 목적이 우선했을 것이다.

재무제표를 볼 줄 아는 투자자라면 회사의 증자가 갑작스럽지만은 않다. 만약 회사의 미래를 긍정적으로 본 투자자라면 오히려 증자를 반겨야 한다. 당장에 상장폐지가 될 수 있는 위험을 줄이게 됐으니 호재가 아니겠는가? 하지만 증자발표 후 이틀간 주가가 14%나 하락한 걸 보면 발 밑에 놓인 위험을 보지 못한 투자자가 많은 것 같다.

자본잠식은 가장 널리 알려진 상장폐지 요건이다. 그런데도 뻔히 내다보이는 자본잠식 가능성을 확인하지 않는 투자자가 많아보인다. 내다보는 것은 둘째 치고, 이미 자본잠식인 것조차 확인하지 않는 투자자도 많다. 2016년 2월 29일 한국거래소는 삼성엔지니어링에 대해서 다음과 같은 공시를 냈다. 자본잠식으로 상장폐지가 우려되어 거래를 정지한다는 공시다.

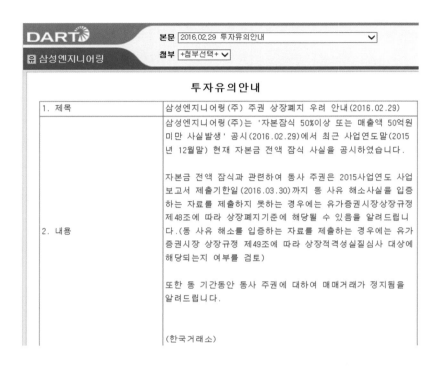

본문 2016.02.29 투자유의안내

첨부 +첨부선택+ ∨

삼성엔지니어링

투자유의안내

1. 제목	삼성엔지니어링(주) 주권 상장폐지 우려 안내 (2016.02.29)
2. 내용	삼성엔지니어링(주)는 '자본잠식 50%이상 또는 매출액 50억원 미만 사실발생' 공시 (2016.02.29)에서 최근 사업연도말 (2015년 12월말) 현재 자본금 전액 잠식 사실을 공시하였습니다. 자본금 전액 잠식과 관련하여 동사 주권은 2015사업연도 사업보고서 제출기한일 (2016.03.30)까지 동 사유 해소사실을 입증하는 자료를 제출하지 못하는 경우에는 유가증권시장상장규정 제48조에 따라 상장폐지기준에 해당될 수 있음을 알려드립니다. (동 사유 해소를 입증하는 자료를 제출하는 경우에는 유가증권시장 상장규정 제49조에 따라 상장적격성실질심사 대상에 해당되는지 여부를 검토) 또한 동 기간동안 동사 주권에 대하여 매매거래가 정지됨을 알려드립니다. (한국거래소)

해당 공시가 나간 뒤 투자자들의 반응은 당황스럽다는 의견이 많았다. '어떻게 삼성이라는 이름을 달고 상장폐지가 될 수 있느냐'부터 '얼마 전에 했던 유상증자는 사기였냐', '눈앞이 캄캄하다'는 등의 반응이었다. 심지어 '이재용 부회장도 이렇게 될 줄 모르고 유상증자에 참여한 거냐?'는 얘기까지도 있었다. 필자도 당황스러웠다. 하지만 삼성엔지니어링의 자본잠식이 아니라 오히려 투자자들의 반응이 필자를 당황스럽게 했다. 갑자기 발표된 것도 아니다. 삼성엔지니어링이 자본잠식이 될 거라는 걸 정말 몰랐단 말인가?

삼성엔지니어링은 이미 자본잠식 상태였다!

전자공시사이트에서 회사의 감사보고서를 찾아 확인하는 것은 번

거롭다고 하더라도 HTS에서 기본사항은 확인해야 한다.* 이마저도 번거롭다면 그냥 은행에 맡기고 몇 푼 안 되는 이자에 만족하거나, 차라리 펀드에 넣어두기를 바란다. '주식주문' 메뉴를 누르는 횟수가 '투자정보' 메뉴를 이용하는 횟수보다 많다면 뭔가 문제가 느껴지지 않는가? 모든 증권사의 HTS에서 회사의 재무제표를 확인할 수 있다. 대부분 '약식'재무제표를 제공하기 때문에 그리 복잡하지도 않다. HTS에 나오는 삼성엔지니어링의 분기별 재무상태표이다. 자본이 얼마인가?

IFRS(별도)	2015/09	2015/12
자산	60,006	56,308
유동자산	40,159	37,750
비유동자산	19,847	18,557
기타금융업자산		
부채	63,753	59,437
유동부채	50,977	47,838
비유동부채	12,775	11,599
기타금융업부채		
자본	−3,746	−3,129
지배기업주주지분	−3,731	−3,145
비지배주주지분	−15	16

2015년 말 자본잠식에 놀라는 투자자가 많았지만, 사실 11월에 발표된 3분기 재무제표에서 이미 자본잠식이었다. 재무제표를 볼 줄 아는 투자자라면 3개월이나 지나서 충격으로 받아들일 일은 아닐 것이다. 그럼 왜 3분기 말에 거래정지를 시키지 않았을까? 해당 규정을 확인해 보자.** 유가증권시장 상장규정 48조이다.

제48조(상장폐지) ① 거래소는 보통주권 상장법인이 다음 각 호의 어느 하나에 해당하는 경우에는 해당 보통주권을 상장폐지한다.

~중략~

3. 자본잠식: 자본금의 상태가 다음 각 목의 어느 하나에 해당하는 경우. 이 경우 종속회사가 있는 법인은 연결재무제표상의 자본금과 자본총계(비지배지분을 제외한다)를 기준으로 해당 요건을 적용한다.

가. **최근 사업연도 말 현재** 자본금 전액이 잠식된 경우

~이하 생략~

Advice

*코스닥의 경우에는 반기말과 사업연도말을 기준으로 하여 반기말이 추가되므로 주의하기 바란다.

'가'목의 내용을 보면 자본잠식에 대한 판단시점이 '사업연도 말 현재'이다.* 따라서, 분기나 반기 말 기준으로 자본잠식이더라도 상장폐지 사유에 해당하지 않는다. 3분기에는 비지배지분을 제외한 3,731억 원의 자본잠식 상태이지만, 기말까지 이익을 내거나 자본을 확충해서 자본잠식을 벗어나면 상장폐지 사유에 해당하지 않는 것이다. 이익을 내서 자본잠식을 피하기 위해서는 3,700억 원 이상의 분기흑자가 필요하다. 회사의 최근 4분기 분기별 지배주주순이익은 다음과 같다.

기간	2014년 4분기	2015년 1분기	2015년 2분기	2015년 3분기
지배주주순이익	405억	10억	124억	(−)13,318억

가장 성과가 좋았던 2014년 4분기가 405억 원이다. 이번 분기에 3,731억 원의 지배주주순이익을 기록할 수 있을 것으로 기대되는가? 현실적으로 불가능에 가깝다고 보는 편이 타당할 것이다. 따라서 이익만으로는 자본잠식을 벗어나기 힘들고, 상장폐지를 면하려면 자본확충이 필요하다. 하지만 12월 말까지 회사의 자본확충은 이루어지지 않았다. 주식발행에 관한 사항은 공시하게 되어 있는데 12월 말까지 어떠한 공시도 없었다. 그러므로 회사가 사업연도 말 현재 자본잠

식에 해당할 것이라는 건 충분히 예측할 수 있는 내용이다. 그러면 왜 회사는 자본잠식이 되는 걸 보고만 있고, 대책을 세우지 않은 걸까? 그냥 상장폐지가 될 각오를 한 걸까? 그렇지는 않다. 회사도 3분기의 대량 손실로 자본잠식을 예견했기 때문에 이를 막기 위해 증자를 진행했다. 다만, 여러 가지 절차가 필요했던 것으로 보인다.

먼저 자본잠식 된 부분을 해결하려면 몇 주를 새로 발행해야 할까? 3분기 말 자본잠식이 3,731억 원이고, 내부결산을 마쳤을 10월에 회사의 주가는 2~3만 원 정도를 유지했으므로, 주당 2만 원에 발행하더라도 약 2,000만 주 가까이 발행해야 한다. 하지만 2분기까지 흑자였던 회사가 갑자기 3분기에 1조 원이 넘는 적자를 기록했기 때문에 주가가 하락할 것으로 예상되고, 증자발표 역시 추가적인 하락을 일으킬 것이다. 여기에다 유상증자가 일반적으로 10~30% 정도 할인된 가격으로 발행가격을 정한다는 점까지 고려하면 2,000만 주를 넘는 신주발행이 필요하다. 한데 여기서 문제가 발생한다. 회사는 정관에 '회사가 발행할 주식의 총수'를 정하게 되어 있다. 앞에서 살핀 태양기전의 경우 기존 주식 수가 750만 주인데, 새로 1,250만 주를 발행했다. 새로이 자금을 마련해서 증자에 참가하지 않는다면 자신의 지분율이 반 이상 줄어들게 되니 주주 입장에서는 당황스럽다. 만약 기존 주식 총수가 100만 주인데 새로 1억 주를 발행한다면 지분율이 갑자기 100분의 1로 줄어드니 주주 입장에서는 불안할 수밖에 없다. 이 때문에 정관에 미리 최대한 발행할 수 있는 주식수(수권주식수)를 정해놓은 것이다. 그리고 이 내용은 회사가 공시하는 사업보고서나 분반기보고서에 'Ⅰ. 회사의 개요 〈 4. 주식의 총수 등'으로 기재하고 있다. 삼성엔지니어링의 2015년 3분기 보고서에 있는 해당 내용을 확인해보자.

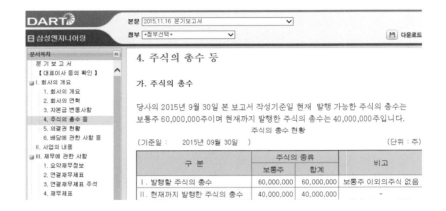

회사가 발행할 주식의 총수는 6,000만 주이고, 현재까지 발행한 주식의 총수는 4,000만 주이다. 그렇다면 회사의 정관상 새로 발행할 수 있는 주식은 2,000만 주까지이다. 자본잠식을 면하기 위해서는 2,000만 주 이상의 신주발행이 필요한데 정관으로 막혀버린 것이다. 이 때문에 먼저 정관부터 변경해야 한다. 정관의 변경은 임의로 할 수 없고, 주주총회를 통해서만 가능하다. 그래서 주주총회 소집부터 진행되어야 한다. 내부적인 사정은 알 수 없지만 어쨌거나 이런 절차 등이 진행되다 보니, 막상 유상증자는 해를 넘겨 2월 18일에야 증자등기가 완료되었다. 이 때문에 사업연도 말인 12월 31일 기준으로는 자본잠식인 것이다. 그렇다면 요건에 해당되었기 때문에 이제 상장폐지가 되는 것일까? 그럴 가능성은 작다. 앞에서 언급한 상장폐지실질심사제도 때문이다. 2009년 도입된 이 제도는 앞에서 설명한 대로 불량한 기업이 형식만 갖춰 살아남는 것도 막지만, 우량한 기업이 형식을 못 갖춰서 폐지되는 것도 구제하는 제도이다. 회사의 경우 사업연도 말 현재 자본잠식으로 상장폐지 사유에 해당하나, '사업보고서의 법정 제출기한까지 감사보고서를 제출하여 그 사유를 해소한 사실이 확인되는 경우'에는 상장적격성 실질검사 대상인지를 결정하도록 하고 있다. 만약 검사대상에 해당하지 않는다면 거래정지를 해제하고, 검사대상에 해당한다면 심의를 거쳐 상장폐지 여부를 결정한다. 이러한 내용들이 일자별로 계속해서 공시되었다.

사실 무척 복잡한 내용이다. 상장폐지 사유가 되는 조건, 사유에 해당하더라도 심사대상으로 분류하는 경우, 심사대상이 되었을 때 후속 조치 등 각각의 규정을 찾아내서 정리하는 것이 보통 일이 아니다. 그러니 법률이나 규정에 정통한 투자자가 아니라면 필자가 제시하는 해결책은 단 하나다.

그냥 자본잠식 우려가 있는 종목에는 투자하지 말아라!

자본잠식과 감자

'자본'과 '자본금'이 같을까, 다를까?

자본은 여러 가지 이름으로 불린다. 자산에서 부채를 차감했다는 의미의 '순자산'이나 남에게 조달한 타인자본(부채)과 비교해서 주인 스스로 내놓은 자본을 의미하는 '자기자본'도 모두 자본을 의미한다. 즉, '자본', '순자산', '자기자본'이 모두 같은 의미이다. 한데 자본금은 이들과 다르다. 자산에서 부채를 차감한 자본은 회사의 주인인 주주가 가져갈 수 있는 '주인의 몫'이다. 주인의 몫은 크게 2가지로 나누어 볼 수 있다. 하나는 주주가 직접 투자한 '종잣돈'이다. 회사를 설립하거나 혹은 중간중간 증자를 통해 회사에 투자한 밑천에 해당하는 돈이다. 주주가 종잣돈을 제공하면 회사는 이 자금을 가지고 영업을 통해 이익을 낸다. 이렇게 벌어들인 돈을 주주에게 배당하면 회사에서 빠져나가지만, 배당을 하지 않고 쌓아두면(일반적으로 '잉여금') 이것도 회사의 자본을 구성하게 된다. 이렇게 자본은 '종잣돈+불린 돈'의 합계로 이루어져 있다.

그렇다면 자본금은 무엇일까? 회계적인 의미의 자본금은 종잣돈과는 또 다른 개념이다. 주주가 종잣돈을 제공하면 회사는 이에 대한 증서로 '주식'을 발행하여 교부한다.* 이 때 주식에는 '액면 금액'이라는 것

> *실무적으로는 도난이나 분실의 위험이 있으므로 발행한 주식을 예탁결제원 등에 맡겨서 보관한다.

이 있다. 우표를 사면 표면에 금액이 적혀 있는 것처럼 주식에도 표면(액면)에 금액이 적혀 있다. 그런데 이 액면에 적힌 금액과 주식을 발행하는 금액이 일치하지 않는 경우가 많다. 올림픽이나 여러 행사 때 발행하는 기념주화를 생각해보면 이해가 쉬울 수 있다. 아래 그림처럼 기념주화의 액면 금액은 30,000원이지만 실제 판매는

2,960,000원에 이루어진다.

2018 평창 동계올림픽대회 금화 30,000원화

| 디자인 | 대한민국(강원도)의 전통 스키(고로쇠 썰매, 설피)

강원도 산간 지대에서 주민들의 생활수단의 하나로 행해진 우리나라 고유의 전통 스키입니다. 넓적한 멧신의 설피(雪皮)와 고로쇠나무인 썰매(스키)를 착용하고, 막대기 끝엔 창을 달아 몸을 지탱해 가며 멧돼지나 곰을 사냥하는 도구로 사용하였습니다.

| 발행국 : 대한민국 | 액면 : 30,000원 | 발행년도 : 2016년 | 순도 : 金99.9% | 중량 : 31.10g | 크기 : 35mm
| 상태 : 프루프 | 최대발행량 : 4,500장 | 판매가격 : 2,960,000원

| 주화 뒷면 |　　　　　　　　　| 주화 앞면 |

평창동계올림픽 기념주화
출처: 평창동계올림픽 조직위원회(www.pyeongchang2018.com)

　　주식도 마찬가지로 액면 금액은 30,000원이지만 발행은 2,960,000원에 이루어질 수 있는데 이때 30,000원이 바로 회사의 '자본금'이 된다. 그리고 자본금 30,000원을 넘어선 2,930,000원은 '자본잉여금'이라고 부른다. 거래처와 장사를 통해 이익을 남기면 '이익잉여금'이 되고, 주주와의 거래에서 이익을 남기면 '자본잉여금'이 된다. 액면 금액 30,000원의 주식을 2,960,000원에 팔았으니 2,930,000원을 남겼다는 개념이다.

다음은 유상증자 시 공시하는 투자설명서 내용 중 일부이다. 발행하는 보통주의 액면 가액은 5,000원이지만 모집 가액은 9,530원이다. 증자가 완료되면 회사의 자본은 모집총액 2조 6,684억 원만큼 증가하겠지만, 자본금은 1조 4,000억 원(280,000,000주×5,000원)만큼 증가한다.

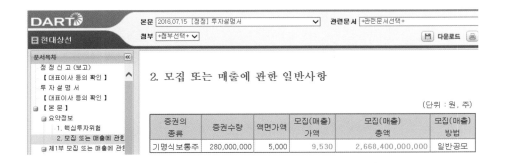

이렇게 자본은 '종잣돈'과 '벌어들인 돈'으로 구성되고, 종잣돈은 다시 자본금과 자본잉여금으로 나눌 수 있다.* 우리가 얘기하는 '자본잠식'에서 자본이 의미하는 것이 바로 '자본금'을 의미한다.

*그 외에도 자본조정이나 기타포괄손익누계액 등과 같은 기타자본항목이 있지만, 초보자 수준에서는 아직 어렵고 혼란스러운 개념이므로 자세한 설명은 생략하기로 한다.

아래 그림을 참조해보자. 자본이 총 6억 원인 회사가 있다. 회사를 설립할 때 종잣돈은 5억 원이었는데, 발행한 주식의 액면 금액은 4억 원이었다. 설립 후 장사가 잘되어 1억 원의 잉여금이 쌓였다. 이 경우 회사의 자본 6억 원은 자본금 4억 원, 자본잉여금 1억 원, 이익잉여금 1억 원으로 아래 그림의 좌측과 같은 상태가 된다. 이 상태에서 회사가 1년을 더 영업했는데, 시장 상황이 갑자기 나빠져서 4억 원의 적자가 발생했다. 벌어서 쌓아놨던 돈(이익잉여금) 1억 원을 다 까먹었을 뿐만 아니라 원금까지 까먹은 것이다. 그러면 회사의 자본 상태는 우측 그림과 같다. 자본총액이 2억 원인데, 회사가 발행한 주식의 액면 금액 4억 원보다도 작아진 것이다. 이렇게 원금을 까먹어가는 것을 '자본잠식'이라고 한다. 좀 더 정확히 얘기하면 회사가 발행한 주식의 액면 금액을 까먹은 상태이다. 이 경우 자본잠식률은 50%(2억/4억)가 된다.

자본금 4억	자본 6억	적자 4억 발생 →	자본금 4억	자본 2억	
자본잉여금 1억			자본잉여금 1억	적자 4억	2억 잠식
이익잉여금 1억			이익잉여금 (−)3억		

이렇게 자본총액이 자본금보다 작아지는 것을 '부분잠식'이라고 하며, 자본금이 100% 잠식된 상태, 즉 자본이 0보다 작아진 것을 '완전자본잠식'이라고 한다.

본문에서 설명한 대로 자본이 50% 이상 잠식되면 관리종목에 편입되고, 완전잠식되면 상장폐지 요건에 해당한다. 자본 50%가 잠식된 위 회사가 관리종목에 편입되지 않기 위해서는 어떻게 해야 할까? 자본금과 자본을 비교하기 때문에 방법은 두 가지가 가능하다. 첫 번째는 자본총액을 늘리는 방법이다. 가장 일반적인 방법으로, 증자를 통해 자본금과 자본을 늘려 잠식률을 줄이는 것이다. 위 상태에서 액면 금액으로 1억 원을 증자하면 자본금은 5억 원이 되고, 자본은 3억 원이 되어 자본잠식률이 50%(2억/4억)에서 40%(2억/5억)로 감소한다. 만약 액면 금액을 초과한 가격으로 주식을 발행하면 잠식률은 더 많이 감소한다. 증자와 관련해서는 본문에서 다룬 '태양기전'이나 '삼성엔지니어링' 등의 사례를 참고하고, 여기서는 두 번째 방법에 대해 얘기해 보자. 필자가 종종 받던 질문 중의 하나다.

"돈이 생겨나는 것도 아닌데, 도대체 감자는 왜 하는 건가요?"

충분히 해볼 만한 질문이다. 감자는 자본을 감소시키는 거다. 쉽게 말해서 주식을 찢어버리는 것으로, 10분의 1을 감자하면 주주가 가진 주식 10주를 받아와서 9주는 찢어버리고 1주만 돌려준다. 우스갯소리로 '증권맨들은 감자탕도 안 먹는다'고 할 정도로 투자자 입장에서 피눈물 나는 게 감자다. 그리고 감자를 한다고 회사에 돈이 들어오는 것도 아니고 이익이 생겨나는 것도 아니다.* 단지 주식 수만 줄어들 뿐이다. 그런데 왜 쓸데없이 주주의 피눈물을 짜내는 감자를 하는 걸까? 이유가 짐작이 가는가? 감자는 바로 자본잠식을 벗어나기 위해서 하는 경우가 많다.

*회계상으로 '감자차익'이라는 것이 생겨나지만, 이익항목이 아닌 자본항목에 해당한다.

감자를 하더라도 자본은 줄어들지 않고 자본금만 줄어든다. 얼핏 이해가 안 될 수 있다. 자본금이 줄어들면 자본도 줄어야 하지 않을까? 재무상태표를 볼 때 한 가지 명심해야 할 것이 있다. 이 원리를 깨닫지 못하면 여러 부분에서 혼란이 생겨날 수 있다.

자본은 실체가 없는 숫자일 뿐이다.

자본은 스스로 존재하지 않는다. 자산 항목인 재고자산이나 건물은 실체가 있다. 실물을 확인하고 만져볼 수도 있다. 부채 항목인 차입금이나 매입채무 같은 경우에는 손으로 만져지는 실물은 없지만 분명한 의무가 있다. 돈을 갚아야 할 상대방이 있고, 상대방에게 금액이나 만기, 결제조건 등을 확인할 수 있다. '1억 원을 빌렸어'라는 게 무슨 의미인지 충분히 이해할 수 있을 것이다. 그런데 자본은 어떠한가? '이익잉여금'이란 게 무엇인가? 실체가 있는가? 이게 상대방에 대한 권리나 의무인가? 이익잉여금 1억 원이 있다는 것을 어떻게 확인할까?**

자본은 스스로 존재하지 않고, 자산과 부채의 결과물일 뿐이다. 회사의 자산을 확인해 보니 100억 원이고, 부채를 확인해 보니 60억 원이라면 자본은 그냥 40억 원이 되는 거다. 자본이 얼마인지 따로 40억 원의 내용을 확인할 수 없다.

**많은 사람들 혹은 상당수의 언론기사가 회사에 잉여금이 쌓여 있으면 '돈'을 쌓아두고 있다고 착각하는 경우가 있는데 말도 안 되는 소리이다. 잉여금은 숫자이지 돈이나 실물이 아니다.

'자산의 가치가 100억 원이고, 갚아야 할 부채가 60억 원이니 주주한테 40억 원쯤 돌아가겠다'고 추정하는 숫자일 뿐이지 어딘가에 실물로 존재하는 것이 아니다. 그러므로 자산과 부채가 변하지 않으면 자본 스스로 증가하거나 감소할 수 없다. 회사가 증자할 때 '자본을 늘린다'고 표현할 수 있는 것은 주식이 늘어났기 때문이 아니다. 증자를 하면 '현금'이라는 자산이 증가하기 때문에 이 자산만큼 자본이 증가하는 것이지, 발행한 주식만큼 증가하는 것이 아니라는 의미이다. 현대상선이 액면가 5,000원짜리 주식을 발행해도 현금은 9,530원이 들어오기 때문에 자본은 5,000원이 아닌 9,530원이 늘어나는 것이다. 만약 액면 5,000원짜리 주식을 4,000원에 발행(할인발행)하면 액면은 5,000원이 늘어나더라도 자본은 4,000원만 늘어나게 된다. 자본은 이렇게 자산에서 부채를 차감한 잔액에 불과하다.

자본항목 중에서 그나마 유일하게 실체가 있다고 볼 수 있는 것이 자본금이다. 주식이라는 증서가 있고 표면에 5,000원이라고 적힌 실물이 있으니 얘만 별도로 '자본금'이라고 구분해서 표시한다. 액면 5,000원짜리 주식을 9,530원에 발행하면 그만큼의 현금이 들어왔으니 자본도 9,530원만큼 늘어난다. 그리고 실물 주권의 액면이 5,000원이니 늘어난 자본 중 5,000원은 '자본금'으로 표시하고 나머지 4,530원은 다른 이름으로 표시한다. 이것을 주식을 발행할 때 액면을 초과해서 늘어난 부분이라고 해서 '주식발행초과금'이라고 표시한다.

다시 감자로 돌아가 보자. 감자를 통해 회사의 자산이나 부채에 변화가 있는가? 예탁원 등에 맡겨뒀던 주식이라는 '종이'를 찢어버렸을 뿐 회사가 돈을 받거나 주지 않는다. 자산과 부채에 변화가 없으므로 결과적으로 자본도 변하지 않는다. 다만 자본금은 감소한다. 주식이라는 증서의 액면 금액 합계가 자본금인데 주식을 찢어버렸기 때문에 그만큼 자본금이 감소한다. 자본총계는 변하지 않는데 자본금이 줄어들기 때문에 대신 다른 자본항목이 늘어나게 된다.

다음 그림의 좌측처럼 자본금 4억 원, 이익잉여금 (-)2억 원, 자본총계 2억 원으로 50% 자본잠식인 회사가 있다. 이 회사가 주식 수를 1/4로 줄이는 감자를 하면 자본금은 1/4로 줄어 1억 원이 된다. 하지만 자본총계는 2억 원으로 변하지 않는다. 자본금 3억 원이 줄어드는 만큼 다른 자본항목이 3억 원이 늘어나야 한다. 이때 사용하는 것이 '감자차익'이라는 자본잉여금항목이다. 3억 원이라는 주식을 돈 한 푼 주지 않고 공짜로 찢었으니 회사가 주주에게 남겨 먹었다는 의미이다. 이제 회사의 자본총계는 자본금 1억 원의 2배가 되어 자본잠식에서 벗어난다.

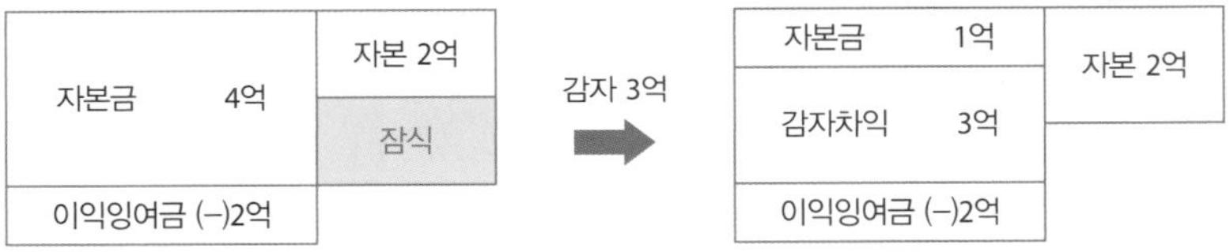

자본금	4억	자본 2억		감자 3억	자본금	1억	자본 2억
		잠식		→	감자차익	3억	
이익잉여금 (-)2억					이익잉여금 (-)2억		

2015년 두 차례나 감자를 한 '지엠피'라는 회사의 사례를 살펴보자. 회사는 2015년 10월 6일 아래와 같이 감자 결정 공시를 하였고, 다음 날 주가는 14.43% 하락했다.

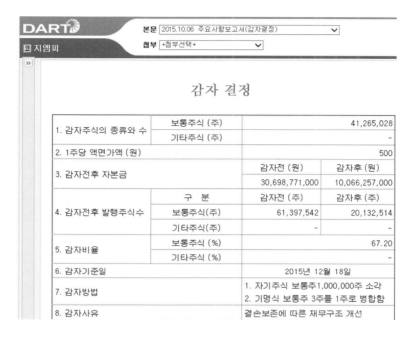

감자 결정

1. 감자주식의 종류와 수	보통주식 (주)		41,265,028
	기타주식 (주)		–
2. 1주당 액면가액 (원)			500
3. 감자전후 자본금		감자전 (원)	감자후 (원)
		30,698,771,000	10,066,257,000
4. 감자전후 발행주식수	구 분	감자전 (주)	감자후 (주)
	보통주식(주)	61,397,542	20,132,514
	기타주식(주)	–	–
5. 감자비율	보통주식 (%)		67.20
	기타주식 (%)		–
6. 감자기준일		2015년 12월 18일	
7. 감자방법		1. 자기주식 보통주 1,000,000주 소각 2. 기명식 보통주 3주를 1주로 병합함	
8. 감자사유		결손보존에 따른 재무구조 개선	

사실 감자는 어느 정도 예측할 수 있는 부분이었다. 감자사유가 '결손보전에 따른 재무구조 개선'인데 회사의 2015년(30기) 반기 말 재무제표상 자본은 다음과 같다.

	제 30 기 반기말	제 29 기말	제 28 기말
자본			
납입자본	30,698,771,000	30,698,771,000	30,698,771,000
자본금	30,698,771,000	30,698,771,000	30,698,771,000
기타자본구성요소	−2,649,860,003	−2,649,860,003	−2,649,860,003
이익잉여금(결손금)	−13,689,939,399	−8,624,451,014	−4,714,711,623
자본총계	14,358,971,598	19,424,459,983	23,334,199,374

자본총계가 144억 원으로 자본금 307억 원의 46.8% 수준밖에 안 된다. 53.2% 잠식으로 코스닥 기업의 경우 반기재무제표상 자본잠식률이 50% 이상이면 관리종목에 해당한다. 이 때문에 회사는 이미 관리종목으로 지정된 상태이다. 만약 기말까지도 자본잠식률이 50% 이상이라면 상장폐지 사유에 해당한다. 이때 회사가 취할 수

있는 방법 중 하나가 바로 자본금을 감소시키는 감자다. 그리고 3:1 감자를 통해 자본금을 307억 원에서 101억 원으로 감소시켰다. 감자가 완료되고 나면 자본구조는 아래와 같이 변경되어 자본이 자본금보다 43억 원 정도 초과하여 자본잠식을 벗어난다. 이 때문에 돈도 생겨나지 않는 감자를 하는 것이다. 주주 입장에서는 피눈물 나게 느껴지지만, 그대로 있다가 자본잠식으로 상장폐지를 당하는 것보다는 감자가 낫다.

또한, 감자는 재무상태가 악화한 기업이 구조조정을 하는 과정에서 많이 이루어진다. 회사가 경영상태가 악화하여 빚을 갚지 못할 상황이 되면 합의를 통해 채권단의 채무를 출자전환 하게 된다. 출자전환은 빌려준 돈을 주식으로 바꾸는 것이다. 회사 차원에서는 주식 발행으로 빚을 탕감하니 자본이 늘어나고 부채도 줄어들어 재무구조가 개선되는 효과가 있다. 채권자 입장에서도 어차피 지금 당장 받아낼 방법이 없어 보이니 주식으로 바꿔서 가지고 있다가 나중에 회사가 정상화되면 주식을 팔아 회수하는 것이 이익일 수 있다. 출자전환이 아닌 제삼자에게 경영권을 매각하는 방법도 가능하다. 경영권을 매각해서 받은 자금으로 빚도 갚고 영업에도 사용하게 된다. 이때 기존 주주가 보유 중인 주식을 제삼자에게 매각하는 것은 의미가 없다. 돈이 회사로 들어오는 것이 아니라 기존 주주에게 지급되기 때문이다. 회사가 새로 주식을 발행해야 회사에 돈이 들어오고 채무상환이나 회사를 정상화하는 자금으로 사용할 수 있다.

출자전환이든 경영권 매각이든 회사가 신주를 발행해야 하는데 이때 발행가액이 시세보다 비싸다면 채권단이나 새로 주식을 인수하는 제삼자가 받아들이지 못할 것이다. 기존 주주보다 비싼 가격을 치르고 문제 있는 회사의 경영권을 인수할 리는 없기 때문이다. 그런데 여기서 한 가지 걸림돌이 생겨난다. 이런 기업들은 대부분 액면가보다도 주가가 낮다. 사례로 들고 있는 지엠피의 경우 액면금액이 500원인데, 주가는 300원대에 거래되고 있었다. 출자전환 등을 통해 새로 발행하는 주식은 시세인 300원보다 싸게 발행해야 할 텐데, 문제는 할인발행이 상법상 금지되어 있다는 점이다. 상법의 제약 때문에 최소한 500원에는 발행해야 하는데, 채권단이 이를 받아들일 리 없다. 결국, 이 때문에 감자를 한다. 감자는 앞에서 얘기한 대로 주식을 찢어 버려서 주식 수가 줄어들 뿐 회사의 자산과 부채는 변함이 없다. 따라서 기업의 가치도 그대로인데 주식 수는 줄어들므로, 기업가치를 주식 수로 나누어 구하는 주당 가치, 즉 주가는 올라가게 된다. 이론상 3주를 1주로 병합하는 감자를 하면 주가는 3배가 오른다. 실제로 감자 전 종가가 325원이던 지엠피 주식은 감자 절차가 완료된 후 첫 거래일에 975원을 기준가격으로 하여 거래가 재개되었다. 이렇게 감자를 통해 주식가치가 액면가 이상으로 상승하면 신주발행을 통해 여러 가지 구조조정이 가능해진다.

이런 내용이 초보자에게는 어렵게 느껴질 수 있다. 만약 이런 것들을 분석하고 예측하는 것이 힘들다고 생각하는 투자자라면 그냥 이렇게 했으면 좋겠다.

액면금액 이하로 거래되는 주식에는 아직 손대지 말자!

증자를 내다보는

비결

"이 회사 혹시 증자할 가능성이 있을까요?"

몇 해 전 여름, 이메일 한 통을 받았다. 강의를 들었던 증권사 신입 사원에게서 온 메일인데 대강의 내용은 이랬다.

> "안녕하세요. 신입사원 교육 과정에서 두 차례 교육이 많은 도움이 되었습니다. 재무제표를 보다가 여쭤볼 게 있어서 이렇게 메일 드립니다. 손님이 '모린스'라는 종목을 가지고 있는데, 이 회사가 스마트폰 나오기 전에 터치스크린 폰 액정을 만들었던 회사입니다. 근데 주가가 하루가 다르게 떨어지네요. 이 종목으로 대출도 많이 쓰시고 있는데, 담보금액은 점점 줄어들고 있어 답답합니다.
> 이 회사가 작년에 230억 원 적자, 올해도 1분기 50억 원 적자에 2분기도 적자가 예상되는 상황입니다. 궁금한 점은 회사가 혹시 이 때문에 유상증자를 할 가능성이 있을까요? 유상증자가 발표되면 주가는 또 한 번 내려앉을 테고, 상상만 해도 끔찍합니다."

이 질문에 대해 필자는 '증자할 가능성이 매우 높다'는 의견을 주었다. 무엇 때문이었을까? 필요한 자료는 아래에 다 주어졌다. 왜 증자 가능성을 높게 보았을지 추정해보자. 책을 읽고 이해하는 것도 중요하지만, 스스로 생각할 수 있느냐가 더 중요하다.

재 무 상 태 표 (일부)
제 9 기 : 2011년 12월 31일 현재
제 8 기 : 2010년 12월 31일 현재

주식회사 모린스 (단위 : 원)

과 목	제 9 기 기말		제 8 기 기말	
자본				
1. 자본금	7,061,081,000		7,061,081,000	
2. 주식발행초과금	40,540,735,519		40,540,735,519	
3. 기타자본항목	(3,859,675,544)		(1,087,295,025)	
4. 이익잉여금	(3,915,994,424)		19,000,678,084	
자본 총계		39,826,146,551		65,515,199,578

손 익 계 산 서 (일부)
제 9 기 : 2011년 1월 1일부터 2011년 12월 31일까지
제 8 기 : 2010년 1월 1일부터 2010년 12월 31일까지

주식회사 모린스 (단위 : 원)

과 목	제 9 기	제 8 기
Ⅰ. 매출액	19,375,923,691	74,551,471,237
Ⅱ. 매출원가	24,966,428,740	64,808,838,907
Ⅲ. 매출총이익(손실)	(5,590,505,049)	9,742,632,330
Ⅳ. 영업이익(손실)	(20,028,534,214)	1,778,423,563
Ⅴ. 법인세비용차감전순이익(손실)	(23,235,615,833)	2,164,448,265
Ⅵ. 법인세비용(수익)	(318,943,325)	71,616,213
Ⅶ. 당기순이익(손실)	(22,916,672,508)	2,092,832,052

앞에서 다룬 자본잠식 가능성을 따져보자. 회사는 연결대상 자회사가 없다. 사업연도 말 자기자본이 398억 원이므로, 대략 400억 원의 손실이 추가로 발생하면 자본잠식에 빠질 것이다. 하지만 작년 한

해 적자가 230억 원 정도이고, 올해도 분기별로 대략 50억 원 정도의 적자가 발생하고 있으므로 연간 적자가 400억 원 수준이 될 가능성은 높지 않아 보인다. 그렇다면 관리종목에 편입될 우려는 없을까? 현재 자본금이 약 70억 원 수준이므로 자본총계가 35억 원 미만이 되면 50% 잠식이다. 400억 원에서 35억 원 이하가 되려면 적자 수준이 365억 원을 넘어야 하므로, 이 가능성도 높아 보이지는 않는다. 이렇게 자본잠식의 가능성이 높지 않기 때문에 이를 피하기 위한 증자도 필요하지 않다. 이유는 다른 데에 있다. 다음은 관리종목에 편입되거나 상장폐지가 될 수 있는 재무요건 네 가지 중 마지막 하나에 대한 내용이다.

요건	유가증권시장	코스닥 시장
법인세비용차감전 계속사업손실	해당 없음	[관리] 자기자본*의 50%를 초과(&10억 원이상)하는 법인세비용차감전계속사업손실이 최근3년간 2회 이상 [상폐] 관리종목 지정후 자기자본의 50%를 초과(&10억 원이상)하는 법인세비용차감전계속사업손실 발생

사실 이 규정은 대부분 투자자가 모르는 내용일 것이다. 필자가 만나본 증권업계 종사자들, 심지어 영업손실 지속이나 매출액 미달에 대한 요건을 알고 있는 분들도 이 규정만큼은 모두 생소해 했다. 하지만 다른 세 가지 요건과 마찬가지로 관리종목 편입, 상장폐지를 피하고 싶은 투자자라면 반드시 알아야 할 규정이다. 용어가 쉽지는 않지만, 실제 사례로 계산해보면 이해에 도움이 될 것이다. 위에 소개한 모린스라는 종목에 이 규정을 적용해보자.

먼저 자기자본은 얼마인가? 9기(2011년) 말 자본총계가 398억 원이므로 자기자본은 398억 원이다. 법인세비용차감전계속사업손실 (생소하다고 느껴지는 분은 〈Check Point〉 코너의 중단사업부문 참조)

은 얼마인가? 9기 법인세비용차감전순손실이 232억 원이다. 자기자본의 50%는 199억 원이므로 법인세비용차감전순손실이 자기자본의 50%를 초과하면서 10억 원을 넘어섰다. 즉, 위에서 말하는 '자기자본의 100분의 50을 초과하는 법인세비용차감전계속사업손실'에 해당하는 것이다.

항목	자기자본	의 50%를	초과하는	법인세비용차감전계속사업손실
8기	65,515,199,578	32,757,599,789	>	0
9기	39,826,146,551	19,913,073,276	<	23,235,615,833

＊＊3년 연속 영업손실인 회사를 투자대상에서 제외하는 것처럼, 최근 2년 내에 1회라도 해당한 적이 있는 회사만 제외해도 관리종목 편입을 막을 수 있다는 얘기다.

그런데 이 조건은 특이하게 매출액이나 자본잠식처럼 1회만으로 관리종목에 편입되거나 영업손실처럼 4년 연속되었을 때 편입되는 것이 아니라, '최근 3년간 2회 이상'일 때 편입된다.＊＊ 회사의 경우 8기에는 법인세비용차감전계속사업손실이 없었으므로 9기에 1회 해당하게 되었다. 따라서 10기나 11기에 한 번 더 여기에 해당하면 '3년간 2회 이상'에 해당하여 관리종목에 편입될 것이다. 그렇다면 올해 10기에 적자('법인세비용차감전계속사업손실'을 의미)가 어느 정도면 관리종목에 편입될까? 적자가 발생하는 만큼 자본은 감소할 것이다. 따라서 올해 적자 폭을 a라고 한다면 다음과 같은 방정식을 세워서 풀 수 있다.

＊＊＊중학교 1학년 수학책에 등장하는 1차 방정식이다.

자기자본	의 50%를	초과하는	법인세비용차감전계속사업손실
(398억 − a)	X 0.5	<	a

위 방정식을 풀면 '133 〈 a'라는 결과가 나온다.＊＊＊ 즉, 올해 적자가 133억 원을 넘어선다면 회사의 자본은 398억 원에서 133억 원을

Advice

*간단히 결론을 내자면, 올해의 적자가 작년 말 자기자본의 ⅓을 넘어서면 안 된다. 자기자본이 ⅔만 남기 때문에 적자(⅓)가 자기자본(⅔)의 50%를 넘게 된다.

차감한 265억 원 이하가 될 것이고, 이렇게 되면 법인세비용차감전계속사업손실이 자기자본의 50%를 초과하게 되는 것이다. 자본잠식이 되려면 398억 원의 적자가 필요하지만, 이 조건은 133억 원만 넘겨도 해당하게 된다.* 현재 회사의 적자 수준이 분기별 50억 원 수준이므로, 이대로라면 관리종목에 편입될 것이다. 이를 막으려면 자기자본을 늘려서 손실이 자기자본의 50%를 넘어서지 못하도록 해야만 한다. 따라서 증자를 할 가능성이 높은 상태에 해당한다. 이 때문에 필자는 다음과 같은 요지의 답변을 주었다.

• 회사의 당기 적자가 133억 원을 넘어서는지 모니터링할 것.
• 현 추세라면 133억 원을 넘길 가능성이 높은데 이렇게 되면 증자를 하거나 아니면 관리종목에 편입될 것임

회사는 3분기 만에 누적 적자가 143억 원을 넘어섰으나 4분기 중에 별도의 증자공시는 없었다. 그리고 이듬해 3월 사업보고서 제출 시점에 필자의 예상대로 관리종목에 편입됐고 주가는 폭락했다. 1년 뒤에는 결국 상장폐지가 되었다.

이렇게 관리종목 편입이나 상장폐지, 증자는 사전에 예측이 가능한 경우가 많다. 필요한 것은 재무제표를 보는 '눈'과 '습관'이다.

3. 악재를 피하는 법: 소나기는 피하고 보자!

이제는
보이는가?

이제 기억을 돌려 처음에 질문했던 사례로 돌아가 보자.

필자에게 수업을 들었던 친구가 "오늘 공시가 떴는데 이게 네가 수업시간에 얘기했던 그 케이스냐?"라고 물었고, 필자가 다음과 같이 답했던 케이스다. (73페이지)

"내일 아침 당장 던져!"

지금까지 설명한 상장폐지 요건에 관한 강의를 들었던 친구가 같은 케이스냐고 물어온 것이다. 지금까지 필자가 전한 내용을 잘 이해하고 '스스로 생각해본' 독자라면 이제는 필자가 내던지라고 한 이유를, 2주 만에 주가가 반 토막이 난다던 이유를 알 수 있을 것이다. 다시 한번 해당 공시를 잘 살펴보기 바란다. 이제는 보이는가?

매출액 또는 손익구조 30%(대규모법인은 15%)이상 변동

1. 재무제표의 종류	연결			
2. 매출액 또는 손익구조 변동내용(단위 : 원)	당해 사업연도	직전 사업연도	증감금액	증감비율 (%)
- 매출액(재화의 판매 및 용역의 제공에 따른 수익액에 한함)	6,179,897,290	15,285,107,701	-9,105,210,411	-59.6
- 영업이익	-3,363,374,487	-5,869,435,456	2,506,060,969	42.7
- 법인세비용차감전계속사업이익	-4,316,682,949	-15,237,469,441	10,920,786,492	71.7
- 당기순이익	-6,235,397,711	-17,790,507,512	11,555,109,801	65.0
- 대규모법인여부	미해당			
3. 재무현황(단위 : 원)	당해 사업연도		직전 사업연도	
- 자산총계	31,677,777,289		36,727,459,481	
- 부채총계	22,742,079,625		26,995,175,304	
- 자본총계	8,935,697,664		9,732,284,177	
- 자본금	13,505,870,500		9,668,892,500	

당해 정보는 외부감사인의 감사가 종료되기 이전의 정보이므로 감사결과에 따라 일부 수정이 있을 수 있으니 이용함에 있어 착오 없으시기 바랍니다.

책을 너무 빨리 읽지 않아도 좋다. 필자는 이 한 권의 책을 구상하고, 완성하기까지 7년 정도의 세월이 걸렸다. 그러니 독자가 이 책을 1년 동안 구상하고, 읽어도 자기 것으로 만든다면 6년의 세월을 절약하는 것이고, 한 달에 걸쳐 읽는다면 다시 12분의 1을 절약하는 셈이다. 그렇다고 필자만큼의 내공이 금방 쌓일 것으로 생각하지는 않는다. 필자가 이 책을 쓰는 건 두 달밖에 걸리지 않았다. 6년 10개월은 '고민하고 생각하는 일'에 썼다. 그러니 독자 여러분도 재무제표와 투자에 대해서 그만큼의 '고민과 생각'을 해야 온전히 자기 것이 될 것이다.

흔히들 주식투자 '경력'을 물어보거나 자신의 경력을 과시하는 사람들을 많이 본다. '깡통을 3번은 차 봐야 고수가 될 수 있다'거나 '투

＊금융데이터 분석을 멋지게 가르쳐 주신 이승준 강사님께 특별히 감사드린다.

자경력 10년이 넘어서고 나니까 이제는'이라는 식의 얘기다. 필자는 깡통을 차본 적이 없다. 주식계좌를 개설한 지 10년이 넘었지만, 투자 경력이 10년이 넘었다고 얘기하지는 않는다. 투자를 오래 했다고 그에 비례해 깨달음이 늘고 전문가가 되는 것은 아니다. 필자가 개인적인 관심으로 코딩에 대해 배우다가 강사분에게 전해 들었던 이야기가 있다.＊ 당신은 여태껏 몇 년이나 걸어 다녔는가?

20년 넘게 걸었으니 이제 당신은 걸음걸이에 있어 전문가인가?

필자는 40년 넘게 걸어 다녔지만, 여전히 휘청휘청 걷는다. 오히려 교정이 필요한 걸음걸이다. 독자들 대부분도 20년 넘게 걸었다고 해서 모델만큼 매력적인 걸음걸이를 가졌다고 하기는 힘들 게다.

생각 없이 오랫동안 반복한다고 해서 실력이 늘지는 않는다. 반드시 생각하는 시간을 가져라!

아는 만큼 보이고,
보이는 만큼 번다

이 회사의 경우 우리가 다뤘던 네 번째 규정을 적용해보자. 바로
'자기자본의 50%를 넘는 법인세비용차감전계속사업손실'이 발생하
는지 확인하는 것이다. 공시된 자료를 확인하면 다음과 같다.

손익현황(단위 : 원)	당해사업연도	직전사업연도
– 매출액	6,179,897,290	15,285,107,701
– 영업이익	−3,363,374,487	−5,869,435,456
– 법인세비용차감전계속사업이익	−4,316,682,949	−15,237,469,441
– 당기순이익	−6,235,397,711	−17,790,507,512

재무현황(단위 : 원)	당해사업연도	직전사업연도
– 자산총계	31,677,777,289	36,727,459,481
– 부채총계	22,742,079,625	26,995,175,304
– 자본총계	8,935,697,664	9,732,284,177
– 자본금	13,505,870,500	9,668,892,500

여기에 네 번째 규정을 적용하여 계산하면 다음과 같다.

항목	자기자본	의 50%를	초과하는	법인세비용차감전계속사업손실
전기	9,732,284,177	4,866,142,089	<	15,237,469,441
당기	8,935,697,664	4,467,848,832	>	4,316,682,949

전기의 법인세차감전손실이 152억 원으로 자기자본의 50%인 49억 원을 훨씬 초과했기 때문에 규정상 1회에 해당한다. 이제 앞으로 2년 안에 한 번 더 해당하면 관리종목에 편입되는 것이다. 그리고 올해 가결산한 결과 자기자본은 89억 원으로 법인세차감전손실이 44억 원을 넘어서면 관리종목에 편입되는데, 딱 43억 원이라고 발표한 거다. 그리고 해당 공시문서 하단에는 이렇게 적혀 있다.

당해 정보는 외부감사인의 감사가 종료되기 이전의 정보이므로 감사결과에 따라 일부 수정이 있을 수 있으니 이용하는 데 있어 착오 없으시기 바랍니다.

저기서 말하는 감사결과에 따라 '일부 수정'이 발생하면 무슨 일이 벌어질까? 지금 이건 앞에서 다룬 '3년 연속 영업손실인 회사가 4년 차에 가까스로 1억 원의 이익이 났다고 주장하는 것'과 별반 차이가 없는 내용이다. 감사인의 입장에서는 저 '가까스로 기준을 1억 원 초과한 재무제표'에 대해 감사절차를 강화할 수밖에 없다. 감사결과가 나오는 일주일 뒤에 이 회사에 어떤 폭탄이 떨어질지 알 수가 없는 상황이다. 앞에서 얘기했던 대로 '발밑에 떨어진 게 수류탄인지 솔방울인지 모르면' 일단은 창밖으로 내던져야 한다. 일주일 뒤에 나온 공시이다.

본문	2015.03.23 기타경영사항(자율공시)
첨부	+첨부선택+

기타 주요경영사항(자율공시)

1. 제목	감사보고서 제출 지연
2. 주요내용	주식회사의 외부감사에 관한 법률 시행령 제7조(감사보고서 제출등)
	①항에 의거 외부감사인은 재무제표에 대한 감사보고서를 정기주주총회 1주일 전 회사에 제출하여야 합니다.
	당사는 2015년 3월 31일 정기주주총회 개최예정으로, 1주일 전인 2015년 3월 23일에 재무제표에 대한 감사보고서를 제출하여야 하나, 외부감사인은 재무제표에 대한 보완자료 제출을 요구하고 있습니다. 이에 금일 현재 당사의 재무제표는 확정되지 않은 상태입니다.따라서, 금일 감사보고서 제출 및 공시가 지연되고 있습니다.
	이에 당사는 빠른 시일내에 보완자료를 외부감사인에게 제출하여 재무제표를 확정한 후, 외부감사인으로부터 재무제표에 대한 감사보고서 수령 즉시 공시 하도록 하겠습니다.

회사의 감사보고서 제출이 지연되었다는 공시이다. 감사보고서는 주주총회 1주일 전까지 공시하여 총회에 참석하는 주주들이 미리 확인하고, 총회에서 의견을 제시하도록 하는 게 원칙이다. 하지만 회사는 이 날짜를 지키지 못했다는 공시이다. 지연되는 원인은 감사인이 재무제표에 대한 보완자료를 요구하고 있기 때문이다. 감사인이 아무래도 기준을 가까스로 넘겼다고 하는 숫자들에 대해서 감사절차를 강화했고, 회사가 이에 대한 충분한 자료를 제시하지 못하고 있음을 짐작해볼 수 있다. 그러면 주가는 어떻게 됐을까?

일자	시가	고가	저가	종가	전일비	등락률	거래량
2015-03-17	2000	2290	2000	2160	▲ 95	+4.60	1,312,230
2015-03-18	2160	2290	2105	2180	▲ 20	+0.93	915,534
2015-03-19	2250	2250	2055	2075	▼ 105	-4.82	472,317
2015-03-20	2030	2085	1900	2060	▼ 15	-0.72	522,164

일자	시가	고가	저가	종가	전일비	등락률	거래량
2015-03-23	2055	2055	1890	1895	▼ 165	-8.01	821,269
2015-03-24	1615	1680	1615	1615	↓ 280	-14.78	2,838,973
2015-03-25	1490	1525	1375	1375	↓ 240	-14.86	7,811,177
2015-03-26	1405	1490	1380	1430	▲ 55	+4.00	2,850,246
2015-03-27	1415	1575	1255	1485	▲ 55	+3.85	2,133,977
2015-03-30	1515	1550	1380	1425	▼ 60	-4.04	1,735,299
2015-03-31	1215	1455	1215	1340	▼ 85	-5.96	6,566,504
2015-04-01	1340	1370	1140	1140	↓ 200	-14.93	2,735,292
2015-04-02	1030	1080	970	970	↓ 170	-14.91	9,792,220
2015-04-03	837	911	829	890	▼ 80	-8.25	11,605,730
2015-04-06	886	888	781	821	▼ 69	-7.75	7,472,162

공시 다음 날 아이러니하게도 주가는 4% 넘게 올랐다. 자꾸 반복하는 말이지만, 필자가 '대한민국 투자자는 재무제표를 보지 않는다'고 생각하는 이유다. 관리종목 편입위험이나 상장폐지 요건은 가장 기본적으로 파악해야 할 요소다. 그런데 이상하게 재무제표를 본다는 분들도 부채비율과 유동비율로만 회사의 안전성을 따진다. 물론 그런 것들도 중요하지만, 그 이전에 회사가 자기자본의 50%를 초과하는 법인세비용차감전순손실이 발생할 위험이 있는지 확인하는 투자자를 만나본 적이 없다. 막상 23일에 감사보고서 제출이 지연됐다는 공시가 나고 나서야 주가는 하한가를 기록하기 시작한다. 발밑에 떨어진 게 수류탄이었다는 걸 터지고 나서야 확인하면 늦다.

2주 사이에 하한가만 4번을 기록하고 주가는 반 토막이 난다.

지금까지 회사가 관리종목에 편입되거나 상장폐지가 될 수 있는 조건 네 가지를 살펴보고, 각각에 대해서 실제 사례와 대처하는 방법을 얘기했다. 혹자는 그렇게 얘기한다. 이런 위험이 있는 회사는 증권사에서 미리 알려줘야 하지 않느냐고. 필자도 개인적으로 그 말에 동의한다. 종목을 검색하고 투자정보를 보여줄 때 이 회사는 '최근 3년 연속 영업손실입니다', '재작년에 법인세비용차감전순손실이 자기자본의 50%를 초과한 적이 있습니다', '반기 말 현재 자본 잠식률이 45%입니다' 등을 보여주는 게 그렇게 어려운 일은 아닐 것이다. 차트를 열었을 때 확인할 수 있는 온갖 지표들(MACD, BWI, RVI, 이격도, 스토캐스틱스, OBV 그 외 백여 가지의 것들)을 만드는 것보다 어렵지도 않다. 저 지표들은 매일, 매분, 매초 데이터가 나와야 하는 것들도 있지만, 재무 지표는 많아야 1년에 4번만 확인해주면 되지 않나. 그런데 증권사 직원들은 이런 말을 한다. 그런 건 회계사들이 감사하면서 알려줘야 하지 않느냐고. 저 네 가지 조건들을 매번 어떻게 계산해보느냐 하시는 분들께 중요한 팁을 하나 드리겠다. 약간 허망할 수도 있다.

사실 저 조건에 해당하는지를 전부 계산해서 공시하고 있다.

　아는 사람 눈에는 보이지만, 모르는 사람 눈에는 보이지 않을 뿐이다. 이미 다 계산되어 있기에 공시된 내용 하나만 확인하면 되는데도 길게 돌아온 이유가 있다. 그래야 자기 것이 되기 때문이다. 이 책을 읽고 있는 독자들은 대부분 직접 해보려는 의지가 있는 분들이다. 펀드에 맡겨도 되는데 재무제표를 분석하겠다고 책을 집어 든 자체가 '스스로 해보겠다'는 의지 아닌가? 이 페이지만 보고 '아, 그럼 되는 거였어?' 하는 투자자와 앞의 100여 페이지를 자기 것으로 만든 투자자의 성과는 다를 것이라고 필자는 확신한다.

　앞에서 잠깐 살폈듯이 회사는 주주총회 1주일 전까지 감사보고서를 공시해야 한다. 감사인이 감사결과를 회사에 제출하면 회사는 받는 즉시 '감사보고서 제출'이라는 공시를 하게 되어 있다. 이 공시를

Advice

＊이 종목은 공시사례일 뿐 필자가 어떤 의견을 주는 것은 아니므로 투자 판단은 독자가 하기 바란다. 그런데 만약 필자의 동생이 투자하겠다고 하면 도시락을 싸 들겠다.

살펴보자. 씨엔플러스라는 회사의 2016년 3월 18일 공시내용이다.＊

DART

씨엔플러스

본문 2016.03.18 감사보고서제출

첨부 ＋첨부선택＋
2016.03.18 감사보고서
2016.03.18 연결감사보고서

감사보고서 제출

[지배회사 또는 지주회사의 연결재무제표 기준 감사의견 및 재무요건]

구분	당해 사업연도	직전 사업연도
1. 연결 감사의견 등		
-감사의견	적정	적정
-계속기업 존속불확실성 사유 해당여부	미해당	미해당
2. 감사의견과 관련 없는 계속기업 존속 불확실성 기재여부	미기재	미기재
3. 연결 재무내용(원)		
-자산총계	51,341,609,629	57,628,423,593
-부채총계	33,809,419,106	31,448,151,958
-자본총계	17,532,190,523	26,180,271,635
-자본금	2,473,087,500	2,361,505,000
4. 연결 손익내용(원)		
-매출액(재화의 판매 및 용역의 제공에 따른 수익액에 한함)	27,882,191,140	34,233,267,022
-영업이익	-4,523,821,316	-7,117,199,619
-법인세비용차감전계속사업이익	-12,383,410,354	-13,082,746,225
-당기순이익	-12,382,073,656	-13,087,295,039
-지배기업 소유주지분 순이익	-12,206,807,320	-13,019,544,461
5. 연결대상 종속회사 수(단위 : 사)	3	3
6. 주요종속회사 수(단위 : 사)	1	1

[개별/별도재무제표 관련 감사의견 및 재무내용]

1. 감사의견 및 재무내용	당해사업연도	직전사업연도
가. 감사의견 등		
-감사의견	적정	적정
-계속기업 존속불확실성 사유 해당여부	미해당	미해당
-내부회계관리제도 검토의견 비적정 등 여부	미해당	미해당
나. 감사의견과 관련 없는 계속기업 존속 불확실성 기재여부	미기재	미기재
다. 주요 재무내용(단위 : 원)		
-자산총계	50,129,916,622	54,764,172,733
-부채총계	33,124,030,646	31,037,549,181
-자본총계	17,005,885,976	23,726,623,552

-자본금	2,473,087,500	2,361,505,000
-매출액(재화의 판매 및 용역의 제공에 따른 수익액에 한함)	27,332,897,142	32,944,972,593
-영업이익	-3,584,939,919	-6,901,974,404
-법인세비용차감전계속사업이익	-10,314,903,133	-12,671,293,247
-당기순이익	-10,314,907,133	-12,673,719,997
2. 회계감사인명	한울회계법인	
3. 감사보고서 수령일자	2016-03-18	
4. 연결재무제표 제출대상 해당 여부	예	
5. 기타 투자판단에 참고할 사항	- 외부감사인이 감사종료 후 당해법인에 제출하는 감사보고서상의 재무제표는 당해법인의 주주총회의 승인절차를 거쳐 확정된 재무제표가 아니므로 정기주주총회 승인과정에서 변동될 수 있습니다.	
	※관련공시	-

제출받은 감사보고서와 연결감사보고서가 '첨부'되어 있고, 주요 손익과 재무항목을 '연결'과 '개별/별도'로 나누어 보여주고 있다. 그리고 그 밑에 다음과 같은 내용이 계속해서 나온다.

[자본잠식률]

(단위 : %, 원)

구분	당해사업연도	당해사업연도 반기
자본잠식률(%) = [(자본금-자기자본)/자본금] × 100	-	-
자기자본[지배회사 또는 지주회사인 경우에는 비지배지분 제외]	17,514,392,437	25,987,207,213
자본금	2,473,087,500	2,361,505,000

갑자기 '자본잠식률'이라는 것을 반기 말과 사업연도 말 기준으로 계산하여 보여주고 있다. 왜 공시가 되었을까? 바로 코스닥의 경우 반기 말 혹은 사업연도 말 기준으로 자본잠식률이 50%를 넘으면 관리종목, 100%를 넘거나 연속으로 50%를 넘어서면 상장폐지가 되기 때문이다. 관련 항목인 자기자본과 자본금을 기재하여 계산한 근거까지도 보여주고 있다. 이 회사는 자본잠식 가능성은 작아 보인다. 이어지는 내용이다.

[최근 3사업연도의 법인세비용차감전계속사업손실률]

(단위 : %, 원)

구분	당해사업연도	직전사업연도	전전사업연도
(법인세비용차감전계속사업손실/자기자본)×100(%)	70.6	49.9	−
	50%초과	−	−
법인세비용차감전계속사업손실	12,383,410,354	13,082,746,225	−
자기자본[지배회사 또는 지주회사인 경우에는 비지배지분 포함]	17,532,190,523	26,180,271,635	38,767,207,561

최근 3사업연도의 '법인세비용차감전계속사업손실률'을 근거와 함께 계산해서 보여주고 있다. 그리고 50%를 초과하면 초과했다고 기재한다. 이유는 짐작한 대로 최근 3년 중 2회 이상 50%를 초과하면 관리종목에 편입되기 때문이다. 회사의 경우 당해사업연도에 손실률이 50%를 초과했으니 내년에 한 번 더 해당하면 관리종목에 편입될 위험이 있다. 내년에는 50% 이하이더라도 내후년에 50%를 초과하면 역시 관리종목에 편입된다. 그리고 필자가 이 회사를 사례로 보여주는 이유 중 하나는 직전사업연도의 손실률 때문이다.

49.9%!

좀 더 정확히 계산해보면 49.97%이다. 0.03% 차이인데, 해석은 독자에게 맡기겠다. 이것도 회사의 능력이라고 해석할 수도 있으니 말이다. 계속해서 이어지는 내용이다.

[최근 4사업연도의 영업손실]

(단위 : 원)

구분	당해사업연도	직전사업연도	전전사업연도	전전전사업연도
영업손실(지배회사인 경우에는 별도재무제표, 지주회사인 경우에는 연결재무제표)	3,584,939,919	6,901,974,404	543,877,814	−

왜 이 내용이 공시되었는지 더 설명하지 않아도 알 것이다. 회사는 3년 연속 영업손실이 발생했고, 만약 올해도 영업손실이라면 관리종목에 편입될 위기다. 바로 이런 방식으로 투자자가 군이 4년치 재무제표를 찾아 영업손실을 확인하거나, 법인세비용차감전계속사업손실 같은 입에 잘 붙지 않는 항목을 찾아내서 자기자본으로 나누어 비교하지 않아도 되도록 공시해서 보여주고 있다. 다만, '눈뜬장님'이 많을 뿐이다.

＊〈디자이너가 아닌 사람들을 위한 디자인북〉, 로빈 윌리암스 저, 라의눈

과거에 어떤 책 머리말에서 읽은 에피소드가 있다.＊ 저자가 식물도감을 선물 받았는데 제일 앞장에 이상한 모양을 한 나무가 소개되었다. '조슈아 나무'라고 하는데, 모양이 하도 특이하고 눈에 띄어서 자신이 사는 지역에는 존재하지 않는 나무라고 생각했다. 그렇게 이상한 모양의 나무를 봤다면 기억하지 못할 리가 없기 때문이다. 그리고 집 밖을 나왔는데 거의 모든 이웃집에 조슈아 나무가 있더라는 것이다. 저자는 맹세코 자신이 그 나무를 단 한 번도 본 적이 없다고 했다. 그 이름을 알기 전까지는! 하지만 그 이후로는 어느 곳을 가더라도 단번에 그 나무를 알아볼 수 있었다. 아마 이 글을 읽는 독자 대부분도 감사보고서제출 공시에 저런 내용이 적혀 있다는 것을 단 한 번도 본 적이 없었을 것이다.

이제 그 이름을 알게 되었으니 앞으로는 단번에 알아볼 수 있기를 기대한다.

3. 악재를 피하는 법: 소나기는 피하고 보자!

감사의견 한 줄만 읽어도
재산을 지킨다!

Advice

＊＊위험을 피하기 위한 재무제표 분석법에 대해서는 훨씬 더 많은 얘기를 할 수 있으나, 책 한 권 전체가 손실에 관한 얘기만 하다가 끝나 버릴 것이다. 애초에 당신이 더 관심 있었을 수익에 대해서도 다뤄야 하지 않겠는가.

'위험을 피하고 손실을 줄이는 방법'을 말하는 김에 한 가지만 더 알려드리겠다.＊＊ 감사인이 회사에 제출하고, 회사가 공시하는 감사보고서에는 재무제표만 실려 있는 게 아니다. 감사보고서의 시작은 감사인의 '감사의견'으로 시작한다. 공시된 감사보고서는 이렇게 나타난다.

왼쪽의 문서목차를 보면 표지에 해당하는 '감사보고서'가 있고 그다음 '독립된 감사인의 감사보고서'가 나온다. 여기에 감사의견이 기재되어 있다.(감사보고서의 구성과 구체적인 내용, 감사의견의 종류 등은 〈Check Point〉 코너를 참조하기 바란다.) 그리고 나서야 재무제표와 주석이 첨부된다. 재무제표를 볼 때는 감사의견부터 확인하는 게 순서다. 만약 감사의견에 '첨부된 회사의 재무제표는 감사인이 보기에 몽땅 거짓말입니다'라고 적혀 있다면(물론 이렇게 친절하게 적혀 있진 않지만) 재무제표를 읽어 볼 이유가 없지 않겠는가? 감사보고서를 보는 첫 번째 순서는 바로 감사인의 감사의견을 확인하는 거다. 이때 한 가지 착각하는 게 있다. 시중에 나와 있는 일부 책에서 감사의견의 '종류'가 무엇인지 확인하는 것이 중요하다고 나와 있다. 감사의견이 '적정의견'이 아닌 경우에는 관리종목에 편입되거나 상장폐지가 될 수 있기 때문에 반드시 확인해야 한다는 주장이다. 그 책의 저자들에게는 죄송하지만, 실제 재무제표를 이용해 주식투자를 해본 적이 있는 건가 하는 의심이 든다.

감사의견이 '적정'이냐 아니냐를 확인하는 건 중요하지 않다!

확인해봤더니 감사의견이 적정의견이 아니라면, 그 종목은 이미 당신이 매매할 수 없는 상태일 확률이 높기 때문이다. 감사의견에 대한 상장폐지 규정은 다음과 같다.

	관리종목	퇴출
유가증권	감사보고서 : 감사범위제한 한정 반기검토보고서상 검토의견 : 부적정 또는 의견거절	감사보고서 : 부적정 또는 의견거절 2년 연속 감사범위 제한 한정

	관리종목	퇴출
코스닥	반기검토보고서상 검토의견 : 부적정, 의견거절, 감사범위제한 한정	감사보고서 : 부적정, 의견거절, 감사범위제한 한정 단, 계속기업불확실성에 의한 경우 사유해소 확인시 반기말까지 퇴출 유예

감사보고서상 감사의견이 '부적정' 또는 '의견거절'이라면, 의견이 발표되는 순간 바로 상장폐지 사유에 해당하고 거래가 정지된다. 이런 경우에는 감사의견을 확인한 다음에 대응할 방법은 별로 없다. 그리고 반기 검토보고서상* 검토의견이 '부적정'이나 '의견거절'이라면 바로 관리종목에 편입된다. 그러니 상장사의 경우 감사의견 종류를 확인하는 것은 사전적인 대비가 아닌, 왜 거래정지나 관리종목에 편입되었는지 이유를 확인하는 사후적 절차밖에 되지 않는다. 물론 감사의견이 '한정의견'인 경우 그 사유가 무엇인지 확인하는 것은 도움이 되지만, 지금부터 언급할 내용에 비해서는 중요도가 떨어진다. 투자자가 감사의견에서 확인해야 할 내용은 따로 있다.

바로 '특기사항'이다.

최근에는 '강조사항'이라는 용어로 명칭이 바뀌었다. 이 강조사항은 감사의견에는 영향을 주지 않았지만, 감사인이 따로 강조하고 싶은 사항을 적는다. 사람들이 감사의견에 대해 크게 오해하는 사실이 하나 있다.

망할 것 같은 회사가 망할 것 같은 재무제표를 제시하면 감사인은 적정의견을 제시한다는 사실이다.**

＊검토는 '약식감사'라고 생각하면 편하다. 상장사는 사업연도가 끝날 때마다 1년에 한 번씩 감사를 받고 감사보고서를 제출한다. 회사가 1년에 한 번만 공시하는 재무제표는 투자자 입장에서 효용성이 떨어지기 때문에 분기(3월, 9월)나 반기(6월)를 기준으로도 재무제표를 공시하는데, 3개월마다 매번 감사를 받는 것은 오랜 시간이 소요되고 번거로우므로 약식감사에 해당하는 '검토'를 받고 '검토보고서'를 공시한다.

＊＊이에 대해서는 뒤에 따로 〈감사의견에 대한 엉터리 기사와 오해들〉로 자세히 소개했으니 참고하기 바란다.

맛없는 걸 맛없다고 한 식당도 '정직한 식당'이지?!

MENU
맛없음

감사의견은 회사가 제시한 재무제표와 회사의 재무상태가 일치하는지에 대해서만 제시하는 의견이다. '망할 것 같은 회사'가 '망할 것 같은 재무제표'를 제출하면 재무상태와 재무제표 둘이 서로 일치하기 때문에 '맞아, 망할 것 같아'라는 "적정의견"을 제시하는 것이다. '부적정의견'은 안 망할 것 같은 회사가 망할 것 같은 재무제표를 제출하거나, 망할 것 같은 회사가 안 망할 것 같은 재무제표를 제출할 때 제시하는 것이다. 이때, 감사인은 망할 것 같은 재무제표에 적정의견을 제시하면서 망할 위험이 높다는 것을 따로 강조한다. 이것이 바로 특기(강조)사항 중 '계속기업 불확실성'이라는 내용이다. 예를 들어 다음과 같이 감사의견 밑에 '강조사항'으로 기재한다.

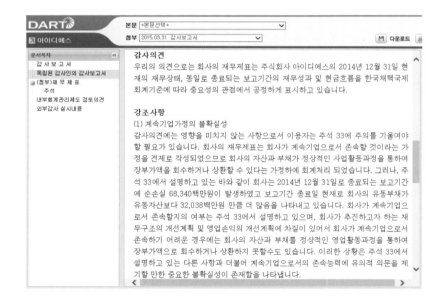

2015년 3월 31일 감사보고서에 계속기업 불확실성이 기재되어 있던 이 '아이디에스'라는 회사는 1년 뒤 2016년 4월 28일에 상장폐지가 됐다. 이처럼 비록 감사의견이 적정이더라도 특기사항에 계속기업

불확실성이 기재되어 있지 않은지 꼭 확인할 필요가 있다.

　전체 상장사 중 몇 개 정도의 회사가 강조사항에 계속기업 불확실성이 기재될까? 금융감독원은 매년 '상장법인 감사보고서 분석'이라는 자료를 내놓는다. 먼저 상장사 중 적정의견이 아닌 부적정의견을 받은 기업들의 비율을 확인해보자. 2011년에서 2015년까지 전체 상장사의 감사의견 분포이다.

회계연도	2011년	2012년	2013년	2014년	2015년	합계(비율)	
적정의견	1,712	1,681	1,745	1,832	1,990	8,960	98.9%
한정의견	4	6	7	7	2	26	0.3%
부적정의견	2	1	1	0	0	4	0.0%
의견거절	20	20	8	9	10	67	0.7%
합계	1,738	1,708	1,761	1,848	2,002	9,057	100.0%

　전체 상장사 중 98.9%가 적정의견을 받았다. 의견거절은 0.7%로 비중이 작아 보이지만, 67개 회사가 해당한다. 5년간 67개 회사의 주주들이 흘렸을 눈물을 생각하면 마냥 낮다고 하기는 힘들어 보인다.

　다음으로 비록 적정의견을 받았지만, 강조사항에 '계속기업 불확실성'이 기재된 회사들이 얼마나 되는지 확인해보자. 2010년에서 2014년까지 5년간의 자료이다.*

Advice

*2년 이내 상장폐지 확률을 계산하기 위해 2015년이 아닌 2014년까지의 자료를 사용했다.

회계년도	2010년	2011년	2012년	2013년	2014년	합계
적정의견	1,690	1,712	1,681	1,745	1,832	8,660
계속기업 불확실성 기재	89	72	65	60	74	360
2년내 상장폐지	24	18	8	5	9	64
2년내 상장폐지 확률	27.0%	25.0%	12.3%	8.3%	12.2%	17.0%(평균)

　해당 기간 동안 적정의견을 받은 8,660개의 기업 중 360개(4.2%) 기업에 계속기업 불확실성이 기재되었다. 25개 중 1개꼴이다. 그리고

이 기업 중 평균 17%가 그로부터 2년 이내에 상장폐지 됐다. 정리해 보면 이렇다.

만약, 당신이 투자한 기업의 강조사항에 '계속기업 불확실성'이 존재한다면 2년 이내 상장폐지 될 확률은 17%이다.

앞에서 회사가 '감사보고서 제출' 공시를 할 때 관리종목 편입이나 상장폐지 요건을 검토하여 기재하고 있으니 반드시 확인해보라고 하였다. 그리고 해당 공시에는 이런 내용도 포함이 되어 있다.

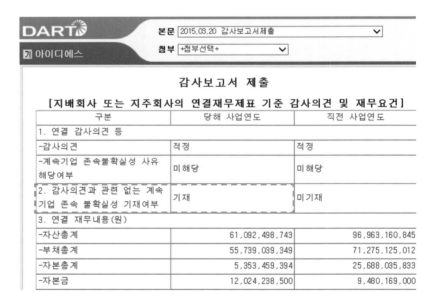

감사보고서 제출		
[지배회사 또는 지주회사의 연결재무제표 기준 감사의견 및 재무요건]		
구분	당해 사업연도	직전 사업연도
1. 연결 감사의견 등		
-감사의견	적정	적정
-계속기업 존속불확실성 사유 해당여부	미해당	미해당
2. 감사의견과 관련 없는 계속기업 존속 불확실성 기재여부	기재	미기재
3. 연결 재무내용 (원)		
-자산총계	61,092,498,743	96,963,160,845
-부채총계	55,739,039,349	71,275,125,012
-자본총계	5,353,459,394	25,688,035,833
-자본금	12,024,238,500	9,480,169,000

다시 한번 강조한다.

아는 사람 눈에는 보인다.

감사의견의 구성

감사의견을 확인하기 위해서는 감사보고서를 직접 읽어보는 것이 좋다. 만약 감사보고서를 어떻게 찾는지 모르겠다면, 1부에서 다룬 '전자공시 보는 방법'을 다시 확인하기 바란다.

다음은 삼성전자의 사업보고서에 첨부된 '독립된 감사인의 감사보고서'라고 기재된 내용이다. 미리 알려드리지만, 내용이 어렵다. 여태 읽어온 필자의 졸저가 아름다운 문학작품처럼 느껴질지도 모른다. 필자의 글을 돋보이게 하려는 의도는 아니다. 한번 읽어봐야 무섭지 않다. 대부분의 일이 부딪히기 전까지만 두렵지 않던가. 그 두려움을 덜어내면 이성적인 판단에 훨씬 도움이 된다.

천천히 읽어보면 별 거 아니네요.

독립된 감사인의 감사보고서

삼성전자 주식회사
주주 및 이사회 귀중

감사의견

우리는 삼성전자 주식회사의 재무제표를 감사하였습니다. 해당 재무제표는 2018년 12월 31일과 2017년 12월 31일 현재의 재무상태표, 동일로 종료되는 양 보고기간의 손익계산서, 포괄손익계산서, 자본변동표, 현금흐름표 그리고 유의적인 회계정책의 요약을 포함한 재무제표의 주석으로 구성되어 있습니다.

우리의 의견으로는 별첨된 회사의 재무제표는 회사의 2018년 12월 31일과 2017년 12월 31일 현재의 재무상태와 동일로 종료되는 양 보고기간의 재무성과 및 현금흐름을 한국채택국제회계기준에 따라, 중요성의 관점에서 공정하게 표시하고 있습니다.

감사의견근거

우리는 대한민국의 회계감사기준에 따라 감사를 수행하였습니다. 이 기준에 따른 우리의 책임은 이 감사보고서의 재무제표감사에 대한 감사인의 책임 단락에 기술되어 있습니다. 우리는 재무제표감사와 관련된 대한민국의 윤리적 요구사항에 따라 회사로부터 독립적이며, 그러한 요구사항에 따른 기타의 윤리적 책임들을 이행하였습니다. 우리가 입수한 감사증거가 감사의견을 위한 근거로써 충분하고 적합하다고 우리는 믿습니다.

핵심감사사항

핵심감사사항은 우리의 전문가적 판단에 따라 당기 재무제표감사에서 가장 유의적인 사항들입니다. 해당 사항들은 재무제표 전체에 대한 감사의 관점에서 우리의 의견형성 시 다루어졌으며, 우리는 이런 사항에 대하여 별도의 의견을 제공하지는 않습니다.

가. 재화의 판매 관련 매출장려활동

핵심감사사항으로 결정한 이유
CE(Consumer Electronics) 부문 및 IM(Information technology & Mobile communications) 부문에서 재화의 판매 시 회사는 유통업자 및 통신업자 등과 매출장려활동을 수행합니다. 이러한 활동에는 할인 및 장려금 등을 제공하는 명시적이거나 암묵적인 약정이 포함되어 있습니다. 회사는 매출장려활동에 대한 예상지출액을 추정하여 재화의 판매에 따른 수익에서 차감합니다(주석 2.23 및 주석 3 참조).
수익 차감 금액 및 인식 시기와 관련하여 회사 경영진의 유의적인 추정 및 판단이 수반되고, 수익이 재무제표에서 차지하는 금액이 유의적이므로 재화의 판매 관련 매출장려활동의 회계처리를 핵심감사사항으로 판단하였습니다.

핵심감사사항이 감사에서 다루어진 방법

회사의 재화 판매 관련 매출장려활동 등의 회계처리에 대하여 우리가 수행한 주요 감사절차는 다음과 같습니다.

· 매출차감 회계정책의 적절성 검토
· 매출차감 조건, 금액 산출에 대한 승인 등 내부 통제에 대한 이해와 평가
· 표본추출을 통하여 전기 추정치와 당기 정산 금액 비교를 통한 추정의 합리성 확인
· 표본추출을 통하여 매출 차감 거래의 사전 승인 여부 및 근거 문서검사를 통한 추정의 정확성 확인
· 표본추출을 통하여 당기말 추정치와 보고기간 종료일 이후 정산 금액 비교를 통한 매출차감금액의 정확성 및 완전성 확인

나. 감가상각 개시시점의 적절성

핵심감사사항

2018년 12월 31일 현재 회사는 총 70,602,493 백만 원의 유형자산을 보유하고 있으며, 해당 유형자산은 건물 및 기계장치 등을 포함하고 있습니다. 이 중 당기 중 취득으로 인한 증가금액은 21,870,542 백만 원입니다(주석 13 참조). 회사는 라인 및 설비의 사용가능시점을 판단하여 각 자산에 대한 감가상각을 개시합니다(주석 2.9 참조).

회사의 투자규모가 크고 사용가능시점 판단에 따른 감가상각금액이 재무제표에 미치는 영향이 유의적이므로 우리는 감가상각 개시시점의 적절성 관련 회계처리를 핵심감사사항으로 판단하였습니다.

핵심감사사항이 감사에서 다루어진 방법

회사의 감가상각 개시시점의 적절성 관련 회계처리에 대하여 우리가 수행한 주요 감사절차는 다음과 같습니다.

· 자산의 사용가능시점 판단에 대한 연결회사의 내부통제 이해와 평가
· 감가상각 개시시점의 적절성을 확인하기 위한 주요 신규라인 가동여부 등 질문 및 관찰

· 표본추출을 통하여 감가상각 개시시점의 적절성을 확인하기 위한 사용가능시점 판단근거 문서검사

재무제표에 대한 경영진과 지배기구의 책임

경영진은 한국채택국제회계기준에 따라 이 재무제표를 작성하고 공정하게 표시할 책임이 있으며, 부정이나 오류로 인한 중요한 왜곡표시가 없는 재무제표를 작성하는 데 필요하다고 결정한 내부통제에 대해서도 책임이 있습니다.

경영진은 재무제표를 작성할 때, 회사의 계속기업으로서의 존속능력을 평가하고 해당되는 경우, 계속기업 관련 사항을 공시할 책임이 있습니다. 그리고 경영진이 기업을 청산하거나 영업을 중단할 의도가 없는 한, 회계의 계속기업전제의 사용에 대해서도 책임이 있습니다.

지배기구는 회사의 재무보고절차의 감시에 대한 책임이 있습니다.

재무제표에 대한 감사인의 책임

우리의 목적은 회사의 재무제표에 전체적으로 부정이나 오류로 인한 중요한 왜곡표시가 없는지에 대하여 합리적인 확신을 얻어 우리의 의견이 포함된 감사보고서를 발행하는데 있습니다. 합리적인 확신은 높은 수준의 확신을 의미하나, 감사기준에 따라 수행된 감사가 항상 중요한 왜곡표시를 발견한다는 것을 보장하지는 않습니다. 왜곡표시는 부정이나 오류로부터 발생할 수 있으며, 왜곡표시가 재무제표를 근거로 하는 이용자의 경제적 의사결정에 개별적으로 또는 집합적으로 영향을 미칠 것이 합리적으로 예상되면, 그 왜곡표시는 중요하다고 간주됩니다.

감사기준에 따른 감사의 일부로서 우리는 감사의 전 과정에 걸쳐 전문가적 판단을 수행하고 전문가적 의구심을 유지하고 있습니다. 또한, 우리는:
– 부정이나 오류로 인한 재무제표의 중요왜곡표시위험을 식별하고 평가하며 그러한 위험에 대응하는 감사절차를 설계하고 수행합니다. 그리고 감사의견의 근거로서 충분하고 적합한 감사증거를 입수합니다. 부정은 공모, 위조, 의도적인 누락, 허위진술 또는

내부통제 무력화가 개입될 수 있기 때문에 부정으로 인한 중요한 왜곡표시를 발견하지 못할 위험은 오류로 인한 위험보다 큽니다.

- 상황에 적합한 감사절차를 설계하기 위하여 감사와 관련된 내부통제를 이해합니다. 그러나 이는 내부통제의 효과성에 대한 의견을 표명하기 위한 것이 아닙니다.

- 재무제표를 작성하기 위하여 경영진이 적용한 회계정책의 적합성과 경영진이 도출한 회계추정치와 관련 공시의 합리성에 대하여 평가합니다.

- 경영진이 사용한 회계의 계속기업전제의 적절성과, 입수한 감사증거를 근거로 계속기업으로서의 존속능력에 대하여 유의적 의문을 초래할 수 있는 사건이나, 상황과 관련된 중요한 불확실성이 존재하는지 여부에 대하여 결론을 내립니다. 중요한 불확실성이 존재한다고 결론을 내리는 경우, 우리는 재무제표의 관련 공시에 대하여 감사보고서에 주의를 환기시키고, 이들 공시가 부적절한 경우 의견을 변형시킬 것을 요구받고 있습니다. 우리의 결론은 감사보고서일까지 입수된 감사증거에 기초하나, 미래의 사건이나 상황이 회사의 계속기업으로서 존속을 중단시킬 수 있습니다.

- 공시를 포함한 재무제표의 전반적인 표시와 구조 및 내용을 평가하고, 재무제표의 기초가 되는 거래와 사건을 재무제표가 공정한 방식으로 표시하고 있는지 여부를 평가합니다.

우리는 여러 가지 사항들 중에서 계획된 감사범위와 시기 그리고 감사 중 식별된 유의적 내부통제 미비점 등 유의적인 감사의 발견사항에 대하여 지배기구와 커뮤니케이션합니다.

또한, 우리는 독립성 관련 윤리적 요구사항들을 준수하고, 우리의 독립성 문제와 관련된다고 판단되는 모든 관계와 기타사항들 및 해당되는 경우 관련 제도적 안전장치를 지배기구와 커뮤니케이션한다는 진술을 지배기구에게 제공합니다.

우리는 지배기구와 커뮤니케이션한 사항들 중에서 당기 재무제표감사에서 가장 유의적인 사항들을 핵심감사사항으로 결정합니다. 법규에서 해당 사항에 대하여 공개적인 공시를 배제하거나, 극히 드문 상황으로 우리가 감사보고서에 해당 사항을 기술함으로 인한 부정적 결과가 해당 커뮤니케이션에 따른 공익적 효익을 초과할 것으로 합리적으로 예상되어 해당 사항을 감사보고서에 커뮤니케이션해서는 안 된다고 결론을 내리는 경우가 아닌 한, 우리는 감사보고서에 이러한 사항들을 기술합니다.

이 감사보고서의 근거가 된 감사를 실시한 업무수행이사는 정재국 입니다

서울특별시 용산구 한강대로 100

삼 일 회 계 법 인

대 표 이 사 김 영 식

2019년 2월 27일

이 감사보고서는 감사보고서일(2019년 2월 27일) 현재로 유효한 것입니다. 따라서 감사보고서일 이후 이 보고서를 열람하는 시점까지의 기간 사이에 별첨된 회사의 재무제표에 중대한 영향을 미칠 수 있는 사건이나 상황이 발생할 수도 있으며 이로 인하여 이 감사보고서가 수정될 수도 있습니다.

내용을 하나씩 구분 지어 살펴보자. 결론적으로 투자자가 살펴야 할 부분은 한 부분이지만, 나머지 내용에 대해 대강이라도 이해할 수 있다면 불안감에서 벗어날 수 있다. 대부분 감사보고서의 내용은 이것과 90% 이상 일치하기 때문에 한 번만 익혀두면 된다. 첫 번째 문단이다.

감사의견

우리는 삼성전자 주식회사의 재무제표를 감사하였습니다. 해당 재무제표는 2018년 12월 31일과 2017년 12월 31일 현재의 재무상태표, 동일로 종료되는 양 보고기간의 손익계산서, 포괄손익계산서, 자본변동표, 현금흐름표 그리고 유의적인 회계정책의 요약을 포함한 재무제표의 주석으로 구성되어 있습니다.

우리의 의견으로는 별첨된 회사의 재무제표는 회사의 2018년 12월 31일과 2017년 12월 31일 현재의 재무상태와 동일로 종료되는 양 보고기간의 재무성과 및 현금흐름을 한국채택국제회계기준에 따라, 중요성의 관점에서 공정하게 표시하고 있습니다.

첫 번째 문단에 바로 '감사의견'을 제시한다. 2017년까지만 해도 감사의견이 미괄식으로 감사보고서의 마지막 문단에 제시되었으나(그래서 이 책의 초판과 내용이 달라졌다) 2018년부터는 두괄식으로 감사의견이 가장 먼저 제시된다. 감사의견을 제시하기 위해서는 먼저 감사보고서가 '무엇을 대상'으로 감사하였는지를 설명한다. 흔히 '감사'라고 하면 이렇게 외부인의 감사를 의미하기도 하지만, 회사 내부 감사 부서에서 수행하는 자체감사를 의미하기도 한다. 또 감사를 통해 적발하려는 목표가 부정이나 비리인 경우도 있지만, 근태나 부당한 폭력 행위 등 여러 가지 감사가 가능하다. 한데 이 감사보고서는 감사의 대상이 '재무제표'임을 밝히고 있다. 그리고 그 재무제표는 2017년과 2018년의 재무제표이며, 이는 재무상태표, 손익계산서 등과 그에 대한 설명정보인 주석으로 구성되어 있다.

그리고 바로 감사의견을 제시하는데 감사의견은 크게 네 가지(적정의견, 한정의견, 부적정의견, 의견거절)가 있다. 적정의견은 말 그대로 재무제표가 회사의 상태를 적정(혹은 공정)하게 나타내고 있음을 의미한다. 위 삼성전자에 대한 감사의견 역시 마지막 문장 '중요성의 관점에서 공정하게 표시하고 있습니다'가 적정의견임을 의미한다. 한 가지 주의할 점은 감사의견이 재무제표의 '정확'함을 의미하지는 않는다는 것이다. '정확'하다고 표현하지 않고, '중요성의 관점에서 공정하게 표시하고 있다'고 한다. 사람이 하는 일인데 1원도 틀리지 않고 정확하다고 말하기는 힘들다. 그리고 중요하지도 않다. 당신이 삼성전자 주식을 매수하기로 했다고 가정하자. 삼성전자의 2018년 연결매출액은 243,771,415,315,862원이다. 그런데 누군가 당신에게 다가와 '삼성전자의 매출이 사실과 다르다. 매출액이 243조 7,714억 1,531만 5,862원이 아니라 243조 7,713억 1,531만 5,862원이다'라고 하면 당신은 의사결정을 바꾸겠는가? 당신이 집을 살 때 3억 원에 사는 것과 4억 원에 사는 것은 중요한 차이지만, 삼성전자에 투자할 때 매출이 243조 7,714억 원인 것과 243조 7,713억 원인 것은 의사결정에 별다른 영향을 주지 못할 것이다. 이 때문에 감사인은 감사 수행 전에 '중요성 기준'이라는 것을 설정한다. 중요성 기준을 정할 때는 회사의 규모나 상장 여부, 산업 및 경제환경, 소유구조 등 여러 가지 요소를 반영한다. 삼성전자 입장에서는 1억 원이 중요하지 않은 금액일 수 있지만, 소기업에는 100만 원도 중요한 금액일 수 있다. 앞에서 언급했던 3년 연속 영업손실을 기록한 코스닥 회사 입장에서는 영업이익 1원도 중요한 금액이 될 수 있다.

만약에 삼성전자의 중요성 금액을 1억 원으로 정했다면, 1억 원 이하의 계정과목은 잘 살펴보지도 않는다. 따라서 감사의견으로 기재한 '중요성의 관점에서 공정하게 표시하고 있습니다.'라는 말은 '1원도 틀리지 않고 정확하다고 얘기할 수는 없지만, 의사결정에 영향을 줄 만큼 중요한 차이를 보이는 내용이 없으니 믿고 이용하셔도 됩니다'라는 의미다. *

*필자에게 이 내용을 듣고, 투자 한도를 정하신 분도 있다. 어떤 종목이든 그 회사가 지급하는 감사보수 이상을 투자하지 않겠다는 것이다. 감사보수를 1,000만 원 받는 회계법인이 생각하는 중요성과 3,000만 원이나 투자한 투자자의 중요성이 같을 수 없어보인다는 이유였다.

감사의견근거

우리는 대한민국의 회계감사기준에 따라 감사를 수행하였습니다. 이 기준에 따른 우리의 책임은 이 감사보고서의 재무제표감사에 대한 감사인의 책임 단락에 기술되어 있습니다. 우리는 재무제표감사와 관련된 대한민국의 윤리적 요구사항에 따라 회사로부터 독립적이며, 그러한 요구사항에 따른 기타의 윤리적 책임들을 이행하였습니다. 우리가 입수한 감사증거가 감사의견을 위한 근거로써 충분하고 적합하다고 우리는 믿습니다.

감사의견 다음에는 그 감사의견에 대한 근거를 기술하고 있다. 먼저 회사의 재무제표가 적정한지에 대해서는 감사인이 임의로 판단하는 것이 아니라 '회계감사기준'에 따랐으며, 감사의견을 내리는 데 충분하고 적합한 감사증거를 입수하였다고 밝히고 있다. 만약 감사인이 입수한 감사증거가 감사의견을 제시하기에 부족하다면 한정의견이나 의견거절을 제시할 수 있다.

핵심감사사항

핵심감사사항은 우리의 전문가적 판단에 따라 당기 재무제표감사에서 가장 유의적인 사항들입니다. 해당 사항들은 재무제표 전체에 대한 감사의 관점에서 우리의 의견형성 시 다루어졌으며, 우리는 이런 사항에 대하여 별도의 의견을 제공하지는 않습니다.

가. 재화의 판매 관련 매출장려활동

핵심감사사항으로 결정한 이유
CE(Consumer Electronics) 부문 및 IM(Information technology & Mobile communications) 부문에서 재화의 판매 시 회사는 유통업자 및 통신업자 등과 매출장려활동을 수행합니다. 이러한 활동에는 할인 및 장려금 등을 제공하는 명시적이거나 암묵적인 약정이 포함되어 있습니다. 회사는 매출장려활동에 대한 예상지출액을 추정하여 재화의 판매에 따른 수익에서 차감합니다(주석 2.23 및 주석 3 참조).
수익 차감 금액 및 인식 시기와 관련하여 회사 경영진의 유의적인 추정 및 판단이 수반되고, 수익이 재무제표에서 차지하는 금액이 유의적이므로 재화의 판매 관련 매출장려활동의 회계처리를 핵심감사사항으로 판단하였습니다.

핵심감사사항이 감사에서 다루어진 방법
회사의 재화 판매 관련 매출장려활동 등의 회계처리에 대하여 우리가 수행한 주요 감사절차는 다음과 같습니다.
· 매출차감 회계정책의 적절성 검토

· 매출차감 조건, 금액 산출에 대한 승인 등 내부 통제에 대한 이해와 평가
· 표본추출을 통하여 전기 추정치와 당기 정산 금액 비교를 통한 추정의 합리성 확인
· 표본추출을 통하여 매출 차감 거래의 사전 승인 여부 및 근거 문서검사를 통한 추정의 정확성 확인
· 표본추출을 통하여 당기말 추정치와 보고기간 종료일 이후 정산 금액 비교를 통한 매출차감금액의 정확성 및 완전성 확인

나. 감가상각 개시시점의 적절성

핵심감사사항
2018년 12월 31일 현재 회사는 총 70,602,493 백만 원의 유형자산을 보유하고 있으며, 해당 유형자산은 건물 및 기계장치 등을 포함하고 있습니다. 이 중 당기 중 취득으로 인한 증가금액은 21,870,542 백만 원입니다(주석 13 참조). 회사는 라인 및 설비의 사용가능시점을 판단하여 각 자산에 대한 감가상각을 개시합니다(주석 2.9 참조).

회사의 투자규모가 크고 사용가능시점 판단에 따른 감가상각금액이 재무제표에 미치는 영향이 유의적이므로 우리는 감가상각 개시시점의 적절성 관련 회계처리를 핵심감사사항으로 판단하였습니다.

핵심감사사항이 감사에서 다루어진 방법
회사의 감가상각 개시시점의 적절성 관련 회계처리에 대하여 우리가 수행한 주요 감사절차는 다음과 같습니다.
· 자산의 사용가능시점 판단에 대한 연결회사의 내부통제 이해와 평가
· 감가상각 개시시점의 적절성을 확인하기 위한 주요 신규라인 가동여부 등 질문 및 관찰
· 표본추출을 통하여 감가상각 개시시점의 적절성을 확인하기 위한 사용가능시점 판단근거 문서검사

다음으로 '핵심감사사항'이 등장하는데, 이는 과거에는 없던 항목으로 2018년부터 적용되는 사항이다. 핵심감사사항은 감사인이 판단하기에 재무제표 감사에서 가장 의미 있는 것으로 꼽은 사항을 지칭하는데, 2018년에는 자산총액 2조 원 이상인 상장기업, 2019년에는 자산총액 1천억 원 이상, 2020년부터는 전체 상장사가 기재하게 되어 있다.

사례로 든 삼성전자의 경우 첫 번째 핵심감사사항으로 '재화의 판매 관련 매출장려활동'이 기재되어 있다. 전자제품을 유통하는 유통업자들에게 실적에 따라 할인 및 장려금을 제공하는 경우가 있다. 예를 들어, 석 달 안에 우리 회사 TV를 50대 이상 팔면 결제대금의 5%를 할인해 주고, 100대 이상 팔면 10% 할인해주기로 약속했다고 하자. 이 경우 삼성전자의 판매액(매출액)은 유통업자의 판매실적에 따라 달라질 수 있다. 약속한 석 달의 기간이 아직 끝나지 않았다면 어느 정도의 실적을 달성해서 얼마의 할인을 받을 것인지를 예상해 수익을 조정해야 한다. 이 예상치가 달라지면 회사의 매출액도 달라진다. 따라서 감사인은 이러한 판매장려활동에 대한 계약조건을 확인하고, 예상치를 산출한 근거가 적절한지, 과거 예상치와 실제결과가 잘 부합했는지 등을 중요하게 살폈다는 내용이다.

두 번째 핵심감사사항은 '감가상각 개시시점의 적절성'이다. 감가상각비에 대해 생소한 독자라면 3부에 기재된 Check Point-감가상각비 편을 먼저 읽어보기 바란다. 회사가 건물이나 기계장치 등을 취득하면 감가상각비를 인식해야 하는데, 이 감가상각이 시작되는 시점이 어느 날이냐에 따라 감가상각비가 달라진다. 1월 1일에 시작하면 1년치 감가상각비를 비용으로 인식하지만, 12월 31일에 시작하면 인식해야 할 감가상각비가 거의 없다. 따라서 감가상각 개시시점에 따라 회사의 비용이 달라지는데, 회계기준상 감가상각의 개시는 '취득일'이 아닌 '사용가능시점'이다. 예를 들어 새로 공장을 짓는데 기계장치는 도착했지만, 건물의 내장공사나 전기설비

공사가 늦어져 기계장치를 설치하지 못하고 한쪽에 모셔뒀다고 생각해보자. 이 경우 포장도 뜯지 못하고 있는 기계장치에 대해 감가상각부터 개시하지 않는다. 포장을 뜯고 설치가 끝나서 사용가능한 상태가 되어야 감가상각을 시작한다. 이 사용가능한 시점에 대한 판단이 잘못되면 회사가 인식하는 감가상각비가 달라질 수 있는데 회사가 올해 새로 취득한 유형자산이 21조가 넘기 때문에 이를 중요한 사항으로 판단하고 다루었다는 내용이다.

> **재무제표에 대한 경영진과 지배기구의 책임**
>
> 경영진은 한국채택국제회계기준에 따라 이 재무제표를 작성하고 공정하게 표시할 책임이 있으며, 부정이나 오류로 인한 중요한 왜곡표시가 없는 재무제표를 작성하는 데 필요하다고 결정한 내부통제에 대해서도 책임이 있습니다.
>
> 경영진은 재무제표를 작성할 때, 회사의 계속기업으로서의 존속능력을 평가하고 해당하는 경우, 계속기업 관련 사항을 공시할 책임이 있습니다. 그리고 경영진이 기업을 청산하거나 영업을 중단할 의도가 없는 한, 회계의 계속기업전제의 사용에 대해서도 책임이 있습니다.
>
> 지배기구는 회사의 재무보고절차의 감시에 대한 책임이 있습니다.

다음으로 재무제표에 대한 경영진과 지배기구의 책임을 밝히고 있다. 경영진은 재무제표의 작성책임을 진다. 재무제표를 사실 그대로의 '쌩얼'로 보여주지 않고, 진한 화장을 통해 예쁘게 바꾸는 것을 분식(粉飾: 가루 분, 꾸밀 식)이라고 한다. 언론에서 분식회계를 간혹 회계사나 회계법인이 저지른 것처럼 오도하는 경우가 있다. 하지만, 애초에 '거짓 없는 재무제표를 만들 책임'은 회사의 경영진에게 있다. 회계사는 그 거짓을 잡아내지 못한 책임을 져야 한다. 경찰이 보는 앞에서 살인사건이 발생했다면, 경찰에게 살인을 막지 못한 책임을 탓할 수는 있어도 살인죄를 물을 수는 없는 것과 마찬가지다. 회사는 거짓 없는 재무제표를 만들기 위해서 내부적으로 횡령이나 부정이 없어야 한다. 새로운 기계장치를 사며 10억 원을 지급했다고 하자. 10억 원에 산 계약서나 각종 증빙, 발행된 세금계산서와 실제 지급내역 등이 모두 일치하므로 재무제표에 기계장치의 금액을 10억 원으로 계상했다. 과연 올바른 재무제표일까? 만약, 기계장치의 원래 가격이 5억 원인데 구매담당자가 뒷돈(kickback)을 4억 원을 받는 조건으로 10억 원에 결제를 승인했다면, 이 기계장치가 과연 10억 원짜리라고 할 수 있을까? 이렇게 재무제표 작성 과정에서는 오류나 분식이 없더라도 그 이전의 거래단계에서 부정이 발생하면 올바른 재무제표를 만들 수가 없다. 이런 부정을 막기 위한 안전장치를 '내부통제제도'라고 하는데, 안전한 내부통제제도를 구축할 책임도 경영자에게 있다는 내용이 기술되어 있다.

본문에서 언급한 '계속기업'과 관련한 책임도 기술되어 있다. 계속기업으로서의 존속능력 역시 감사인이 판단하기 전에 회사의 경영진이 일차적으로 판단하고 책임을 져야 한다. 지배기구의 재무보고절차에 대한 감시책임도 기재되어 있는데, 쉽게 말해 회사내부의 감사(외부 회계법인이 아닌 회사 내부 직책상 감사) 또는 감사위원회가 자체적으로 재무보고절차를 감시할 의무가 있다는 얘기다.

> **재무제표에 대한 감사인의 책임**
> 우리의 목적은 회사의 재무제표에 전체적으로 부정이나 오류로 인한 중요한 왜곡표시가 없는지에 대하여 합리적인 확신을 얻어 우리의 의견이 포함된 감사보고서를 발행하는 데 있습니다. 합리적인 확신은 높은 수준의 확신을 의미하나, 감사기준에 따라 수행된 감사가 항상 중요한 왜곡표시를 발견한다는 것을 보장하지는 않습니다. 왜곡표시는 부정이나 오류로부터 발생할 수 있으며, 왜곡표시가 재무제표를 근거로 하는 이용자의 경제적 의사결정에 개별적으로 또는 집합적으로 영향을 미칠 것이 합리적으로 예상되면, 그 왜곡표시는 중요하다고 간주합니다.

감사기준에 따른 감사의 일부로서 우리는 감사의 전 과정에 걸쳐 전문가적 판단을 수행하고 전문가적 의구심을 유지하고 있습니다. 또한, 우리는:

- 부정이나 오류로 인한 재무제표의 중요왜곡표시위험을 식별하고 평가하며 그러한 위험에 대응하는 감사절차를 설계하고 수행합니다. 그리고 감사의견의 근거로서 충분하고 적합한 감사증거를 입수합니다. 부정은 공모, 위조, 의도적인 누락, 허위진술 또는 내부통제 무력화가 개입될 수 있기 때문에 부정으로 인한 중요한 왜곡표시를 발견하지 못할 위험은 오류로 인한 위험보다 큽니다.

- 상황에 적합한 감사절차를 설계하기 위하여 감사와 관련된 내부통제를 이해합니다. 그러나 이는 내부통제의 효과성에 대한 의견을 표명하기 위한 것이 아닙니다.

- 재무제표를 작성하기 위하여 경영진이 적용한 회계정책의 적합성과 경영진이 도출한 회계추정치와 관련 공시의 합리성에 대하여 평가합니다.

- 경영진이 사용한 회계의 계속기업전제의 적절성과, 입수한 감사증거를 근거로 계속기업으로서의 존속능력에 대하여 유의적 의문을 초래할 수 있는 사건이나, 상황과 관련된 중요한 불확실성이 존재하는지에 대하여 결론을 내립니다. 중요한 불확실성이 존재한다고 결론을 내리는 경우, 우리는 재무제표의 관련 공시에 대하여 감사보고서에 주의를 환기시키고, 이들 공시가 부적절한 경우 의견을 변형시킬 것을 요구받고 있습니다. 우리의 결론은 감사보고서일까지 입수된 감사증거에 기초하나, 미래의 사건이나 상황이 회사의 계속기업으로서 존속을 중단시킬 수 있습니다.

- 공시를 포함한 재무제표의 전반적인 표시와 구조 및 내용을 평가하고, 재무제표의 기초가 되는 거래와 사건을 재무제표가 공정한 방식으로 표시하고 있는지를 평가합니다.

우리는 여러 가지 사항 중에서 계획된 감사범위와 시기 그리고 감사 중 식별된 유의적 내부통제 미비점 등 유의적인 감사의 발견사항에 대하여 지배기구와 커뮤니케이션합니다.

또한, 우리는 독립성 관련 윤리적 요구사항들을 준수하고, 우리의 독립성 문제와 관련된다고 판단되는 모든 관계와 기타사항들 및 해당하는 경우 관련 제도적 안전장치를 지배기구와 커뮤니케이션한다는 진술을 지배기구에 제공합니다.

우리는 지배기구와 커뮤니케이션한 사항 중에서 당기 재무제표감사에서 가장 유의적인 사항들을 핵심감사사항으로 결정합니다. 법규에서 해당 사항에 대하여 공개적인 공시를 배제하거나, 극히 드문 상황으로 우리가 감사보고서에 해당 사항을 기술함으로 인한 부정적 결과가 해당 커뮤니케이션에 따른 공익적 효익을 초과할 것으로 합리적으로 예상되어 해당 사항을 감사보고서에 커뮤니케이션해서는 안 된다고 결론을 내리는 경우가 아닌 한, 우리는 감사보고서에 이러한 사항들을 기술합니다.

마지막으로 재무제표에 대한 감사인의 책임을 기술한다. 사실 회계감사라는 절차가 일반인들에게는 생소하기 때문에 기재된 내용을 다 이해하기도 어렵고 짧은 지면에 설명하기도 만만치 않다. 다만 재무제표의 일차적인 작성책임은 회사에 있으며, 감사인의 책임은 이차적으로 재무제표에 부정이나 오류로 인한 왜곡표시가 없는지 확인하는데 있다고 적고 있다. 나머지는 왜곡표시가 없다는 합리적인 확신을 얻기 위해 어떤 절차를 수행하는지 설명하며, 그렇다고 하더라도 왜곡표시를 완전히 제거하지 못할 수도 있음을 나타내고 있다.

감사의견에 대해서 몇 가지 더 사례를 보자. 삼성전자의 경우는 적정의견을 받았지만, 적정의견 말고도 세 가지 의견(부적정, 한정, 의견거절)이 더 있다. 부적정의견은 어떤 의미일까? 쉽게 말해서 재무제표가 틀렸다는 얘기이다. 감사인이 확인한 사항과 회사가 제시한 재무제표의 차이가 중요성보다 크다면 부적정의견을 제시한다. 이 경우에는 감사보고서에 어떤 부분에서 왜 차이가 나는지를 적는다. 의견 문단에는 '부적정합니다'라고 표시하지는 않고, 이런저런 사유로 인해 '공정(적정)하게 표시하지 않고 있습니다'라고 표현한다. 실제 부적정의견의 사례를 확인해보자. 2013년에 감사의견 부적정으로 상장폐지가 된 유일엔시스의 감사보고서에서 발췌한 내용이다.

회사는 회수가능성이 없는 매출채권 1,527백만 원 및 단기대여금 2,578백만 원과 미수금 94백만 원에 대한 대손충당금을 설정하지 아니하였습니다. 또한, 매도가능금융자산 및 관계기업투자주식에 대한 손상차손 각각 990백만 원 및 211백만 원을 과소계상 하였습니다. 이로 인하여 한국채택국제회계기준에 따라 처리하였을 경우보다 재무제표상 매출채권 1,527백만 원 및 단기대여금 2,578백만 원과 미수금 94백만 원이 과대계상되어 있으며, 매도가능금융자산 990백만 원 및 관계기업투자주식 211백만 원이 과대계상되어 있습니다. 그리고 당기순손실 5,400백만 원이 과소계상되어 있고 결손금 5,400백만 원이 과소계상되어 있습니다. 또한, 재무제표의 일부인 별첨 주석은 주석3 금융상품의 범주 및 공정가치와 그 밖의 기타 주석 등에서 자산 5,400백만 원이 과대계상되어 있고, 당기순손실 5,400백만 원이 과소계상되어 있습니다. 따라서 회사의 재무제표 및 별첨 주석은 한국채택국제회계기준에 따라 작성되지 아니하였습니다.

본 감사인의 의견으로는 위 문단에서 언급된 사항의 영향이 중요하므로 상기 재무제표는 주식회사 유일엔시스의 2012년 12월 31일 현재의 재무상태와 동일로 종료되는 회계연도의 재무성과 및 현금흐름의 내용을 한국채택국제회계기준에 따라 중요성의 관점에서 적정하게 표시하고 있지 아니합니다.

다음으로 **의견거절**은 쉽게 말해서 감사인이 감사 대상에 대해서 맞다, 틀리다고 얘기할 입장이 아닌 경우를 말한다. 틀렸다는 부적정의견을 주기 위해서는 위의 사례처럼 어떤 부분이 어떻기 때문에 틀렸는지를 말할 수 있어야 한다. 이해하기 쉽게 사례를 들어보면 다음과 같다. 회사가 이익을 100억 원이라고 재무제표를 제시했다. 감사인은 이에 대한 증거를 확인하기 위해 어떻게 100억 원을 벌었는지 물었다. 그러자 이런 답변이 온 것이다.

'비밀이라서 가르쳐 줄 수 없습니다.'

말이 안 되는 과장이지만, 만약 이렇다면 감사인 입장에서는 회사가 제시한 재무제표가 맞다고도 틀리다고도 말할 수 없는, '나도 궁금하다'는 상태가 된다. 이렇게 제대로 감사를 수행하기 어려운 상황을 '있어보이는 표현'으로 '감사범위 제한'이라고 한다. 충분한 감사 증거를 수집하는데 제한이 있었기 때문에 의견을 표명하지 않는 것인데, 이를 '의견거절'이라고 한다. 실제 사례를 살펴보자. 2016년 감사의견 거절로 상장폐지 사유가 발생한 '엠제이비'라는 회사의 감사보고서 중 의견거절의 근거와 의견문단이다.* 역시 내용이 길고 어려운 용어들이 등장하는데, 직접투자를 하기로 마음먹은 투자자라면 이런 용어들에 익숙해질 필요가 있겠다.

*회사는 이후에 상장폐지 관련 이의신청서를 접수하고, 재감사를 통해 감사보고서가 일부 수정되었다. 그러나 사례학습의 목적에서 수정 전 보고서를 첨부하였다. 수정된 감사보고서도 감사의견은 바뀌지 않았으니 궁금한 독자는 직접 확인해보시기 바란다.
필자가 글을 쓰는 현재 회사는 정리매매에 들어갔지만, 법원에 '상장폐지금지가처분신청'을 한 상태다.

의견거절 근거

우리는 다음 사항과 관련하여 재무제표에 미치는 유의적 불확실성의 영향을 고려하였습니다.

(1) 5회차 신주인수권부사채발행

회사는 2015년 9월 4일 5회차 무기명식이권부무보증비분리형신주인수권부사채 7,200백만 원을 최대주주인 ㈜골든레인에 발행하였습니다. 우리는 발행과정의 적정성을 확인하기 위해서 회사에 관련자료를 요구하였으나, 회사는 7,200백만 원의 자기앞수표를 가압류가 예상되어 실물로 받아 보관하고 있었다고 합니다. 회사의 답변 등을 검토한 결과 상기 신주인수권부사채발행의 납입대금이 회사에 입금되었다는 것을 확신할 수 없었습니다.

(2) 기타보증금 회수내역

회사는 2015년 10월 19일 ㈜제이슨매니지먼트와 "두산 WE'VE APT 분양수익 추구를 위한 공동사업계약서"를 체결하고, 5,000백만 원을 ㈜제이슨매니지먼트에게 지급하고, 기타보증금으로 계상하였고, 회사는 2015년 11월 이사회결의 없이 ㈜아이엠지플래닛과 "테크노마트 NPL공동매입권한의 확보를 위한 투자계약서"를 체결하고, 2,000백만 원을 지급하고, 기타보증금으로 계상하였습니다. 우리는 상기 2개의 투자계약건과 관련하여 사업성 등을 평가하기 위해서 회사에 사업진행과정 등에 관한 질문과 자료를 요청하였으나, 실효성있는 답변 및 자료는 제시 받지 못했습니다. 우리는 상기 2건의 기타보증금의 회수가능성을 평가하기 위해서 회사로부터 관련자료를 요청하였고, 회사로부터 투자된 7,000백만 원이 회수되었다는 증빙 등을 받았습니다. 회사에서 제시한 증빙 등을 검토한 결과, 기타보증금이 회수된 것으로 판단하기 어려웠습니다.

(3) 동부지검 압수수색

회사는 2016년 3월 10일 동부지검으로부터 압수수색을 당하였습니다. 이에 관해 우리는 회사에게 동부지검으로부터 결과에 대한 공식적인 확인서를 요청하였고, 감사보고서일 현재까지 회사로부터 동부지검의 공식적인 확인서를 받지 못했습니다. 따라서, 내부통제에 대한 확신을 가질 수 없었으며, 부정으로 인해 재무제표가 왜곡표시 되지 않았다는 확신도 가질 수 없었습니다.

(4) 중계무역

회사는 Pearl River Delta Trading(Hong Kong)Ltd.(이하 "PRD")(매입처)에서 곡물 등을 수입하여 Xangbo Global Markets Pte Ltd(이하 "XGM")(매출처)로 수출하는 중계무역을 하고 있습니다. 회사는 2015년 10월 1일 PRD과 매입계약을 시작으로 4차 중계무역을 진행중에 있으며, 이와 관련하여 회사는 PRD에 29,299백만 원(USD 24,999,999.81)의 매입채무를 계상하였고, XGM에 29,878백만 원(USD 25,493,820)의 매출채권을 계상하였으며, L/C개설보증금으로 29,299백만 원을 자산으로 계상하고 있습니다. 우리는 중계무역 매입채무액을 확인하기위해서, 채권/채무조회서를 발송하여 조회서를 회신받았으나, 4차무역관련 회사제시자료를 검토한 결과, 추가적인 매입채무존재의 가능성이 있어 이에 관하여 회사에 설명 및 증빙 등을 요청하였는바, 추가적인 매입채무가 존재하지 않을 가능성에 대한 충분하고 적합한 감사증거를 받지 못했습니다.

우리는 L/C개설수입보증금 잔액의 적정성을 확인하기 위한 자료를 회사에 요청하였으나, 회사로부터 충분하고 적합한 감사증거를 제시 받지 못했습니다.

우리는 XGM매출채권액의 회수가능성을 평가하기 위해서 회사에 관련자료를 요청하였고 회사는 매출채권이 회수되었음을 증명하는 자료를 제시하였는데, 회사가 제시한 자료는 XGM매출채권이 회수되었음을 확인하기 위한 충분하고 적합한 감사증거로 보기 어려웠습니다.

(5) 내부통제미비 및 금융조회서 미회신
회사는 이사회결의 없이 자금이 집행되기도 하고, 현금으로 입,출금이 발생하기도 하며, 이사회결의가 있는 경우에도, 자금집행이 먼저 이루어지는 거래도 발견되는 등 내부통제미비로 볼 수 있는 사항들이 발견되어 회사의 내부통제에 대한 확신을 가질 수 없었습니다.

감사보고서일 현재까지 삼성화재-진성법인의 금융조회서를 회신받지 못 했습니다.

(6) 법인인감관리
회사는 2014년 12월 10일 액면 2,250백만 원의 공정증서부 약속어음을 적절한 절차 없이 발행한 사실이 있었고, 당기에도 압류 및 가압류를 당하여서 법인인감관리의 적정성을 확인하기 위해서 공식기관에서 발급된 회사의 인감증명서 발급내역을 요청하였으나, 감사보고서일 현재까지 제출 받지 못해, 법인인감관리 적정성에 대한 확신을 가질 수 없었습니다.

상기에 기술된 각각의 불확실성 및 각각의 불확실성 사이의 잠재적 상호작용으로 인해 이들 불확실성의 누적적 영향에 관해 충분하고 적합한 감사증거를 입수할 수 없었습니다.

의견거절

우리는 의견거절근거문단에서 기술된 사항의 유의성으로 인하여 감사의견의 근거가 되는 충분하고 적합한 감사증거를 입수할 수 없었습니다. 따라서 우리는 회사의 재무제표에 대하여 의견을 표명하지 않습니다.

한정의견은 적정의견과 부적정의견 혹은 적정의견과 의결거절의 중간 정도 상태이다.(이 때문에 마지막에 설명한다.) 아래 표는 금융감독원이 해마다 발표하는 '상장법인 감사보고서 분석' 보도자료 내용 중 일부이다. 이제는 이 표를 보여도 어느 정도 이해가 되리라 생각한다.(처음부터 이 표로 설명하면 책을 던질까 걱정이 되었다.)

구 분	적정의견	한정의견	부적정의견	의견거절
감사범위 제한				
• 경미	○			
• 중요		○		
• 특히 중요				○
회계처리기준의 위배				
• 경미	○			
• 중요		○		
• 특히 중요			○	

감사인이 충분한 감사증거를 수집하지 못하고 제한을 받은 상황이 '특히 중요'하다면 의견을 거절하지만, '중요'한 수준이면 한정의견을 제시한다.* 또한 회사가 회계처리기준을 어겨 재무제표의 왜곡된 정도가 '특히 중요'하면 부적정의견을 주고, '중요'한 정도면 한정의견을 준다. '중요'한 것과 '특히 중요'한 것이 말장난처럼 느껴질 수 있는데, 투자자 입장에서는 이렇게 이해하는 것이 좋겠다.(수험목적의 교재가 아닌 투자자 관점의 책이므로 투자자가 이해할

> *개정된 감사기준에는 '중요하지만 전반적이지 않은 경우'에 한정의견을, '중요하면서 전반적인 경우'에는 의견거절을 제시하게 되어 있다.

수 있는 표현으로 접근한다.) 사실 '중요'하든 '특히 중요'하든 회계처리 위배나 감사 범위 제한이 있다면 무조건 의견거절이나 부적정이 주어져야 하는 것이 아닐까? 그 사항이 중요하다고 했으니 그런 생각이 들 수 있다. 만약 감사범위 제한이나 회계처리 위반이 '경미'하다면 적정의견에 해당한다. 여기서 경미하다 함은 앞에서 설명한 중요성 기준 이하의 금액이라고 생각하면 된다. 그리고 경미하지 않다면 중요성 기준을 넘어선 금액으로 '중요'하다고 표현하는 것이다. 즉, 여기서 말하는 '중요'라는 표현은 '감사인이 정한 중요성 금액을 넘어섰기 때문에 무시할 수는 없다'는 의미로 받아들이는 것이 좋다. 근데 중요성 금액을 넘어섰을 뿐만 아니라, 이대로 이용하기에는 재무제표 전반에 무리가 있다고 판단할때 '특히 중요'하다고 판단하는 것이다. 실제 사례를 확인해보자. 앞에서 사례로 확인한 엠제이비의 의견거절 근거 중에는 이런 내용이 있었다.

> '회사는 2014년 12월 10일 액면 2,250백만 원의 공정증서부 약속어음을 적절한 절차 없이 발행한 사실이 있었고'

회사가 어음을 발행했는데 적절한 절차가 없이 임의로 발행한 사실이 있었다는 내용이다. 한 가지 이상한 사실은 지금 이 감사보고서가 2015년 재무제표에 대한 감사보고서인데, 2014년 12월에 있었던 얘기를 언급하고 있다. 그렇다면 이에 대해서는 2014년에 발견하고 그때 의견을 거절했어야 하는 게 아닐까? 이 부분은 실제 2014년 감사에서 발견했고, 당시 감사보고서에 이렇게 언급되었다. 회사의 2014년 감사보고서 중 의견의 근거와 의견 문단 일부이다.

감사인은 적절한 절차 없이 발행된 약속어음이 있었다는 사실을 알게 되었다. 약속어음은 발행인이 일정 기일까지 일정 금액을 지급할 것을 약속하는 증서이다. 일반적으로 물건을 사면서 외상대금의 지급을 약속하는 성격으로 발행하지만(진성어음), 단순히 돈을 빌리고 갚겠다는 약속을 하는 경우에 발행하는 경우도 있다(융통어음). 어쨌거나 어음의 발행은 엄격한 내부통제 절차가 필요하다. 융통어음의 경우 적혀 있는 금액이 얼마냐에 따라 종이 한 장으로도 회사의 파산을 일으킬 수 있기 때문이다. 그런데 적절한 절차를 거치지 않고 발행된 약속어음을 발견한 것이다. 발견한 한 장에 대해서는 회사의 부채로 인식하면 될 일이지만, 문제는 감사인이 발견하지 못한 또 다른 어음이 있을 수 있다는 점이다. 어쩌다 한 장이 절차를 거치지 않고 예외적으로 발행된 것인지, 아니면 여러 장이 발행되었는데 한 장만 걸린 것인지는 확신을 가질 수 없다. 그렇다고 이 한 장 때문에 감사의견을 거절하거나 부적정의견을 제시한다면 회사는 상장폐지에 이른다. 따라서 이런 중요한 예외사항이 발견됐지만, 회사가 다른 부분에서는 추가로 큰 문제점이 없다면 '이 사항을 제외하고는 재무제표가 공정(적정)합니다'라는 의견을 제시한다.* 이것이 바로 한정의견이다. 감사의견에는 무언가를 '제외하고는 적정'하다는 표현을 사용한다.

*엠제이비의 경우 2014년에 위 사항을 비롯한 추가적인 내부통제 문제점으로 인해 '계속기업으로서의 존속능력에 대한 중대한 의문'이 제기됨에 따라 한정의견을 받았다. 계속기업 가정에 대한 내용은 다음에 나오는 읽을거리를 참조하기 바란다.

감사의견에 대한

엉터리 기사와 오해들

감사의견을 오해하는 사람들이 많다. 〈Check Point〉에서 감사의 견에는 네 가지가 있음을 설명했는데, 조금은 생소한 한정의견이나 의견거절 등에 대해서 오해를 하는 것이 아니다. 바로 '적정의견'에 대해서 오해를 한다.

적정의견을 받았으니 믿고 투자해도 되는 좋은 회사라고 생각했다가는 큰일 난다.

앞서 살펴본 삼성전자의 적정의견을 다시 한번 확인해보자. 밑줄 친 부분에 주의하면서 읽어보기 바란다.

> **감사의견**
> 우리의 의견으로는 별첨된 <u>회사의 재무제표</u>는 회사의 2018년 12월 31일과
> 2017년 12월 31일 현재의 재무상태와 동일로 종료되는 양 보고기간의 <u>재무</u>
> <u>성과 및 현금흐름을</u> 한국채택국제회계기준에 따라, 중요성의 관점에서 <u>공정</u>
> <u>하게 표시하고 있습니다.</u>

문장의 주어와 술어가 무엇인가? 웬 국어공부냐고 하겠지만, 공정
하게 표시하고 있는 주어는 '회사의 재무제표'다. 회사의 재무제표가
회사의 상태를 공정하게 잘 나타내고 있다는 의견이다. 쉽게 말해 단
순히 회사의 재무상태와 재무제표가 일치하면 적정의견을 제시한다.

예를 들어, '한 달 안에 망할 것 같은 회사'가 '한 달 안에 망할 것
같은 재무제표'를 들고 오면 감사인은 적정의견을 제시한다.

회사의 상태를 재무제표가 적정하게 잘 나타내고 있기 때문이다.
앞에서도 강조한 내용이다. 감사의견은 절대 회사의 상태가 좋다거나
나쁘다는 의견이 아니다. 무슨 기준으로 감사인이 좋은 회사와 나쁜
회사를 구분하겠는가? 돈만 많이 벌면 무조건 좋은 회사인가? 10억
원 벌면 좋은 회사이고, 5억 원 벌면 나쁜 회사인가? 감사인이 제시하
는 의견은 재무제표를 믿고 이용해도 될지에 대한 의견일 뿐이다. 재
무제표를 보고 회사가 좋다, 나쁘다고 판단하는 건 이용자의 몫이다.
적정의견을 받으면 멀쩡하고 좋은 회사라는 오해는 회계나 경제지식
이 부족한 일반인들만 하는 것은 아니다. 아래 기사를 한 번 참조해보
자. 행정고시에 합격하고 재정경제부에 오랜 기간 근무한 경제관료
출신 국회의원의 주장을 경제신문 기자가 기사화한 내용이다.

Advice

*〈파이낸셜 뉴스〉, 2010. 10. 14.
기사 내용 중 특정인의 실명은 제
외했다.

감사의견 '적정' 석 달 만에 '상장폐지'*

#1. 샤인시스템은 지난 6월 29일 자본전액잠식 해소를 입증하지 못해 코스닥 시장에서 퇴출됐다. 하지만 불과 3개월 전인 3월 23일 제출된 회계법인의 감사 의견은 '적정'이었다.

#2. 액티투오는 지난 7월 21일 상장 폐지됐다. 3개월 전인 4월 23일 발생한 전 대표의 배임혐의가 이유였다. 하지만 4월 27일 회계법인은 액티투오에 대해 감사의견 '적정' 의견을 제시했다.

부실상장사에 대한 일부 회계법인의 부실 회계처리가 도마 위에 올랐다. 특히 회계법인들의 도덕적 해이로 인한 피해는 개인투자자들이 고스란히 보고 있어 더 근본적인 대책 마련이 시급하다는 지적이다.

14일 한국거래소가 ○○○의원(×××당)에게 제출한 국정감사 자료에 따르면 지난 2005년부터 올해 9월 말까지 회계감사 뒤 '적정' 의견을 받아 경영상 태가 양호한 것으로 평가받은 상장사 가운데 반년도 지나지 않아 상장 폐지된 곳이 총 23개사에 달한 것으로 나타났다. 이 중 코스피 상장사가 1개사, 코스닥 상장사가 22개사였다.

이에 대해 ○ 의원은 "감사의견 '적정'을 받은 멀쩡한 기업이 몇 달 만에 부도가 나는 것은 회계법인의 도덕적 해이와 감독기관인 한국거래소의 관리체계에 문제가 있는 것"이라며 "더욱 철저한 관리 및 심사기준을 마련하거나 퇴출제도 등을 더욱 강화해 투자자들의 손실을 막아야 한다"고 강조했다.

-하략-

이 책을 읽는 독자는 기사 내용 중 밑줄 친 부분과 같은 오해를 안

했으면 좋겠다. 그래도 감사인으로부터 적정의견을 받은 기업이 석 달 만에 상장폐지 되는 것은 좀 문제가 있지 않나 싶을 수 있다. 감사인 입장에서도 석 달 뒤 망할 것 같은 기업에 적정의견을 주는 것은 꺼림칙하지 않을까? 그래서 이런 기업들에는 감사의견 뒤에 무언가를 덧붙인다. 솔직하게 회사 상태가 안 좋다고 가져왔으니 적정의견을 주기는 하는데, 대신에 '재무제표를 이용하시는 분들은 이런 내용을 꼭 확인해 보십시오'라고 강조한다.

이것이 바로 '강조(특기)사항'이다.

Advice

＊＊이 기사를 쓴 기자에게 아쉬운 점은 본인이 기사 에 쓴 사례의 사실확인 부분이다.

위 기사＊＊에서 사례로 언급한 '샤인시스템'과 '액티투오'의 감사의견과 특기사항을 확인해보자. 먼저 샤인시스템 감사보고서의 의견 문단이다. 감사의견은 적정이지만 특기사항이 다섯 가지나 첨부되어 있다. 그 중 특히 4번 내용을 잘 읽어보자.

> 본 감사인의 의견으로는 상기 2009년 재무제표는 주식회사 샤인시스템의 2009년 12월 31일 현재의 재무상태와 동일로 종료되는 회계연도의 경영성과 그리고 결손금 및 자본의 변동과 현금흐름의 내용을 대한민국의 일반적으로 인정된 회계처리기준에 따라 중요성의 관점에서 적정하게 표시하고 있습니다.
>
> 다음은 감사의견에 영향을 미치지 않는 사항으로서 감사보고서 이용자의 합리적인 의사결정에 참고가 되는 사항입니다.
>
> **2. 특기사항**
> (1) 합병과 회계주체의 변경

재무제표에 대한 주석28에서 설명하고 있는 바와 같이 회사는 사업다각화와 재무구조 개선 등의 시너지 효과를 거두고 경쟁력 강화, 경영효율성 증대를 통해 주주가치 극대화를 위하여 반도체 및 엘시디장비 제조업 등을 영위하는 주식회사 제노정보시스템을 2009년 11월 23일자로 합병비율 1:6.5809194로 합병하였습니다. 이러한 합병으로 인하여 기명식 보통주식 12,512,933주(액면금액 6,256백만 원)를 발행하여 합병시 주식회사 제노정보시스템의 주주들에게 교부하였습니다. 동 합병의 법률상 합병법인은 주식회사 샤인시스템이나, 동 합병으로 인하여 주식회사 제노정보시스템의 주주가 합병후 실체를 실질적으로 지배하게 됨에 따라 법률상 피합병회사인 주식회사 제노정보시스템이 법률상 합병회사인 주식회사 샤인시스템를 매수한 것으로 회계처리 되었습니다. 따라서 구. 주식회사 샤인시스템의 자산과 부채가 각각 28,848백만 원과 32,751백만 원이 승계되었으며, 비교표시된 재무제표인 2008년 12월 31일 현재 재무상태표와 동일로 종료되는 회계연도의 손익계산서, 이익잉여금처분계산서, 자본변동표 및 현금흐름표는 법률상 피합병회사인 주식회사 제노정보시스템의 재무제표입니다.

(2) 재고자산 평가방법의 변경
재무제표에 대한 주석 32에서 설명하고 있는 바와 같이 회사는 당기중 재고자산의 평가방법을 총평균법에서 선입선출법으로 변경하였습니다. 회사의 재고자산은 종류가 다양하고 소액으로 구성되어 있으며, 합병으로 인한 재고자산의 관리시스템의 효율성을 위해 총평균법을 적용하는 것보다 선입선출법을 적용하는 것이 회계정보의 유용성 측면에서 더 타당합니다. 따라서 동 회계정책의 변경은 정당한 변경 사유에 해당합니다.

(3) 특수관계자와의 중요한 거래내역
재무제표에 대한 주석 4에서 설명하고 있는 바와 같이 회사는 종속회사 및 기타특수관계자들과 금전의 대여와 차입 등의 거래를 하였던 바, 당기말 현재 관련 채권, 채무는 각각 4,273백만 원과 1,904백만 원입니다. 또한 주식회사

제노시스템은 합병 전에 구. 주식회사 샤인시스템의 대표이사로부터 회사의 주식 449,000주(합병전 지분율 기준 7.7%)를 8,000백만 원에 취득하였습니다.

(4) 계속기업 가정에 관한 중요한 불확실성

재무제표는 회사가 계속기업으로서 존속할 것이라는 가정을 전제로 작성되었으므로 회사의 자산과 부채는 정상적인 사업활동과정을 통하여 장부가액으로 회수되거나 상환될 수 있다는 가정하에 회계처리 되었습니다. 재무제표에 대한 주석 30에서 설명하고 있는 바와 같이 회사의 당기순손실이 18,877백만 원이며 당기말 현재 유동부채가 유동자산을 19,715백만 원만큼 초과하고 있으며, 총부채가 총자산을 5,136 백만 원 초과하고 있고, 당기말 현재 지급보증 채권자들이 회사의 자산에 가압류 등을 하고 있습니다.

회사는 코스닥 시장 상장법인으로서 당기말 현재 자본 전액잠식상태여서 코스닥 시장상장규정에 의해 상장폐지사유에 해당합니다. 그러나, 사업보고서 제출일까지 상장폐지기준 해당사실을 해소하고 코스닥 시장 상장폐지실질 심사위원회의 심사를 거쳐 상장폐지여부가 결정됩니다.

이러한 상황은 회사의 계속기업으로서의 존속능력에 대한 중대한 의문을 제기하고 있습니다. 따라서 회사의 계속기업으로서의 존속여부는 동 주석에서 설명하고 있는 회사의 향후 자금 조달계획과 안정적인 경상이익의 달성을 위한 재무 및 경영개선계획의 성패에 따라 결정되므로 중요한 불확실성이 존재하고 있습니다.만일 이러한 회사의 계획에 차질이 있는 경우에는 계속기업으로서의 존속이 어려우므로 회사의 자산과 부채를 정상적인 사업활동과정을 통하여 장부가액으로 회수하거나 상환하지 못할 수도 있습니다. 이와 같은 불확실성의 최종 결과로 계속기업가정이 타당하지 않을경우에 발생될 수도 있는 자산과 부채의 금액 및 분류표시와 관련 손익항목에 대한 수정사항은 위 재무제표에 반영되어 있지 않습니다.

> (5) 후속사건
>
> 재무제표에 대한 주석 31에서 설명하는 바와 같이 회사는 2010년 1월 28일자 납입일로 하는 제3자 배정 유상증자 발행가액 6,354백만 원(주당 발행가액 1,230원), 2010년 2월 22일자 납입일로 하는 소액공모 발행가액 999백만 원(주당 발행가액 1,105원) 존재하였습니다. 또한 2010년 1월 29일 신보산은개런티이천팔이차유동화전문 유한회사와 지급보증채무에 대하여 기발생 이자율 2%, 분할상환 계약체결후 이자율 1%로 하는 분할 상환을 하는 채무 재조정을 하였습니다. 또한 회사는 미국 소재 Madmedia Entertainment, Inc. USA와 체결된 투자계약에 따라 신규 설립예정법인 M3D, Inc.의 2% 지분을 취득하는 것으로 총 투자예상금액은 미화 1,000 천불로서 2010년 1월 26일 미화 200 천불이 송금되었습니다.

특기사항 내용이 많다. (1)번은 11월에 합병이 이루어졌고, 일종의 역합병에 해당하기 때문에 전기재무제표와 비교할 때 주의하라는 내용이다. (2)번은 재고자산 평가방법을 변경했다는 내용인데, 이 때문에 회사의 이익이 달라진다. (3)번은 특수관계자들과 금전 거래가 있다는 내용이고 (5)번은 사업연도 말 이후에 있었던 일이라 재무제표에 반영되지 않았지만 알아두었으면 하는 내용이다. 다들 이 회사의 재무제표를 분석하기 전에 꼭 알아둬야 할 중요한 내용이다. 그리고 무엇보다 중요한 건 (4)번에 있는 '계속기업 가정에 관한 중요한 불확실성'이다. 재무제표는 회사가 계속해서 영업한다는 것을 가정하고 작성한다. 100만 원에 산 기계장치가 1년이 지나도 여전히 80만 원의 가치가 있다고 평가하는 이유는 계속해서 물건을 만들어 낼 것이기 때문이다. 만약 회사가 문을 닫게 생겼다면 기계장치는 고철 가격으로 평가해야 한다.* 이렇게 계속기업에 대한 가정을 바탕으로 재무제표를 작성하는 게 원칙인데, 이 회사는 여기에 중요한 불확실성

Advice

*있어보이는 말로, '청산가치로 평가한다'고 한다.

이 있다는 것이다.

쉽게 말해 망할 위험이 크다는 얘기다.

특기사항 내용을 뜯어보니 회사는 이미 자본잠식 상태이고, 채권자들이 재산에 가압류를 하고 있다. 자본잠식이면 이미 상장폐지 사유에 해당한다. 당장에 상장폐지가 되지 않은 건 앞에서 언급했던 '상장폐지 실질심사'라는 제도가 생겨났기 때문이다. 이것이 과연 기사의 주장대로 '감사의견 적정을 받은 멀쩡한 기업'으로 보이는가? 기사에서 주장한 '도덕적 해이'를 정말 회계법인이 한 것인지 아니면 언론이 한 것인지는 독자의 판단에 맡기겠다.

또 하나의 사례로 든 '액티투오'의 감사보고서 내용이다. 마찬가지로 네 번째 특기사항을 확인해보면 되겠다.

본 감사인의 의견으로는 상기 재무제표는 주식회사 액티투오의 2009년 12월 31일과 2008년 12월 31일 현재의 재무상태와 동일로 종료되는 양 회계연도의 경영성과 그리고 결손금 및 자본의 변동과 현금흐름의 내용을 대한민국의 일반적으로 인정된 회계처리기준에 따라 <u>중요성의 관점에서 적정하게 표시하고 있습니다.</u>

다음은 감사의견에 영향을 미치지 않는 사항으로서 감사보고서 이용자의 합리적인 의사결정에 참고가 되는 사항입니다.

(1) 주식 및 경영권 양도
재무제표에 대한 주석 35에서 설명하고 있는 바와 같이 회사는 2010년 3월 12일에 재무구조개선을 위하여 주식회사 에스씨디가 발행한 기명식 보통주

7,624,276주(지분율 28%)와 경영권을 모닝스타얼라이언스 유한회사에 50,000백만 원에 양도하기로 하였습니다.

(2) 특수관계자와의 중요한 거래
재무제표에 대한 주석 13에서 설명하고 있는 바와 같이 회사는 특수관계자와 자금의대여와 상환거래가 각각 26,786,576천 원과 25,382,000천 원 발생하여 당기말과 전기말 현재 특수관계자에 대한 채권잔액이 각각 6,642,086천 원과 32,086천 원이며, 채무잔액은 각각 8,460,000천 원과 3,202,000천 원입니다.

(3) 금융위기에 따른 경제환경의 중요한 변화
재무제표에 대한 주석 38에서 설명하고 있는 바와 같이 회사의 영업활동은 국제경제상황 및 대한민국의 불안정한 경제조건 및 구조조정 이행여하에 따라 직접 또는 간접적으로 영향을 받을 수 있습니다.

(4) 계속기업에 관한 중요한 불확실성
재무제표에 대한 주석 39에서 설명하고 있는 바와 같이 회사의 2009년 12월 31일로 종료되는 회계연도에 당기순손실 37,457백만 원이 발생하였고 재무제표일 현재로 회사의 유동부채가 유동자산보다 43,274백만 원만큼 많습니다. 이러한 상황은 주석 39에서 설명하고 있는 사항과 더불어 회사의 계속기업으로서의 존속능력에 유의적 의문을 불러 일으킬 만한 중요한 불확실성이 존재함을 의미합니다. 이와 같은 불확실성의 최종 결과로 계속기업가정이 타당하지 않을 경우에 발생될 수도 있는 자산과 부채의 금액 및 분류표시와 관련손익항목에 대한 수정사항은 재무제표에 반영되어 있지 않습니다.

(5) 투자수익보장약정
재무제표에 대한 주석 32에서 설명하고 있는 바와 같이 회사는 Pacific Alliance Asset Management ltd.에 투자수익보장약정과 관련하여 약속어음

1매(어음번호 : 자가00286276, 금액 4,950,000천 원)와 현금 1,000,000천 원을 담보로 제공하였습니다. 그리고 동 약정에 대하여 재무제표일 현재로 계약보증손실 1,061,410천 원을 인식하였습니다.

기사에서는 상장폐지의 이유로 전 대표의 배임 혐의를 들었다. 회사 재무제표 주석 32번 내용이다.

32. 우발채무와 주요 약정사항

(1) 진행중인 검찰조사
회사의 대표이사인 박성훈은 2010년 3월 5일자로 지분법피투자회사 ㈜엔티피아 관련하여 횡령 및 배임 혐의로 서울중앙지방검찰청에 고소되었으며, 감사보고서일 현재 그 결과를 확인할 수 없습니다.

팩트를 보면서 직접 판단하는 습관을 가지세요.

필자가 학생일 때와 '전문직'이라는 타이틀을 달고 직장생활을 할 때 달라진 것이 하나 있다. 학생 때는 과제를 발표하거나 리포트를 쓸 때 신문기사를 인용하고 발췌했다. 그것이 사실이라고 생각했기 때문이다. 하지만 이제는 기사를 있는 그대로 믿지 않는다. 대신 기사의 근거가 되는 사실관계를 필자가 직접 확인하는 습관이 생겼다. 물론 모든 기사를 의심하고 따로 확인하는 것은 아니다. 다만 중요한 의사결정은 기사에만 의존하지 않는다. 독자 여러분도 사실이라고 믿고 내렸던 의사결정이 자꾸만 잘못된 결과를 부른다면 그 사실에 대해 의구심을 가져보기 바란다.

돈을 절대
잃지 말라!

Rule No.1: Never lose money.

Rule No.2: Never forget rule No.1.

버핏이 했다는 유명한 격언이다. 투자하면서 가장 중요한 법칙으로 돈을 절대 잃지 말 것을 강조했다. 필자가 이 책에서 가장 많은 부분을 '손실을 줄이는 방법'에 할애한 이유이기도 하다. 다들 '대박 비법'을 알려준다고 할 때 책머리부터 그런 건 알지 못한다고 기대하지 말라고 했다. 낙법부터 배워야 한다. 일단 주식판에서 돈을 다 잃고 쫓겨나는 일이 없어야 회복도 가능하고 인내의 과실도 얻을 수 있다.

2부를 마무리하며 꼭 강조하고 싶은 게 있다. 많은 분량을 할애했지만, 투자에 있어서 가장 기본을 얘기했을 뿐이다. 재무제표를 통해서 최소한 관리종목이나 상장폐지를 당하지 않는 방법이다. 거기서 조금 더 나아가면 증자를 예견한다거나 실적을 부풀리는 속임수를 알아챌 수도 있을 것이다. 하지만 여러 가지 비율로 회사의 위험을 판단한다거나 재무제표 흐름을 읽고 자금 사정을 유추하는 방법 등은 꺼내지도 않았다. 되도록 이것저것 어설프게 건드리고 싶지 않았기 때문이고, 자칫 독자가 '이제 재무제표도 알고, 돈을 잃지 않을 자신도 생겼다'는 생각을 할까 걱정이 들기 때문이다.

인정해라, 주식투자는 어렵다!

많은 사람이 책을 통해 '쉽게 투자하는 법'을 얘기한다. 책 한 권에 주식투자의 처음부터 끝까지를 다 언급하며, 중간에 몇 페이지 할애해 '재무제표 어렵지 않다. 이것만 알면 돼!'를 외친다. 다른 부분에 대해서는 언급하지 않겠지만, 최소한 그들이 말하는 '이것만 알아도 되는 재무제표'에 대해서는 한마디 할 수 있다.

그것만 알아서 뭐가 될까요? 사기 치지 마세요!

'이것만 알면 된다'는 책보다는 '최소한 이 정도는 알아야 된다'는 책이 훨씬 믿음이 간다. 투자가 그렇게 쉽다면 최고의 전문가가 운영하는 펀드수익률이 왜 그 모양일까? 왜 한강 물이 투자자들 눈물 때문에 불어난다고 할까? 왜 증권사가 직접 투자해서 돈을 벌지, 수수료로 돈을 벌까? 투자는 어렵고 위험하다. 주식투자가 운전이라면 필자가 여태 얘기한 건 이제 겨우 '안전띠 매는 법' 정도일 뿐이다. 모든 운전자가 안전띠도 매지 않고 달리고 있으니 스스로가 대단해 보일까 봐하는 경고다. 그래 봤자 사고 나면 다치는 건 매한가지다. 대신 조금이나마 위로가 되길 바라며 한 가지를 말씀드린다.

안전띠만 매도 교통사고 사망률이 1/3로 줄어든다.*

Advice

*도로교통공단 2015년 교통사고 통계자료

3부 수익을 내는 방법

투자를 하면서 수익을 내지 못 한다면 모든 것이 무의미해
진다. 깡통을 세 번 찼지만 정말 좋은 공부 했다는 게 도대체
무슨 위안이 되는가?

좋은 기업에
투자하지 말라!

좋은 기업에 투자하지 말라니…

사실이다. 우리가 투자해야 할 건 좋은 기업이 아니다. 필자 주변의 회계사들이 많이 하는 실수다. 실수의 단계는 이렇다.

1. 재무제표를 분석해서 좋은 회사를 찾아낸다.
2. 매수한다.
3. 망한다!

뭐가 잘못된 걸까? 여기엔 중요한 내용이 하나 빠져 있는데 필자는 이런 투자를 '만수르 투자'라고 부른다. 당신이 가방을 하나 장만한다고 가정하자. 백화점에 가서 우선 좋은 물건을 찾는다. 디자인이나 품질 등 모든 면에서 최고를 자랑하는 '가장 좋은 명품가방'을 찾아낸다. 그리고는 바로 사버리는가? 만수르 같은 억만장자가 아니고서야 이렇게 물건을 사지는 않을 것이다. 대다수의 사람은 마음에 드는 가방을 찾으면 먼저 가격표를 확인한다. 그리고는 조용히 내려놓게 된다. 품질이나 상세한 제품상태를 살펴보기 전에 먼저 가격표부터 확인하고는 아예 외면하는 경우도 많다. 주식을 사는 것도 이래야 하지 않을까?

사람들은 대부분 좋은 주식을 찾는다. 누군가에게 전해 들었든 본인이 발굴했든 주식을 살 땐 좋은 주식이라 생각하고 사는데, 문제는 가격표를 확인하지 않는다는 것! 물론 가격은 확인하지만, 주식이라는 것은 일반 물건과 가격체계가 좀 다르다. 가방은 10만 원짜리보다 100만 원짜리가 확실히 비싸지만, 주식은 10만 원짜리보다 100만 원짜리가 더 비싸다고 할 수 없다. 발행한 주식 수가 모두 다르기 때문이다. 삼성전자가 2018년에 액면 5,000원짜리 주식을 100원으로 액면 분할했는데, 액면 분할 전의 250만 원이나 액면 분할 후의 5만 원이나 같은 가격이다. 250만 원과 5만 원이 같은 가격이라는 혼란 때문에 사람들은 '싸게 사야 한다는 원칙'을 자꾸 잊거나 무시한다. 수익을 내기 위해 필요한 것은 '좋은 기업'에 투자하는 것이 아니라, '좋은 기업을 싸게 사는 것'이다.

이 장에서는 '싸게 사는 것'에 관한 얘기를 할 것이다. 좋은 기업에 관해 얘기하는 것이 먼저겠지만, 이런 내용은 간단하지가 않다. 그리고 시중에 이미 상당수의 책이 나와 있다. 이른바 '투자 필독서'라 불리는 고전들을 찾아보기 바란다. 대부분의 책이 좋은 기업이나 좋은 종목을 찾는 방법에 관한 내용인데, 어마어마한 분량에 기가 질릴 수도 있다. 그러니 필자가 거기에 또 한 권을 더하는 것은 나중으로 미

재무제표로 주식을 싸게 살 수 없다는 건 몰랐지?

루겠다. 이 책은 초보 투자자를 대상으로 하므로,(필자가 생각하는 초보에 독자가 해당하는지는 1, 2부를 통해서 파악했을 것으로 생각한다.) 여기서는 가장 중요한 내용에 집중하기로 한다.

주식을 싸게 사라고들 하는데, 도대체 얼마가 싼 거냐?

투자의 원칙은
하나다!

〈2부〉에서 투자가 어렵다고 했는데, 이는 투자를 통해서 돈을 벌기가 어렵다는 얘기이다. 투자 자체는 어렵지가 않다. 투자의 원칙이 있다면 무엇일까? 어렵게 생각하지 말자. 투자를 왜 하는가? 돈이 남아돌아 쓸 데가 없어서 여가활동으로 투자하시는 분이 많지는 않으리라(없다고 단정 짓기에는 세상에 다양한 사람이 있기에) 생각한다. 결국, 투자를 하는 목적은 '돈을 벌기 위해서'이다. 돈을 벌기 위해서는 어떻게 해야 할까? 여기에는 단 하나의 원칙이 있다.

싸게 사서 비싸게 파는 것이다.

투자에 있어서 이 이상의 원칙이 있을까? 결국, 이걸 위해서 정보를 찾고 공부도 하는 것이다. 그럼 여기서 말하는 '싸다'는 것은 어떤 의미일까? 관리종목에 들어가 있는 50원짜리 주식. 싸다! 아이들 과자 한 봉짓값으로도 여러 주를 살 수 있다. 그렇다고 이걸 사자는 얘기는 아니다. 주식에 있어 싸다는 것은 '가격'과 '가치'를 비교해서 가격이 가치보다 낮은 상태를 말한다.

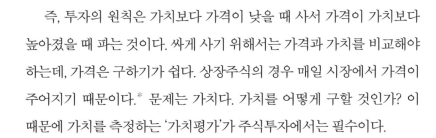

가격 > 가치 : 비싸다
가격 < 가치 : 싸　다

즉, 투자의 원칙은 가치보다 가격이 낮을 때 사서 가격이 가치보다 높아졌을 때 파는 것이다. 싸게 사기 위해서는 가격과 가치를 비교해야 하는데, 가격은 구하기가 쉽다. 상장주식의 경우 매일 시장에서 가격이 주어지기 때문이다.* 문제는 가치다. 가치를 어떻게 구할 것인가? 이 때문에 가치를 측정하는 '가치평가'가 주식투자에서는 필수이다.

가치평가를 할 수 없다면 싸게 살 수도, 비싸게 팔 수도 없다.

투자를 '가치투자'와 '성장주 투자' 등으로 구분하는 경우가 있는데, 필자는 동의하지 않는다. 필자의 생각에 모든 투자자는 가치투자자이다. 성장주에 투자하는 사람은 성장을 회사의 가치로 보고 투자하는 것이다. 가치투자를 하는 사람은 회사의 성장을 고려해서 미래의 가치를 내다보아야 한다.** 누구든 주식을 싸게 사서 비싸게 팔기를 바란다. 싸거나 비싸다고 판단하는 기준이 있으면 그것이 바로 가치평가이고 그 방법이 가치투자가 될 것이다. 만약 가치를 판단하는 기준이 없다면 그것은 투자가 아니라 투기로 보아야 할 것이다.

당신에게는 주식가치를 판단하는 기준이 있는가?
당신은 투자자인가 투기꾼인가?

Advice

＊벤저민 그레이엄의 비유에 의하면 변덕쟁이 '미스터 마켓'이 매일매일 가격을 제시한다.

Advice

＊＊이와는 별개로 트레이더와 투자자는 다르다. 이에 대한 구분과 차이점은 필자가 출연한 유튜브 채널 '삼프로TV'의 '여의도 일타강사에게 듣는 재무제표 제대로 읽는 법' 편이나 필자의 유튜브 채널 '사경인TV'에서 '가치투자와 단타 중 뭐가 맞을까?', '투자자와 트레이더의 주장을 구분해야 한다' 편에 설명하고 있다. 투자에 대한 근본적인 인사이트를 제시하니 반드시 시청해보시기 바란다.

주식가치를
측정하는 방법들

주식의 가치를
알아야 싼 건지
비싼 건지
알 수 있다고.

앞에서 말한 대로 결국 주식투자라는 건 가격과 가치를 비교하는 데서 시작해야 한다. 주식의 가치를 어떻게 평가할까? 가장 많이 쓰는 방법은 이익을 바탕으로 측정하는 것이다. 기업의 존재 목적 자체가 '이익을 내는 것'이므로, 이익을 많이 내는 회사는 가치도 높을 것이라는 생각이다. 이 때문에 가격(price)과 이익(earning) 간의 비율(ratio)을 따져보면 이 주식이 비싼지 싼지를 알 수 있다는 것이다. 이것이 바로 PER(Price Earning Ratio)이다.

다른 방법으로는 기업의 장부상 가치를 기업가치로 보는 방법이 있다. 회사의 재산은 장부에 자산으로, 갚아야 할 빚은 부채로 기재된다. 자산에서 부채를 빼고 나면 주주들이 가져갈 몫인 자본이 되는데, 이것이 바로 주주가 보는 회사의 가치이다. 따라서 가격과 장부가치(book value)를 비교해 싼지 비싼지를 가늠하는 것이 바로 PBR(Price Bookvalue Ratio)이다.

또한 PER의 문제점을 보완하기 위해 현금흐름으로 평가하는 방법이 있다. PER은 이익을 기반으로 기업의 가치를 판단하는데, 여기서 이익이라는 것은 여러 가지 회계상의 가정에 따라 달라진다. 간단한 사례를 보자. 귀금속 도매상이 순금을 매입해서 팔고 있다. 1월 1일에 금 1돈을 20만 원에 매입하였고, 1월 11일에 다시 1돈을 매입하는데, 시세가 올라서 22만 원에 매입했다. 그리고 1월 21일 고객의 주문으로 1돈을 24만 원에 팔았다면, 이때 도매상의 이익은 얼마일까? 금을 판 가격은 24만 원이지만 원가를 얼마로 보아야 할지 고민이다. 1일에 사 온 것이 팔렸다면 이익은 4만 원이지만,(선입선출법) 11일에 사 온 것이 팔렸다고 보면 2만 원의 이익이다.(후입선출법) 아니면 둘을 평균 내서 3만 원이라고 볼 수도 있다.(평균법) 이런 것을 회계상으로 '원가 흐름의 가정'이라고 하는데 무슨 방법을 쓰느냐에 따라 이익이 2만 원에서 4만 원으로 2배까지 차이가 난다. PER에 따르면 똑같은 회사의 가치가 회계처리 방법에 따라 2배가 달라져버리는 것이다. 이렇게 이익은 회계처리 방법에 따라 달라지기 때문에* 이익 대신 현금흐름으로 평가해야 한다는 주장이 있다.** 현금이 들어와야 그것이 회사가 벌어들이는 진짜 가치라는 것이다. 이렇게 현금흐름(cashflow)을 기업가치의 척도로 보는 것이 PCR(Price Cashflow Ratio)이다.

초창기 벤처기업이나 바이오 회사의 경우에는 어떻게 가치를 평가해야 할까? 이들 기업은 아직 이익도 나지 않고 장부상의 가치도 크지 않다. 들어오는 현금도 없기에 앞의 세 방법 모두 적용하기가 힘들다. 그래서 이런 회사에 가장 중요한 것은 '그래서, 어떻게 돈을 벌 건데? 매출이 찍히기 시작하나?'이다. 페이스북이 상장할 당시 가장 큰 의문이 바로 이 부분이었다. 분명 가입자 수는 중국 인구랑 맞먹을 정도로 많지만, 뭘로 돈을 벌 것인지 아직 보여주지 못했다는 것이다. 그

Advice

＊회계상의 이익이 경영자의 의도에 따라 어떻게 달라질 수 있는지는 〈2부〉에서 관리종목 편입이나 상장폐지를 피하고자 회사가 썼던 여러 가지 방법들만 봐도 알 수 있을 것이다.

＊＊이익과 현금흐름 중 어떤 것이 더 중요한지에 대해 필자의 의견을 묻는다면 이렇게 답할 것이다. "둘 다 중요합니다!" 비겁하게 들리겠지만, 이것이 사실이다. 중요한 건 왜 이익과 현금흐름의 차이가 나는지 그 이유를 확인하는 것이다. 필자가 증권사에서 강의하며 2012년 GS건설, 2013년 우양에이치씨, 2014년 대우조선해양 등에 경고했던 이유도 바로 이익과 현금흐름의 차이 때문이다.

래서 이런 기업들의 기업가치는 매출액(sales)을 척도로 삼아야 한다는 주장이 PSR(Price Sales Ratio)이다. 이 외에도 여러 가지 방법이 있지만, HTS에서 '투자지표'를 선택했을 때 가장 많이 등장하는 것들이 이상 설명한 네 가지 정도이다. 아래는 증권사 HTS 화면 중 투자지표 일부를 캡처한 것이다.

Multiples

PER	11.17	7.83	9.78	11.47
PCR	6.67	5.05	5.49	5.41
PSR	1.29	1.02	1.09	1.07
PBR	2.08	1.54	1.32	1.15

위에서 설명을 그림으로 나타내면 다음과 같다.

재무제표가 투자의 기본인 이유 중 하나가 바로 여기에도 있다. 가치 측정의 척도가 되는 지표가 모두 재무제표에서 나오기 때문이다. 이익과 매출액은 손익계산서에서, 장부가치는 재무상태표에서, 현금흐름은 현금흐름표를 통해 확인할 수 있기 때문에 재무제표분석을 '기본적 분석'이라고 하는 것이다.

재무제표를 볼 줄 모른다면 주식의 가치를 매기기가 어렵고, 싸게 사서 비싸게 파는 투자의 원칙도 지키기가 힘들다.

상대가치법은
문제가 있다

Advice

*본격적으로 가치평가를 다루는 책은 아니므로 각각의 방법에 대한 설명은 생략한다. 시중에 있는 가치평가서적이나 인터넷 검색으로도 각 방법에 대한 이해는 가능할 것으로 기대한다. 가장 많이 사용하는 PER에 대한 설명만 〈Check Point〉 코너에 보충한다.

애널리스트들은 목표 주가를 산정할 때 어떤 방법을 쓸까? 리포트에 사용된 가치평가 방법은 대략 10여 가지 정도 되는데 이를 분류해보면 다음과 같이 정리할 수 있다.*

	절대가치	상대가치
자산가치	NAV	PBR
수익가치	DCF, EVA, RIM	PER, EV/EBITDA, PSR, PCR

좌측의 분류는 기업의 가치를 자산가치로 볼 것인가, 수익가치로 볼 것인가에 따른 분류이다. 쉽게 예를 들어보자. 자산 100억 원에 이익이 10억 원 나는 A기업과, 자산 50억에 이익이 20억 원 나는 B기업이 있을 때 둘 중 어느 회사의 가치가 더 높다고 생각되는가? 그리고 두 기업 모두 200억 원에 거래된다면 어느 기업에 투자하겠는가? 이

문제에서 기업가치를 자산가치로 측정할 것인가, 수익가치로 측정할 것인가에 대해 논란이 생긴다. 시장에서는 아무래도 수익가치법을 더 많이 사용한다. 회사의 존재 목적이 많은 자산을 거느리는 것보다는 많은 이익을 내는 데 있다고 보기 때문이다. 표 상단의 분류는 회사의 가치를 다른 누군가와 비교해서 판단할 것인가(상대가치법), 아니면 독립적으로 정할 것인가(절대가치법)의 문제이다.

100평짜리 상가건물에 투자한다고 가정하자. 건물의 가치를 측정하는 방법으로는 먼저 주변 시세와 비교하는 방법이 있다. 근처에 조건이 비슷한 건물을 찾아 확인하니 평당 시세가 1,000만 원 정도 한다면 10억 원의 가격을 매길 수 있을 것이다. 이렇게 비슷한 비교 대상을 찾아서 단가(평당가격)를 산정하고, 대상에 적용하는 방법이 상대가치법이다.

다른 방법으로는 임대수익률을 따져 보는 방법이다. 현재 상가건물을 보증금 없이(계산의 편의를 위해) 월세 500만 원에 임대계약을 체결한 상태라고 가정하자. 만약 투자자가 은행에서 연 6% 이자로 돈을 빌릴 수 있다면 월세로 이자를 충당할 수 있는 원금은 얼마일까? 1년에 월세 수입은 500만 원씩 12개월로 6,000만 원이다. 월세로 이자를 충당하면 연 6,000만 원까지는 충당할 수 있으므로, 10억 원까지는 빌릴 수 있다. 만약 이 건물을 10억 원 이상의 금액으로 취득하면 은행이자로 나가는 돈이 월세보다 많아지므로 최대한 빌릴 수 있는 금액은 10억 원이 될 것이다. 이렇게 투자대상 자체에서 나오는 이익이나 현금을 통해 가치를 평가하는 것이 절대가치법이다.

시장에서 많이 쓰는 방법은 상대가치법이다. 일단 적용이 쉽고 논란이 적다는 게 가장 큰 이유이다. 글을 쓰는 필자도 상대가치법은 짧게 설명할 수 있었지만, 절대가치법은 자꾸 글이 길어지지 않는가. 그

리고 분명 글을 읽는 독자 중 누군가는 '월세소득에 대해서는 세금을 내야 하는데 이자랑 같아지면 손해지'라고 생각하거나,＊ '차입을 하지 않고 자기 돈으로 투자하면 어떻게 되느냐, 예금해봤자 이자를 3%밖에 못 받는 상황이라면 20억 원에 사더라도 이득 아니냐' 혹은 '건물가격이 상승하는 것도 반영해야 하지 않냐'라는 독자도 있을 것이다. 이렇듯 절대가치법은 어렵고 복잡해서 적용하기가 쉽지 않기 때문에 상대가치법을 많이 사용한다.

하지만 상대가치법에는 커다란 한계가 있다. 먼저, 비교하는 상대방을 어떻게 정하느냐에 따라 가치가 달라진다. 필자 친구의 아내는 ('친구의'라고 적었다는 것을 필자의 아내가 알아주기 바란다) 종종 백화점 세일 기간에 가전제품을 사고는 이렇게 얘기한다.

"원래 100만 원에 팔던 제품인데 세일기간이라 80만 원에 샀어. 싸게 잘 샀지?"

인터넷 최저가가 60만 원이라는 것을 확인한 친구는 아내의 순수함이 사랑스러울 수밖에 없다. 비교하는 대상이 백화점의 정가 제품이라면 싼 가격이겠지만, 인터넷 최저가 제품이라면 비싼 가격이 되는 것이다. 이처럼 같은 가격이더라도 비교하는 상대에 따라 싸기도 하고, 비싸기도 하다. 또 이런 경우는 어떨까? 연세 지긋하신 어르신이 휴대전화 매장에 들러 "스마뜨뽄인가 뭔가 그거 하나 줘봐요"라고 하신다. 그러면 매장 직원이 출시된 지 5년이 넘은 구형 기기를 창고에서 꺼내와 먼지를 털며 이렇게 얘기하는 것이다.

"이게 예전에는 100만 원까지 했던 제품인데, 반값인 50만 원에 엄청 싸게 드리는 거예요"

양심 없는 상인이 사기 치는 소리로 들릴 것이다. 만약 옆에서 그

광경을 목격했다면 어떻게 하겠는가? 가게 주인을 나무라거나, 어르신 손을 잡고 다른 매장으로 이끌어야 할 것이다. 그럼 이건 어떤가?

"38,000원 하던 주식이 10,000원대까지 떨어졌으니 바닥이에요. 쌀 때 주워 담으세요"

필자가 매우 자주 듣는 얘기다. "대우조선해양 38,000원 하던 게 15,000원까지 떨어졌으니 이제는 들어가 볼 만 하지 않을까요?" 이런 류의 얘기를 들으면 휴대전화 매장에서 까막눈 어르신을 만난 심정이 된다. 상대가치법의 비교대상이 한창 잘나갔던 시절의 과거 가격이어서는 안 된다. 'PER이 40이던 주식이 20까지 떨어졌으니 바닥이다'라고 판단할 수는 없다는 것이다. 필자는 사실 모범이 되는 비교상대를 알지 못한다. 도대체 무엇과 비교해야 확실히 싸다고 결론 내릴 수 있을까? 시장 평균 PER이 20인데 회사의 PER이 10이면 싸다고 할 수 있을까?

2008년의 예를 들어 보자. 그해 5월 종합주가지수가 1,900포인트를 넘었는데, 6개월이 지나지 않아 반 토막이 났다. 1,900포인트였던 지점에서 아무리 '상대적으로' 싼 종목에 투자한들 수익을 낼 수 있겠는가? 절대가치가 가지는 우월성은 여기서 나타난다. 주변 상황이 아닌 기업 자체를 보고 판단하기 때문에 1,900포인트에서는 비싸서 팔아야 했고 1,000포인트에서는 싸니까 사야 한다는 결론이 나오는 것이다.

최고 1,901.13 (05/19)

LC:26.34
HC:-40.7

1,700.00
1,600.00
1,500.00
1,400.00
1,300.00
1,200.00
1,127.19
-4.11%
1,000.00
900.00

최저 892.16 (10/27) →

2008/04 06   07   08   09   10   11   12   2009/01 02   02/17

Advice

＊물론 상대가치법도 유용하게 활용할 수 있다. 하지만 필자에게 굳이 하나를 고르라면 절대가치법을 선택할 것이고, 한정된 지면을 할애해야 한다면 이처럼 상대가치법을 성큼성큼 밟고 지나갈 것이다.

＊＊필자가 만난 대부분의 증권사 직원은 고객의 수익률을 올리기 위해 열심이신 분들이었다. 고객이 손실을 보고 있는데 수수료 챙겼다고 좋아하는 직원은 만나본 적이 없다. 하지만 필자에게 "회계사님처럼 투자하면 증권사는 돈 못 벌고 망해요."라고 하시는 분들도 있었던 게 사실이다. 고객의 수익률과 회사의 실적 사이에서 혼란스러워하고 괴로워하는 직원들이 많다는 걸 증권사의 CEO가 지금보다 더 절실하게 느꼈으면 한다.

　　필자의 사견이지만, 시장에서 상대가치법을 더 많이 쓰는 이유는 한 가지가 더 있다.＊ 바로 증권사 입장에서 유리하다는 점이다. 증권사의 주된 매출은 수수료 수익이다. 고객이 거래를 많이 해야 증권사가 돈을 버는 구조다. 이때 상대가치법을 적용하면 시장 상황에도 상관없이 상대적으로 싼 종목을 추천하고 매매하도록 유도할 수 있다. 휴대전화 매장의 건물주가 판매실적의 1%를 임대료로 받는다고 가정하자. 매장에서 노인에게 사기를 치더라도 모른 척할 수밖에 없지 않겠나. 하지만 건물주가 명심해야 할 것이 있다. 시간이 지나서 소문이 돌면 상가를 찾는 손님 자체가 줄어드는 것이다.＊＊ 증권사가 수수료 수익에 목메는 동안 주식시장에 대한 신뢰도는 어떻게 됐는가? '주식하는 남자는 만나지도 말라'고 까지 돼버렸다.

이자율이 1%인 상황에도 사람들이 주식투자를 꺼리는 데는 증권사의 책임도 크다.

PER의 의미와 활용

형님, PER이 뭐예요? 낮을수록 좋다면서요?

　주식투자자가 가장 많이 언급하는 것 중의 하나가 PER이지만, 막상 그 의미를 명확히 설명하기란 쉽지 않다. 본문에서 설명한 대로 PER의 사전적 의미는 Price Earning Ratio로 '주가수익비율'을 의미한다. PER은 여러 가지 의미로도 설명할 수 있다. 필자는 초보 투자자가 위와 같은 질문을 하면 직관적으로 이해하기 쉽도록 이렇게 얘기한다.

본전 찾는 데 걸리는 시간! 짧을수록 좋겠죠?

　'본전 찾는데 걸리는 시간'을 있어 보이는 말로 '회수 기간'이라고 한다. 만약 당신이 채권에 투자했다고 가정하자. 액면가 10만 원, 이자율 5%, 만기 3년인 채권에 투자했다면 만기가 되는 3년 뒤에 원금을 받을 수 있다.*** 그렇다면 1만 원짜리 주식에 10주를 투자했다면 언제 원금을 찾을 수 있을까? 주식은 채권과 달리 만기나 상환이라는 개념이 없다. 주식에 만기가 있다면 그 날짜에 회사를 닫겠다는 얘기밖에 안 된다.**** 이렇게 만기가 없는 주식에 투자했을 때 원금을 돌려받는 방법은 두 가지가 있다. 첫 번째는 해마다 꼬박꼬박 배당을 받는 것이다. 1만 원짜리 주식으로 해마다 100원씩 배당을 받으면 100년 뒤에는 배당만으로도 투자원금 1만 원을 회수할 수 있다.

***학교에서 재무관리를 배운 사람은 '듀레이션'을 계산해서 3년이 채 안 되는 기간이라고 주장할 수도 있겠지만, 어려운 얘기는 '일단' 접어두자.

****예외적으로 상환우선주처럼 상환이 예정된 주식도 있지만, 그런 예외적인 상황도 '일단' 접어두자.

두 번째 방법으로 주가가 오르면 처분해서 원금을 찾는 방법이 있다. 1만 원에 10주를 사고, 주가가 2만 원이 되면 그중 5주를 팔아 원금을 찾을 수 있다. 주식에 투자한 원금은 이렇게 배당과 주가 상승분을 통해서 회수하게 된다. 단, 배당이든 주가 상승이든 둘 다 이익이 생겨야 가능하다.

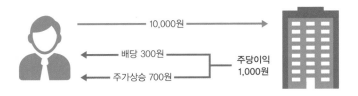

　어떤 회사의 주가가 1만 원이고, 주식 수는 10,000주로 회사의 가치(시가총액)는 1억 원이다. 만약 이 회사의 당기순이익이 1천만 원이라면 주당 이익은 1천만 원/10,000주 = 1,000원이 된다. 이제 이 회사가 이익의 30%를 배당한다고 하자. 그러면 총 배당금은 3백만 원에 주당 배당금은 300원이 된다. 회사가 벌어들인 이익 1천만 원 중 배당을 하지 않고 남은 7백만 원은 이익잉여금으로 회사 내부에 남게 되고, 그만큼 회사의 가치와 주가는 상승한다. 원래 1억 원이던 회사의 가치는 이제 7백만 원이 증가하여 1억7백만 원이 되고, 적정주가는 10,700원이 된다. 주주 입장에서 부가 얼마나 증가했는가? 배당금 300원과 주가 상승분 700원의 합계인 1,000원만큼 부가 증가한다. 결국, 회사가 벌어들인 이익만큼 주주의 부도 함께 증가하는 것이다. 그리고 이렇게 주식에 투자한 자금은 회사가 벌어들인 이익으로 회수하게 된다. 주가가 1만 원이고 주당이익이 1,000원이라면 PER은 10,000/1,000 = 10이 되는데, 이 종목에 투자하면 대략 10년 정도 걸려 원금을 회수하고 11년째부터는 공짜수익이 생겨난다는 의미이다. 만약 회사의 PER이 2라면 1만 원짜리 주식의 주당이익이 5,000원이나 된다는 얘기로, 사 놓고 2년만 기다려도 원금이 회수

된다는 의미이다. PER이 낮을수록 원금회수가 짧고 위험에 노출되는 기간이 줄어들기 때문에 같은 조건이라면 PER이 낮은 주식의 투자 매력이 더 높다. '이왕이면 PER이 낮을수록 좋다'고 하는 이유이다.

하지만 PER이 낮다고 해서 무조건 저평가로 단정할 수는 없다. 2015년 KRX 자동차 업종 평균 PER이 6배 수준인 데 반해 헬스케어 업종은 60배에 달한다. 단순히 자동차 업종이 헬스케어에 비해 10배나 저평가 혹은 반대로 10배나 고평가된 걸까? PER이 낮다는 건 그만큼 성장에 대한 기대가 없다는 얘기이기도 하다. PER이 60배라면 1만 원짜리 주식의 주당이익이 167원밖에 안 된다는 얘기이고, 이대로라면 원금을 회수하는 데 60년이나 걸린다는 뜻이다. 그럼에도 불구하고 그 가격에 주가가 형성되는 이유가 무엇일까? 지금 당장은 167원밖에 이익이 안 나지만 해가 갈수록 주가가 급등해서 회수기간이 당겨질 것이라는, 성장에 대한 기대가 있기 때문에 그 가격에 거래되는 것이다.

PER이 성장에 대한 기대를 반영하지 못한다는 단점을 보완하기 위해 등장한 것이 PEGR(Price Earnings to Growth Ratio)이다. PEGR은 PER을 회사의 이익성장률로 나누어 계산한다. A와 B 두 기업이 있는데, A기업의 PER은 10이고, B기업의 PER은 20이다. 단순히 PER만 보면 A기업이 저평가되었다고 할 수 있다. 그런데 만약 A기업의 이익증가율이 연 5%이고, B기업의 이익증가율이 20%라면 오히려 B기업이 저평가되었다고 볼 수 있다. 이익증가율의 차이는 4배나 되는데 PER은 2배밖에 되지 않기 때문이다. 이렇게 PER을 이익증가율로 나누어서 계산한 것이 PEGR이다.

	PER	EPS* 증가율	PEGR
A	10	5%	10/5 = 2
B	20	20%	20/20 = 1

＊Earning Per Share, 주당 순이익을 의미한다.

PEGR을 일반 대중에 가장 먼저 소개한 것으로 알려진 피터 린치는 기준을 1로 잡고 0.5 이하이면 저평가로 매수, 1.5 이상이면 고평가로 매도하기를 권했다고 전해진다. 여기에 일반투자자가 알아야 할 중요한 포인트가 있다. 본문에서 언급한 소위 '성장주 투자자'라고 하는 사람들이 성장주에 대해서는 일반적인 평가가치(밸류에이션)나 PER을 적용할 수 없고, 성장성을 봐야 한다고 주장한다. 그렇다면 그 성장성을 어떻게 봐야 할까? 성장할 것이기 때문에 PER이 30배, 60배, 심지어 100배여도 고평가가 아니라고 얘기할 수 있을까? 위에서 피터 린치가 주장했다는 적정 PEGR에 힌트가 있다. 적정 PEGR이 1이라는 것은 PER이 회사의 이익증가율보다 낮아야 저평가로 볼 수 있다는 의미다. 만약 PER이 30배여도 절대 비싸지 않다고 말하기 위해서는 회사의 이익이 연 30%씩 증가해야 한다. 또 위에서 언급한 헬스케어 업종의 평균 PER 60이 고평가가 아니라고 하기 위해서는 헬스케어 업종의 이익성장률이 연 60%는 나와야 한다는 얘기이다. 연 60%씩 성장할 수 있는 구조인지 확인하기 위해서는 손익구조와 레버리지에 대한 분석이 필요하고, 이 때문에 재무제표에 관한 공부가 선행되어야 하는 것이다.

초보자를 위하여 간단히 참고할 수 있는 사례를 들어보겠다. 초판을 집필하던 2016년까지 주가가 크게 오른 '아모레퍼시픽'의 PER을 HTS에서 확인하니 40.81이었다.

이대로라면 이 종목에 투자해서 원금을 찾는 데는 41년이 걸릴 것이다. 하지만 회사의 이익이 성장한다면 이 기간은 훨씬 단축된다. PEGR관점에서 만약 회사의 연평균 이익증가율이 40%를 넘어선다면 현재 주가가 꼭 고평가라고 하기도 힘들 것이다. 그렇다면 회사의 이익증가율은 얼마나 될까? 재무비율에 나타난 회사의 EPS 증가율을 확인해보자.

재무비율 [누적]					단위 : %, 억원
IFRS(연결)	2012/12	2013/12	2014/12	2015/12	2016/06
안정성비율					
유동비율	192.7	178.3	219.2	210.3	229.8
부채비율	29.1	32.5	33.9	31.8	28.8
유보율	6,666.5	7,306.3	8,188.2	9,599.1	10,615.6
순차입금비율	N/A	N/A	N/A	N/A	N/A
이자보상배율	171.9	149.2	217.5	252.0	
자기자본비율	77.5	75.5	74.7	75.9	77.6
성장성비율					
매출액증가율	11.5	8.8	25.0	23.0	22.0
판매비와관리비증가율	16.3	11.1	25.5	23.8	22.2
영업이익증가율	-2.0	1.2	52.4	37.1	19.0
EBITDA증가율	2.8	5.7	41.8	31.4	19.0
EPS증가율	-17.3	-0.9	41.5	52.3	5.3

2014년과 2015년의 EPS 증가율이 각각 41.5%와 52.3%이다. 이 정도 성장률이라면 PER이 40이더라도 반드시 비싸다고 만은 할 수 없다. 다만 2016년 반기 이익 증가율이 5.3%로 하락했다. 과연 예년 수준의 EPS 증가율을 다시 달성할 수 있을지에 대한 분석과 판단이 필요하다.

절대가치법의 원리는
어렵지 않다

이론상으로 절대가치법이 더 우월함에도 추정해야 할 변수가 많고 복잡하다는 이유로 잘 쓰이지 않고 있다. 하지만 지레 겁먹지는 않았으면 좋겠다. 사실 절대가치법의 원리는 그리 어렵지 않다. 당신이 오피스텔을 빌린다고 해보자. 마음에 드는 임대물건이 있는데 조건은 '6,000/40'이다. 보증금 6,000만 원에 월세가 40만 원이라는 얘기다. 모든 게 마음에 들지만, 보증금에 해당하는 목돈이 부족한 당신은 주인에게 월세를 높이는 대신 보증금을 낮출 수 있는지 물어보았다. 주인은 흔쾌히 그러자고 한다. 전세를 월세로 전환할 때 적용하는 전월세 전환율을 6%라고 할 때, 보증금을 1,000만 원 낮추면 월세는 얼마를 더 올려줘야 할까? 전월세전환율은 연으로 계산하기 때문에 1,000만 원에 대한 월세 해당액은 연 60만 원(1,000만 원 × 6%)이다. 따라서 매달 지급할 월세는 5만 원(60만 원/12)이 된다. 즉, 보증금을 1,000만 원 낮출 때마다 월세를 5만 원씩 올려줘야 하므로 다음과 같이 보증금과 월세 간의 대체가 가능할 것이다.

보증금/월세	6,000/40	5,000/45	4,000/50	3,000/55	2,000/60

그럼 반대로 월세를 100% 전세로 전환하면 보증금은 얼마일까? 월세 5만 원당 보증금 1,000만 원에 해당하므로 40만 원의 월세를 없애는 대신 8,000만 원만큼 보증금을 올려줘야 할 것이다. 그럼 전세로는 1억 4,000만 원이 된다. 월세를 구해본 독자들이라면 이 정도 계산은 이해하리라 본다.

$$6,000 + \frac{40 \times 12}{6\%} = 6,000 + \frac{40}{0.5\%} = 14,000$$

이게 절대가치법이다!

이렇게 월세를 전세로 전환할 수 있는 절대가치법을 이용해서 기업가치와 주식가치도 계산할 수 있다. 다음과 같이 가정해 보자. 어떤 회사가 가지고 있는 자산 중에 영업에 사용하지 않는 금융자산 6,000억 원이 있다. 그리고 영업에서는 매월 40억 원 정도의 이익이 발생한다. 이 기업의 가치는 얼마일까? 1조 4,000억 원이다. 식은 위에서 월세를 전세로 전환하는 것과 같다. 집주인 입장에서 소위 반월세 6,000/40이 전세 1억 4,000만 원과 같다. 마찬가지로 회사의 주인인 주주 입장에서 금융자산 6,000억에 월 40억 원의 이익은 1조 4,000억 원의 금융자산과 같다. 이렇게 미래에 벌어들일 이익을 적절한 할인율로 할인해서 계산하는 것이 절대가치법이다.

$$6,000억 + \frac{40억 \times 12}{6\%} = 14,000억$$

절대가치법에 어마어마한 수학적 지식이 필요한 것은 아니다!

아파트의 적정가격을 절대가치법으로 구해보자. 같은 단지에 같은 면적의 아파트라도 가격은 층마다 다를 수 있다. 방향이나 조망권 등에 따라 소위 '로열층'이 존재하는데 이 로열층의 가치를 구하는 문제이다.

> ### 📅 문제
> 평균시세가 4억 원인 아파트 단지가 있다. 일반층의 임대수익률이 5%인데, 로열층의 임대료는 다른 층보다 연간 200만 원이 더 비싸다. 이 경우 로열층을 얼마에 거래하면 적정할까?

이 문제를 푸는 방법은 여러 가지가 있다. 가장 쉬운 방법으로는 임대료의 배수를 적용하는 방법이다. 평균 시세가 4억 원인 일반층의 임대수익률이 5%라면, 연 임대료는 4억 원의 5%인 2,000만 원 수준이다. 그런데 로열층은 이보다 200만 원이 더 비싸므로 임대수익이 10% 만큼 더 나온다. 따라서 부동산 가치도 10% 만큼 더하면 '4억 + 4억의 10%'인 4억 4,000만 원이 적정가격이 될 것이다. 이런 식으로 구하는 것이 일종의 PER이다. 일반층 아파트의 가격(price) 4억 원과 임대료로 벌어들이는 이익(earning) 2,000만 원의 비율(ratio)이 20배다. 로열층도 이 비율 20배를 적용해서 2,200만 원의 20배인 4억

＊〈Check Point〉의 영구흐름의 현재가치를 참조하기 바란다.

4,000만 원으로 가치를 정하는 것이다.

아니면 이렇게 계산할 수도 있다. 로열층 아파트를 살 경우 계속해서 임대료로 연 2,200만 원의 현금 수입이 기대된다. 여기에 임대수익률 5%를 적용하여 영구현금흐름의 현재가치를 구하는 것이다.＊ 다음과 같이 4억 4,000만 원으로 계산한다.

$$PV = \frac{C}{r} = \frac{2,200}{0.05} = 44,000$$

이렇게 구하는 방법을 '현금흐름할인법(DCF: Discounted CashFlow)'이라고 한다. 앞으로 예상되는 현금흐름(cashflow)을 추정한 다음 적정할인율로 할인해서(discount) 현재가치를 구하는 방법으로, 절대가치법 중 가장 많이 쓰는 방법이다.

또 다른 방법으로는 이렇게 접근할 수도 있다. 아파트의 시세가 4억 원인데 로열층은 프리미엄이 붙는다. 이 프리미엄의 가치를 어떻게 계산할까? 일반층보다 임대수익이 연 200만 원 더 발생하는데, 이것이 바로 프리미엄에 해당할 것이다. 초과로 얻는 200만 원의 이익이 계속된다고 가정하면 마찬가지로 프리미엄의 현재가치는 4,000만 원($\frac{200}{0.05} = 4,000$)이 될 것이다. 일반층의 가격에 이 프리미엄을 더하면 4억 4,000만 원의 가치가 산정된다.

$$40,000 + \frac{200}{0.05} = 44,000$$

이렇게 구하는 방법을 '잔여이익모델(RIM: Residual Income Model)' 혹은 '초과이익법'이라 부른다. DCF나 RIM 같은 모델이 PER보다는 약간 더 복잡하지만, 이해가 안 되고 적용할 수 없는 수준은 아닐 것이다. 결국, 사용한 건 덧셈과 곱셈, 나눗셈뿐이다. 수학적으로 더 어려울 것은 없다. 다만 계산을 위해 필요한 미래의 현금흐름이나 이익을 추정하는 수고가 필요하고, 할인율을 산정하는 것이 생각보다 까다로울 뿐이다.

영구현금흐름의 현재가치

학교에서 재무관리를 배우면 가장 먼저 공부하는 것 중 하나가 바로 '현재가치'이다. 현재가치 계산의 출발점은 바로 '현재의 1원은 미래의 1원보다 가치가 크다'이다. 누군가 당신에게 100만 원의 현금을 주겠다고 한다. 당신은 두 가지 선택이 가능하다. 첫 번째는 지금 당장 100만 원을 받는 것이고, 두 번째는 10년 뒤에 100만 원을 받는 것이다. 무엇을 선택하겠는가? 아마도 두 번째를 선택하는 사람은 없을 것이다. 일단 미래가치에는 불확실성이 있다. 우선 10년 뒤에 내가 살아 있다는 보장이 없다. 게다가 화폐에는 '시간가치'라는 것이 있다. 지금 당장 100만 원을 받아 은행에 넣어두기만 해도 이자가 붙어나 10년 뒤에는 100만 원보다 가치가 크다는 개념이다. 우리가 신용카드를 만들면 지출이 늘어나는 이유도 현재 100만 원의 가치가 한 달 뒤에 결제할 100만 원의 가치보다 더 크다고 생각하기 때문이다.

그럼, 지금의 100만 원은 1년 뒤에 얼마의 가치가 있을까? 가장 안전하다는 예금에 넣어 둔다고 할 때 연 금리가 5%라고 하면, 1년 뒤에 다음처럼 증가한다.

$$1,000,000 + 1,000,000 \times 5\% = 1,000,000 \times (1 + 5\%) = 1,050,000$$

즉, 이자가 5만 원 불어나서 105만 원이 된다. 현재의 100만 원과 1년 뒤의 105만 원이 같은 가치를 갖게 되는 것이다. 이걸 식으로는 다음과 같이 나타낸다. 현재가치를 PV(Present Value), 미래가치를 FV(Future Value), 이자율을 r이라고 할 때 미래가치는 다음과 같이 구한다.

$$FV = PV \times (1 + r)$$

그럼 반대로 1년 뒤의 105만 원은 현재가치로 얼마일까? 답은 이미 얘기했다. 1년 뒤의 105만 원은 현재가치 100만 원과 같다. 식으로 구해서 정리하면 다음과 같다.

$$1,050,000 \div (1 + 5\%) = \frac{1,050,000}{1 + 0.05} = 1,000,000$$

$$PV = \frac{FV}{1 + r}$$

그러면 같은 이자율 조건에서 2년 뒤 100만 원의 가치는 어떻게 될까? 연 5만 원의 이자가 2번 붙어서 110만 원이라고 생각해서는 안 된다. 1년 뒤에 받게 될 이자 5만 원이 다시 1년이 더 지나 2년이 되었을 때는 시간가치가 붙어서 증가한다. 첫해 받게 되는 이자 5만 원을 다시 예금하면 여기에 대해서도 이자 2,500원이 더 붙게 된다. 그래서 이자에 이자가 붙는 '복리방식'으로 계산해야 한다.

$$1,000,000 \text{ (원금)}$$
$$+ 1,000,000 \times 5\% \text{ (원금에 대한 첫 해 이자)}$$
$$+ 1,000,000 \times 5\% \times 5\% \text{ (첫 해 이자에 대한 둘째 해 이자)}$$
$$+ 1,000,000 \times 5\% \text{ (원금에 대한 둘째 해 이자)}$$
$$= 1,000,000 \times (1 + 5\%)^2 = 1,102,500$$

n시점의 미래가치는 다음과 같은 일반식으로 구할 수 있다.

$$FV = PV \times (1 + r)^n$$

여기서 복리의 무서움이 나타난다. 앞에서 피터 린치가 운영한 마젤란펀드의 수익률이 13년간 연 29.2%를 기록해 전설로 남았다고 했다. 연 29%가 단리일 경우에는 누적 수익률이 377%(29%×13)로 작아 보일 수 있지만, 13년 복리로 계산하면 위 식에 따라 아래와 같다.

$$FV = 1 \times (1 + 0.292)^{13} = 27.95 = 2,795\%$$

무려 2,795%이다. 또 워런 버핏이 50년간 기록했다는 연 20%의 수익률은 단리로는 1,000%이지만, 복리로 계산하면 아래와 같다.

$$FV = 1 \times (1 + 0.2)^{50} = 9,100.44 = 910,044\%$$

낮은 수익률이더라도 꾸준히 내는 것이 중요하다!

현재가치와 관련해서 투자자가 알아두어야 할 것은 주식을 10,000원에 사서 1년 뒤에 10,000원에 처분하면 결코 본전이 아니라는 점이다. 거래수수료 때문에 손해이기도 하지만 시간가치 때문에도 손해이다. 이런 경우는 어떨까? 자기자본 100억 원인 회사가 있다. 매출액 40억 원에 영업이익은 2억 원, 영업이익률은 5%(2억/40억)를 기록했다. 여기에 이자와 법인세로 1억 원을 내고 나니 당기순이익은 1억 원이 남았다. 이렇게 되면 회계상으로는 흑자라고 한다. 정말 흑자일까? 여기에도 마찬가지로 시간가치 개념이 필요하다. 만약 이 회사가 자기자본 100억 원을 금리 1.5%의 예금에 넣어두었다면 시간가치에 해당하는 이자만 1.5억 원이다. 그런데 1억밖에 벌지 못했으니 재무적 관점에서 흑자라고 볼 수는 없다.

주주의 요구수익률을 넘는 ROE를 기록할 때
진정한 흑자라고 할 수 있다.*

*본문에서 RIM을 잔여이익법 혹은 초과이익법이라고 부른다고 했는데, 이때의 초과이익은 바로 '주주의 요구 수익을 초과하는 이익'을 말한다.

그러므로 당신이 요구하는 수익률보다 회사의 ROE가 낮다면 투자대상에서 제외하는 것이 바람직하다. 이는 뒤에서 설명하는 RIM을 이용한 가치평가방법을 적용할 때도 마찬가지다. 필자는 회사의 ROE가 필자의 요구수익률보다 낮게 나올 것으로 생각되는 기업에 대해서는 단지 싸다는 이유만으로 투자하지 않는다.

자, 그럼 다시 현금흐름으로 돌아가 영구현금흐름의 현재가치를 구해보자. 영구현금흐름이란 미래에 일정한 현금(C로 표기)이 계속 들어올 것으로 기대하는 경우를 말한다. 은행에 고정금리 5%로 예금을 하고 원금을 영원히 찾지 않는다면 이자는 영원히 5%씩 나오게 될 것이다. 만약 은행에 100만 원을 예금하고 영원히 이자를 받는다고 하자. 첫해에 받게 될 이자의 현재가치는 다음과 같다.

$$PV = \frac{C}{1+r} = \frac{5}{1.05} = 4.762$$

둘째 해에 받게 될 이자의 현재가치는 아래와 같다.

$$PV = \frac{C}{(1+r)^2} = \frac{5}{1.05^2} = 4.535$$

이런 식으로 계속해서 영원히 받게 될 현금흐름의 현재가치 합계를 구하면 다음과 같이 구할 수 있다.

$$PV = \frac{C}{1+r} + \frac{C}{(1+r)^2} + \frac{C}{(1+r)^3} + \cdots$$

이것은 초항이 $\frac{C}{1+r}$ 이고, 공비가 $\frac{1}{1+r}$ 인 무한등비수열의 합이다. 무한등비

수열의 합은 다음과 같은 공식으로 풀이한다.[**]

$$\text{PV} = \frac{\text{초항}}{1 - \text{공비}} = \frac{\dfrac{C}{1+r}}{1 - \left(\dfrac{1}{1+r}\right)} = \frac{C}{r}$$

＊＊공식의 유도과정이 '굳이' 궁금하신 분은 고등학교 수학 교과서를 참조하시기 바란다. 혹은 인터넷에서 '무한등비수열'을 검색해보셔도 된다.

이것이 본문에서 사용한 '영구현금흐름의 현재가치'를 구하는 식이다. 이자율 5%인 상황에서 영원히 5만 원씩 이자가 지급되는 금융상품의 현재가치는 다음과 같다.

$$\text{PV} = \frac{C}{r} = \frac{50{,}000}{0.05} = 1{,}000{,}000$$

만약 할인율이 5%인 상황에서 영원히 연 2,200만 원의 임대료를 받을 수 있는 부동산이 있다면, 이 부동산의 현재가치는 다음과 같다.

$$\text{PV} = \frac{C}{r} = \frac{22{,}000{,}000}{0.05} = 440{,}000{,}000$$

이것이 가치평가를 하는 가장 기본적인 원리이다.

내가 DCF를
선호하지 않는 이유

Advice

*여기서 언급한 DCF와 RIM외에 EVA를 활용한 MVA도 쓰이지만, 사용빈도가 높지 않은데다 필자가 선호하는 방법도 아니기에 자세한 설명은 생략한다.

앞에서 살펴본 아파트 로열층의 가치는 세 가지 방법(PER, DCF, RIM) 모두 4억 4,000만 원이라는 같은 결론이 나온다. 같은 결론이 나온 다면 아무래도 쉽게 계산하고 접근할 수 있는 방법을 쓰는 것이 좋을 것 이다. 그래서 PER이 가장 많이 쓰인다. 하지만 앞에서 지적했듯이 상대 가치법이 가지고 있는 한계점 때문에 필자는 절대가치법을 사용한다. 절 대가치법 중에서 가장 많이 사용하는 건 DCF다.* 거의 대다수가 '절대가 치법 = DCF'를 떠올릴 정도로 일반화되어 있다.

하지만 필자는 DCF를 사용하지 않는다.

원래 필자가 회계법인에 근무하며 가치평가와 관련된 업무를 할 때 사용했던 방법은 모두 DCF였고, 주식투자를 하던 초기에 주식가치를 평 가한 방법도 DCF였다. 하지만 DCF에는 치명적인 한계가 있다고 느끼고 더는 사용하지 않는다. DCF에 여러 가지 문제점이 있지만 가장 큰 문제점은 바로 할인율이다. 앞에서 로열층의 가치 4억 4,000만 원을 구했던 식은 다음과 같다.

$$DCF: \frac{2,200만}{5\%} = 44,000만$$

그런데 왜 할인율 5%를 적용해야 할까? 앞에서는 아파트 임대수익률이 5% 정도이니 이 할인율을 적용했지만, 누군가가 이렇게 주장할 수도 있다.

"무슨 5%냐? 2년 전에 계약 체결할 당시에는 5%였지만, 그때는 은행 금리도 2.5%였던 시절이다. 그런데 2년 만에 금리가 1.5%까지 떨어졌다. 그러니 임대수익률도 금리의 2배 수준인 3%를 적용하는 것이 맞다."

어느 정도 일리가 있는 주장이다. 그런데 누군가는 또 이렇게 주장할 수 있다.

"무슨 소리냐? 2년 전보다 전세난이 심해졌고, 이 때문에 임대수익률이 올라갔다. 금리에 연동한다고 하더라도 조만간 미국에서 금리를 인상할 예정이고, 그럼 우리도 금리를 올릴 것이다. 그러니 지금은 7%를 적용하는 것이 맞다."

이 역시 꼭 틀렸다고 할 수 없는 주장이다. 그런데 할인율이 이렇게 2% 정도 변하면 아파트의 적정가치는 얼마가 될까? 결과는 다음과 같이 계산한다.

할인율	3%	5%	7%
적정가치	$\frac{2,200만}{3\%} = 73,333만$	$\frac{2,200만}{5\%} = 44,000만$	$\frac{2,200만}{7\%} = 31,429만$

자, 이제 아파트의 가치는 할인율에 따라 약 3.14억 원에서 7.33억 원 정도가 나온다. 도대체 이 아파트의 가치는 얼마일까? 얼마에 거래하는 것이 적정할까? 똑같이 연 2,200만 원의 임대료가 예상되는 아파트가 할인율에 따라 2배 이상의 차이가 난다. 이 정도라면 아파트에서 얼마의 월세가 들어올지 추정하는 것보다 할인율을 몇 %로 하느냐가 아파트의 가격을 정하는 중요한 요소가 된다. 아파트의 가치가 입지나 평형, 주변환경, 학군보다 '할인율'에 따라 정해진다면 쉽사리 이해할 수 있겠는가? 필자가 7~8년 전 DCF에 빠져 있을 무렵, 이 방법으로 한국주식시장을 검증했다는 실용서를 읽었다. 완벽한 투자기법이라고 주장하는 이 책을 읽고 의문이 든 부분이 있었다. 실제 기업들의 현금흐름을 추정하고 숫자로 제시하는 것까지는 이해가 됐는데, 최종적으로 할인율을 어떻게 정하는지 밝히지 않은 것이다. 밝힐 수는 없지만 본인은 알고 있고, '그 할인율을 적용해서 평가하면 이렇게 잘 맞지 않느냐'는 주장에 다소 맥이 빠졌다. 결론부터 말하자면 절대가치법에 적용할 할인율을 어떻게 정하는지는 답이 없다. 물론 학교에서는 답이 있는 것으로 배우지만,* 필자의 능력으로는 아직 답을 못 찾았다. 그런데 이 '답없는' 할인율 때문에 기업가치가 2배씩 차이가 나버리면 그렇게 나온 결과를 신뢰할 수가 없다.

필자가 RIM을 선호하는 이유는 이 때문이다. 물론 RIM도 여러 가지 단점과 한계가 있지만, 이 할인율에 대한 민감도가 낮다. 똑같이 할인율이 3%~7%

Advice

＊대학에서 재무관리 시간에 CAPM을 통해 할인율을 산정하는 방법을 배운다. 공인회계사나 여러 자격시험에도 할인율에 대한 '답'을 맞추는 데 사용하는 방법이다.

봤지? 이렇게 할인율을 적용하면 이 기업의 가치가 이렇게 되는거야.

그 할인율은 어떻게 정하는데요?

응, 그건 비밀이야.

......

로 바뀔 때 RIM에 의한 로열층 가격이다.

할인율	3%	5%	7%
적정 가치	$40,000만 + \dfrac{200만}{3\%} = 46,667만$	$40,000만 + \dfrac{200만}{5\%} = 44,000만$	$40,000만 + \dfrac{200만}{7\%} = 42,857만$

어떤가? 할인율이 변해도 아파트의 가치는 4.28억 원에서 4.67억 원 정도의 범위로 나온다. 어느 정도의 가격에 사고팔면 적정할지 판단이 서는가? 필자는 이 방법으로 주식의 적정가격을 산정한다.

애널리스트의 목표가격,
정말 분석한 결과일까?

이 주제에 관해 얘기하기 전에 먼저 한 가지 사실을 밝히고 시작한다.

필자는 애널리스트를 존경한다.
그리고 그들의 분석자료를 아주 유용하게 활용한다.

지금부터 하는 얘기가 애널리스트들에 대한 비난처럼 들릴 수도 있겠지만, 그들의 현실을 이해하고 투자자들이 보고서를 올바르게 활용하는 데 도움이 되길 바란다.

아래의 표를 확인해보자. 아모레퍼시픽에 대해 한 증권사 애널리스트가 1년 동안 제시한 목표가격 자료다.* 목표가가 1년 만에 138,000원에서 500,000원으로 3배 넘게 올랐다. 애널리스트가 분석해보니 회사가 1년 사이에 3배 넘게 좋아져서 그만큼 목표가를 올린 걸까?

Advice

*애널리스트 한 명, 혹은 한 증권사를 비난할 목적이 아니기에 이름은 밝히지 않는다. 해당 기간에 대부분의 증권사와 애널리스트가 이 종목에 관해 비슷한 추이로 목표가격을 제시했다.

품목명	의견일자	투자의견		목표가		의견일종가
		변경전	변경후	변경전	변경후	
아모레퍼시픽	2015-08-18	매수	매수	480,000	500,000	362,000
아모레퍼시픽	2015-07-16	매수	매수	480,000	480,000	398,000
아모레퍼시픽	2015-05-18	매수	매수	410,000	480,000	436,500
아모레퍼시픽	2015-04-01	매수	매수	285,000	410,000	333,700
아모레퍼시픽	2014-11-11	매수	매수	285,000	285,000	236,800
아모레퍼시픽	2014-10-13	매수	매수	285,000	285,000	223,700
아모레퍼시픽	2014-09-29	매수	매수	250,000	285,000	238,100
아모레퍼시픽	2014-08-25	매수	매수	230,000	250,000	228,800
아모레퍼시픽	2014-08-13	매수	매수	200,000	230,000	206,800
아모레퍼시픽	2014-07-17	매수	매수	169,000	200,000	164,000
아모레퍼시픽	2014-06-12	매수	매수	138,000	169,000	146,000

2014년 6월 12일에 매수의견을 내면서 목표가를 종전의 138,000원에서 169,000원으로 상향하였다. 그런데 맨 우측에 '의견일종가'를 확인해보자. 어떤가? 목표가격을 올린 의견일의 종가는 146,000원이다. 애초에 제시했던 목표가격이 138,000원이었는데 주가가 146,000원이 됐으니 이제 팔라고 해야 하지 않을까? 하지만 매도의견을 제시하는 대신 목표가격을 상향했다.

현실적으로 국내주식시장에서 애널리스트가 매도의견 리포트를 내기는 어렵다. 일단은 그 종목을 보유 중인 주주들이 가만있지 않는다. 더욱이 애널리스트가 회사를 분석하기 위해서는 회사로부터 많은 협조를 받아야 한다. 리포트에 포함된 자료들의 출처를 확인해보면 회사가 제공한 자료인 경우가 많다. 하지만 자기 회사에 매도의견을 낸 애널리스트에게는 기업탐방을 금지하겠다고 협박하는 게 현실이다. 매도리포트가 없는 한국 주식시장에 대해서는 여러 언론에서도 다루고 있으니 이 정도만 얘

기하겠다. 더 궁금한 독자는 간단한 인터넷 검색만으로도 충분한 내용을 접할 수 있을 것이다.

이렇게 목표주가를 상향하고서 한 달 뒤에 리포트가 다시 나온다. 종전에 제시했던 169,000원에서 다시 18%를 올려 새로 200,000원의 목표주가를 제시한다. 과연 한 달 만에 정말 회사가 오른 18%만큼 좋아져서 목표가를 200,000원으로 올린 걸까? 직장생활을 하는 독자라면 질문을 하나 해보겠다.

당신이 근무하는 회사가 한 달 전보다 몇 %나 좋아진 것 같은가?

여기에 답을 할 수 있겠는가? 사실 한 달이라는 시간은 회사가 좋아지거나 나빠졌다고 판단하기에는 너무 짧은 시간일 것이다. 회사 내부에서도 몇 %만큼 좋아졌다고 얘기하기 힘들 것이다. 하지만 회사 외부에 있는 애널리스트는 이 회사가 18%만큼 좋아졌다고 주장한다. 어떤 근거로 그렇게 주장하는 것일까?

의견일의 종가를 확인해보자. 169,000원의 목표가를 제시했는데 주가가 어느새 164,000원까지 올라왔다. 과연 한 달 만에 높아진 것이 회사의 가치일까, 주가일까? 그리고 다시 한 달도 안 되어 목표 주가를 230,000원으로 높인다. 높인 날의 종가는 이전 목표가 200,000원을 넘어선 206,800원이다. 그리고 228,800원이 되자 250,000원, 238,100원이 되자 285,000원, 333,700원이 되자 410,000원, 다시 436,500원이 되자 480,000원으로 목표 주가를 올린다. 과연 이 목표가가 분석을 통해 나온 결과일까, 아니면 분석 전에 정해놓고 나온 결과일까?

물론 모든 리포트가 이렇게 나온다거나 결과를 미리 정해 놓는다는 얘기는 아니다. 하지만 계속해서 매수리포트를 내야 하는 상황에서 애널리스트가 좋아하는 가치평가방법이 어떤 것일지 생각해보자. 13만 원에서 50만 원까지 모두 설명할 수 있는 융통성 좋은 방법과 아무리 해도 50만 원은 비싸다고 할 수밖에 없는 방법 중에 고르라면 전자를 선택할 것이다. 시장에서 DCF를 가장 선호하는 이유가 뭘까? 혹시나 특정 증권사 혹은 특정 애널리스트의 문제로 생각할 수 있기에 같은 기간 다른 증권사의 리포트 자료를 첨부한다. 확인은 독자에게 맡기겠다.

품목명	의견일자	투자의견		목표가		의견일종가
		변경전	변경후	변경전	변경후	
아모레퍼시픽	2015-08-17	BUY	BUY	530,000	530,000	380,500
아모레퍼시픽	2015-07-14	BUY	BUY	530,500	530,000	400,000
아모레퍼시픽	2015-06-08	BUY	BUY	530,000	530,500	399,500
아모레퍼시픽	2015-05-15	BUY	BUY	400,000	530,000	395,000
아모레퍼시픽	2015-04-30	BUY	BUY	400,000	400,000	388,400
아모레퍼시픽	2015-04-09	BUY	BUY	300,000	400,000	329,600
아모레퍼시픽	2015-02-04	BUY	BUY	300,000	300,000	273,000
아모레퍼시픽	2015-01-19	BUY	BUY	300,000	300,000	236,500
아모레퍼시픽	2015-01-15	BUY	BUY	300,000	300,000	237,200
아모레퍼시픽	2015-01-14	BUY	BUY	300,000	300,000	231,400
아모레퍼시픽	2014-11-11	BUY	BUY	300,000	300,000	236,800
아모레퍼시픽	2014-10-16	BUY	BUY	300,000	300,000	228,900
아모레퍼시픽	2014-10-14	BUY	BUY	300,000	300,000	218,900
아모레퍼시픽	2014-10-13	BUY	BUY	220,000	300,000	223,700
아모레퍼시픽	2014-08-13	BUY	BUY	190,000	220,000	206,800
아모레퍼시픽	2014-07-21	BUY	BUY	170,000	190,000	166,900

사실 위 사례들이 목표가를 산정하는 방법으로 DCF를 사용한 것은 아니다. PER를 사용했다. 원하는 목표가가 나와야 할 상황이라면 PER이 DCF보다 더 쉽다. DCF에서 할인율을 바꿔 지난 보고서와 다르게 적용하는 것은 정당화하기가 어렵다. 하지만 상대가치법은 상대랑 비교를 하는 방법이니 상대방 역시 주가가 올랐다는 사실만 제시하면 된다. 한 달

전에는 화장품 업종 평균 PER이 20이었는데 이제는 화장품 업종에 있는 종목들 주가가 모두 올라 평균 PER이 30이 됐으니 목표가격을 50% 올리는 것이 당연해 보이지 않는가? 중국 수출을 통해 아시아 시장에 진출했다며 화장품 업종이 가장 고평가되던 '아시아 시장 확대기 최고의 밸류에이션'을 적정 PER의 배수로 가져다 쓰는 게 현실이다.

이건 그냥 한 마디로 '올랐으니 올리겠다'는 얘기이다.

올랐으니 올리겠다고 하면 결론적으로는 맞는 말 같다. 하지만 이건 '가치평가'가 아니라 '가격평가'이다. 앞에서 했던 얘기를 되새겨보자. 가치와 가격을 비교해서 싸게 사는 것이 투자인데, 가격은 주어지기 때문에 가치를 평가해야 한다고 했다. 그런데 가치가 아니라 가격을 평가하겠다는 건 번지수를 잘 못 짚고 있는 거다. 가격은 받아들이는 것이지 평가하는 게 아니다. 증권사 애널리스트에만 국한된 문제는 아니다. 필자가 몸담았던 회계법인 업계에서도 무슨 일이 일어나는지 확인해보자.

10배나 차이 나는 전문가 의견

Advice

*출처_한국경제 2011년 12월 7일
자 〈성동조선 존속가치 2200억 vs 1
조9200억〉

2011년 성동조선해양이라는 중견 조선사를 두고 갑론을박이 벌어졌다. 당시 회사는 자율협약 형태로 기업경영 개선작업 중이었다. 이때 채권단이 회사를 살리기 위해 추가대출 여부를 두고 논란이 생긴 것이다. 돈을 더 빌려줘서 회사를 어떻게든 살려야 한다는 주장과 그냥 청산하자는 주장이 맞선 것이다. 당시에 나왔던 신문기사 일부를 발췌하면 다음과 같다.*

2200억원 VS 1조9200억원

논란의 핵심은 서로 엇갈리는 실사 결과를 얼마나 신뢰할 수 있는가였다. 채권단은 성동조선해양의 가치를 산정하기 위해 회계법인에 두 차례 실사를 맡겼다.

첫 번째로 맡았던 삼정KPMG는 지난 10월 성동조선해양을 살리려면 최대 1조5000억 원을 채권단이 추가 대출해줘야 한다고 보고했다. 특히 기업을 계속 운영할 때 나오는 가치(존속가치)는 2200억 원 정도인데 당장 회사 문을 닫고 자산을 다 팔았을 때 나오는 가치(청산가치)는 1조4700억 원에 이른다고 분석했다.

성동조선해양 1, 2차 실사 결과

회계법인	삼정KPMG	딜로이트안진
실사시기	8 ~ 10월	10 ~ 11월
존속가치	2200억원	1조 9200억원
청산가치	1조 4700억원	1조 3200억원
예상 연간 선박수주량	31척	48척
선가회복시기	2014년	2013년
미래 현금흐름 추정기간	2015년까지	2018년까지

채권단은 이 결과가 '엉터리'라며 딜로이트안진에 재실사 용역을 줬다. 딜로이트안진은 지난주 채권단에 성동조선해양의 존속가치는 1조9200억 원이고, 청산가치는 1조3200억 원으로 회사를 살리는 게 낫다는 답을 내놨다. 추가 지원해야 할 돈은 2014년까지 1조500억 원으로 추산했다.

계산법 달라 논란

똑같은 회사를 두고 가치를 평가했는데 무려 1조 7000억 원이나 차이가 난 이유는 서로 다른 계산법을 이용했기 때문이다.

수출입은행 관계자는 "삼정은 2015년까지의 현금 흐름만 계산해 2014년 이후 시장 상황이 좋아져 선가가 회복된다는 가정을 현금 흐름에 반영하지 못했다"고 설명했다.

반면 "딜로이트안진은 2018년까지 멀리 보고 미래에 현금 흐름이 더 좋아지는 것을 반영했다"는 것이다.

삼정은 대체로 부정적인 전망에 기초한 반면 안진은 긍정적인 전망을 활용했다. 한 해 수주할 수 있는 선박 수를 삼정은 31척, 안진은 48척으로 계산했다.

원자재 가격도 안진이 더 낮은 값에 사오는 것을 전제로 했다.

안진은 또 조선업 특성을 반영한 '금융부채 회수율'을 따져 정상화가 청산보다 유리하다고 밝혔다. 이에 대해 채권단 일부에서는 "정상화를 바라는 채권단의 '뜻'을 너무 많이 반영한 실사 결과 아니냐"는 지적이 나오고 있다.

논란의 핵심은 가치평가 내역이다. 2달 간격으로 4대 회계법인 중 2곳에 실사를 맡겼는데 결과가 사뭇 다르다. 양 법인 모두 청산가치에 대해서는 크게 이견이 없다. 남은 자산 뜯어서 내다 파는 것에 대해서는 현재 시세가 어느 정도 나오니 1조 3~4,000억 원 수준으로 평가했다. 문제는 존속가치다. 기업을 계속 끌고 나갔을 때의 가치가 2,200억 원과 1조 9,200억 원으로 거의 10배 정도 차이가 난다. 청산가치에 대해서는 10%의 차이를 보이던 의견이 존속가치에 대해서는 1,000%의 차이를 보이는 것이다. 어떻게 된 걸까? 두 회계법인은 존속가치를 측정할 때 어떤 평가 방법을 썼을까? 기사에 제시된 '미래 현금흐름 추정'이라는 단어를 보았을 때 DCF로 평가했을 확률이 높다.(가치평가라고 하면 으레 DCF를 의미할 정도로 대부분의 회계법인이 DCF를 주로 사용한다.)

DCF는 이론상으로 거의 완벽에 가까운 훌륭한 모델이다. 모델 자체에 대해서 반박하기도 어렵기에 학교에서는 정답으로 가르친다. 하지만 실제 사용해 보면 변수에 대한 민감도가 너무 높다. 다시 말해서 너무 정교하고 완벽하게 만들어져 작은 충격에도 고장이 나버리는 기계장치와 같다. 앞에서 아파트의 가치를 추정하며 할인율 때문에 가치가 2배나 차이가 나는 사례를 이미 보았다. 너무 극단적인 예시가 아닌가 하는 분들도 있었을 텐데, 실제로는 10배까지도 차이가 난다. 할인율뿐 아니라 수많은 가정이 필요한데, 이 가정들을 긍정적으로 보느냐 부정적으로 보느냐의 차이를 조금씩 누적시키면 나중에는 10배까지도 차이가 나버리는 것이다. 현재

주가 50,000원인 삼성전자에 대해서 누군가 가치평가를 한 후 이렇게 말하면 어떤 생각이 들겠는가?

"삼성전자의 주가는 2만 원에서 20만 원 정도가 적정한 수준이다."

삼성전자의 주당 가치가 2~20만 원이라는 것은 당신도 알고 있지 않은가? DCF는 누군가 원하는 결과를 만들어내는 데는 더할 나위 없이 좋은 방법이다. 기업가치를 10배까지 줄였다 늘리는 마술을 부리는데도 불구하고 '굉장히 있어보이는' 평가방법이기 때문이다. 회사의 향후 5년에서 10년간의 매출액을 '회사가 제시한 자료'와 시장데이터를 기반으로 예측한다. 여기에 비용구조를 반영하여 예상되는 이익을 산출하고, 현금 유출입이 없는 항목을 조정하여 영업 현금흐름을 추정한다. 예상되는 세금을 차감하면 NOPLAT(Net Operating Profit Less Adjusted Tax, 세후영업이익)이 산출된다. 운전자본회전율을 반영하여 증감내용을 추정하고, 예상되는 설비투자 규모를 반영해서 FCF(Free Cash Flow)를 계산한다. 이 FCF가 예측기간 이후에는 몇 % 성장할지 성장률을 정한 다음,(성장률에 대한 가정 1%가 기업가치를 어떻게 바꾸는지 확인하고 나면 말 그대로 '복리의 마법'을 깨닫게 될 것이다) 적절한 할인율(이걸 어떻게 구하는지 의문이지만)로 할인하면 영업가치가 나온다. 여기에 비영업자산의 가치를 별도로 추정해 더하면 기업 전체가치가 나오고, 부채의 가치를 차감해 주면 주주 입장의 주주가치가 나온다. 이렇게 매우 많은 돈을 지급해야 할 것 같은 복잡한 수고를 거치면(실제로 많은 전문가나 기업들이 이에 대한 대가를 받는다. 필자도 몇 년간 새벽 퇴근을 밥 먹듯이 하며 이걸로 월급을 받았다.) 그 결과는 성장률이나 할인율, 시장환경에 대한 가정이 조금씩 바뀜에 따라 2만 원에서 20만 원까지의 범위로 적정주가를 제시하는 것이다. 중간에 생소하고 어려운 용어들이 많이 등장했기에 결론만 다시 한 번 읽어보자.

"2만 원에서 20만 원까지의 범위로 적정주가를 제시하는 것이다."

10년의 고민 끝에
도착한 지점

Advice

*S의 의미를 물어보신 분들이 계셨다. SKI-RIM이라고 하기에는 너무 민망하지 않은가. 책 표지에 저자가 누구인지 확인해보자.

**회계학상으로 엄밀히 따지자면 자산가치가 아닌 자본가치가 되겠으나 일반적으로 저렇게 표현하는 경우가 많아서 그대로 기재했다.

필자는 10여 년 전부터 적정주가에 대한 고민을 해왔다. 주식의 가치를 어떻게 측정할 것인가? 현재 필자가 사용하는 방법은 RIM이다. RIM을 조금 변형시켜서 S-RIM이라는 방법을 사용한다.* 식은 다음과 같다.

$$기업가치 = 자산가치** + 초과이익의 현재가치 = 자기자본 + \frac{초과이익}{할인율}$$

다음과 같은 기업이 있다고 가정해보자. 자기자본은 100억 원이고 회사의 당기순이익은 14억 원으로 ROE (Return On Equity: 자기자본순이익률로 당기순이익을 자기자본으로 나누어 구함)는 14%이다. 그리고 주주의 요구수익률을 10%라고 할 때 이 기업의 가치를 RIM으로 구해보자.

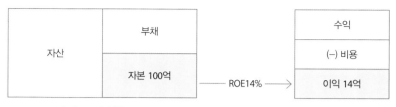

<table>
<tr><td rowspan="2">자산</td><td>부채</td></tr>
<tr><td>자본 100억</td></tr>
</table>

주주요구 수익률 10%

수익
(−) 비용
이익 14억

ROE14%

　　일단 회사의 자기자본은 100억 원이다. 주주의 입장에서 100억 원을 투자한 것인데, 이때 주주들이 요구한 수익률은 10%이다. 만약에 회사의 ROE가 주주가 요구하는 최소수준인 딱 10%만 나온다면 이 기업의 가치는 얼마일까? 여러분이 은행에 예금을 한다고 가정하자. 100억 원을 예금하는데 은행에서 제시한 이자율은 2%이다. 그리고 실제로 매년 2%의 이자를 받는다면 이 예금의 가치는 얼마일까? 예금 100억 원의 가치는 100억 원이다. 예금은 사전에 확정된 이자율을 약속하고, 주주는 그만큼 이자를 받을 것으로 기대(혹은 요구)하고 있다. 그래서 예금은 주주의 요구수익률이 실제 수익률과 같다. 초과이익이 없는 것이다. 그러므로 예정대로 이자와 원금이 지급되는 한 예금 10억 원의 가치는 10억 원, 100억 원의 가치는 100억 원이 된다.

　　위의 문제로 돌아가보자. 자기자본이 100억 원인 회사가 딱 주주가 요구하는 만큼의 수익률인 10%의 ROE를 기록하면 딱 자기자본만큼의 가치를 지니게 된다. 그래서, 이 기업의 가치는 100억 원이 되는 것이다. 만약 이 기업의 ROE가 주주 요구수익률인 10%보다 낮다면 어떻게 될까? 기업가치도 100억 원보다 낮게 된다. 회사의 ROE가 주주의 기대를 넘어서면 어떻게 될까? 주주가 기대하는 이상의 초과이익만큼 기업가치는 증가하게 된다. 따라서 '기업가치 = 자기자본 + 초과이익의 가치'라는 식이 만들어지는 것이다.

　　회사의 가치를 구해보자. 자기자본은 100억 원이고, 요구수익률은

10%인데 ROE는 14%가 나온다. 주주의 기대보다 4%(4억 원)만큼 초과이익을 내고 있다. 계속해서 4억 원의 초과이익을 낸다고 가정하면 현재가치는 주주의 요구수익률 10%로 나누어서 40억 원(4억/10%)이 된다. 따라서 이 기업의 적정가치는 140억 원이 된다.

$$100억 + \frac{100억 \times (14\% - 10\%)}{10\%} = 100억 + \frac{4억}{10\%} = 140억$$

만약 회사의 ROE가 8% 밖에 나오지 않는다면 어떨까? 그 경우에는 다음과 같이 80억 원의 가치가 나온다.

$$100억 + \frac{100억 \times (8\% - 10\%)}{10\%} = 100억 + \frac{-2억}{10\%} = 80억$$

만약 이 기업의 시가총액이 90억 원이라면 PBR은 0.9(90억/100억)가 나온다. PBR이 1이 안되면 저평가라고 판단하는 경우가 많은데 필자의 생각은 다르다. 주주의 요구만큼 수익을 내지 못하므로 80억 원 정도가 적정가치다. 90억 원에 거래된다면 비록 PBR은 1보다 작지만, 고평가인 것이다. 반대로 주주의 요구수익률을 훨씬 뛰어넘는 ROE를 낸다면 PBR이 높더라도 저평가에 해당한다.

이제 실제 기업의 가치를 한번 구해보자. 이 부분은 반드시 옆에 연습장을 펼쳐 두거나 아니면 아래 빈 곳에 직접 계산해보길 바란다. 이걸할 수 있다면 어떤 기업이든 5분 안에 대략의 적정주가를 산정할 수 있게 된다.[*]

Advice

*물론 이렇게 산정한 주가가 결론은 아니다. 출발점일 뿐이다. 하지만 시작이 반이라고 하지 않는가? 지금 주가가 싼 편인지, 비싼 편인지는 충분히 가려낼 수 있다.

자기자본이 240조 원인 기업이 있다. 주주들이 요구하는 수익률은 8%인데, 회사가 내는 ROE는 8.79% 정도로 예상된다. 이 기업의 적정가치는 얼마일까?

📋 만약 이 기업의 발행총주식수가 6,792,669,250주라면 주당가치는 얼마일까?

앞의 사례보다 숫자가 좀 더 복잡해졌을 뿐 계산하는 방법은 같다. 결과는 다음과 같다.

$$\text{주주가치} : 240\text{조} + \frac{240\text{조} \times (8.79\% - 8\%)}{8\%} = 240\text{조} + \frac{1.896\text{조}}{8\%} = \text{약 } 263.7\text{조}$$

$$\text{주가(주당가치)} : \frac{263.7\text{조}}{6,792,669,250} = 38,821$$

만약 이런 회사가 있다면 RIM에 의한 적정 시가총액은 264조 원, 적정주가는 38,800원 정도가 된다. 당신의 계산 결과와 일치하는가? 만약 이 계산을 해냈다면 당신은 실제 기업의 적정가치와 주가를 계산해낸 것이다. 위에서 제시한 숫자는 바로 삼성전자의 자료이다. 아래 그림은 HTS에서 캡처한 화면인데 FnGuide가 증권사에 제공하는 수치이다. 대부분의 증권사가 이 자료를 제공하기 때문에 여러분도 어렵지 않게 구할 수 있는 자료이다. 구체적으로 확인하는 방법은 '사례실습' 코너를 참조하기 바란다.

IFRS(연결)	Annual			
	2016/12	2017/12	2018/12	2019/12(E)
매출액	2,018,667	2,395,754	2,437,714	2,315,377
영업이익	292,407	536,450	588,867	272,452
당기순이익	227,261	421,867	443,449	220,053
지배주주순이익	224,157	413,446	438,909	217,207
비지배주주순이익	3,104	8,422	4,540	
자산총계	2,621,743	3,017,521	3,393,572	3,538,911
부채총계	692,113	872,607	916,041	914,379
자본총계	1,929,630	2,114,914	2,477,532	2,624,530
지배주주지분	1,864,243	2,072,134	2,400,690	2,542,591
비지배주주순이익	65,387	72,780	76,842	81,939
자본금	8,975	8,975	8,975	8,979
부채비율	35.87	40.68	36.97	34.84
유보율	21,757.56	23,681.42	26,648.22	
영업이익률	14.49	22.39	24.16	11.77
지배주주순이익률	11.10	17.26	18.00	9.38
ROA	9.01	14.96	13.83	6.35
ROE	12.48	12.01	19.63	8.79

Advice

*자본총계가 아닌 지배주주지분을 이용해야 한다. 만약 이유를 모르겠다면 2부의 〈Check Point〉 '연결재무제표와 별도, 개별재무제표' 편을 다시 읽어보기 바란다.

　　삼성전자의 2018년 말 지배주주 자기자본은 약 240조(2,400,690억) 원이다.* HTS에서 확인 가능한 컨센서스(consensus: 시장에서 대체로 합의된 예상치) 추정치를(2019/12 옆 괄호에 기재된 E가 Estimate, 즉 '추정치'를 의미한다) 보면 2019년 예상 ROE가 8.79%이다. 요구수익률 8%의 근거는 내용이 복잡하니 뒤에서 별도주제로 설명하기로 하고 여기서는 주식수에 대해 좀 더 살펴보겠다. 주식수의 경우 삼성전자는 보통주 외에 우선주도 발행하였다. 각각의 주식수는 다음과 같다.

발행주식주 (보통주 / 우선주)	5,969,782,550 / 822,886,700

　　이처럼 우선주가 있는 경우에는 우선주의 적정가치를 차감해서 보통주의 가치를 구해야 한다. 하지만 우선주의 가치를 별도로 산정하기가

쉽지도 않을뿐더러 대부분 우선주의 비중이 크지 않기 때문에 다음과 같은 2가지 대안을 사용해 간단히 반영해 볼 수 있다.

(방법 1) 우선주 시가총액 차감

첫 번째 방법은 현재 시장에서 정해진 우선주 시가총액이 우선주의 가치를 잘 반영한다고 가정하는(꼭 그렇지는 않더라도) 방법이다. 일차적으로 RIM으로 산정한 기업가치에서 우선주 시가총액을 차감하여 보통주의 가치를 구한 다음, 이를 보통주 주식수로 나누어 보통주의 적정주가를 구하게 된다. 현재 삼성전자 우선주의 시가총액이 34조 3,144억 원이다. 따라서 다음과 같이 보통주의 적정주가를 구한다.

보통주가치 = 기업가치 263.7조 − 우선주 시총 34.3조 = 229.4조

$$보통주 주가 = \frac{229.4조}{5,969,782,550} = 38,427$$

(방법 2) 보통주와 우선주의 주식수를 합산

두 번째 방법은 우선주와 보통주의 가치가 크게 차이가 없다고 가정하는(마찬가지로 꼭 그렇지는 않더라도) 방법이다. 이 방법은 기업가치를 전체 주식수(보통주와 우선주를 합친)로 나누어 주당가치를 구한다. 앞의 사례계산에서 주식수를 6,792,669,250주로 제시했는데 이것이 바로 보통주와 우선주의 주식수를 합친 주식수다. 따라서 이 방법으로 구한 결과는 앞에서 본대로 주당 38,821원이 산정된다. 방법 1과 2의 차이는 주당 394원으로 1%의 차이가 나므로 이 경우에는 큰 차이를 보이지 않는다. 우선주의 비중이 높고, 우선주와 보통주의 가격차이가 심한 경우가 아니라면 간단하게 2번째 방법을 사용해도 큰 무리가 없다. 이 때문에 사례에서도 간단히 2번째 방법에 따른 주식수를 제시했다.

상장 기업의 가치를 1시간 안에 계산해 낼 수 있을까?

이 질문을 하면 대부분의 사람이 고개를 가로젓는다. 구멍가게도 아니고 수십억 원에서 수조 원하는 기업의 가치를 어떻게 1시간 만에 계산한단 말인가? 만약 당신이 DCF를 이용해서 기업가치를 계산한다면 1시간 안에 계산하는 건 불가능에 가까울 것이다. 하지만 위에 제시한 문제를 연습장에 계산하는 데 몇 시간이나 걸렸는가? 1시간이 넘게 걸렸다는 사람은 드물 것이다. 대개 5분 이내에 계산한다. 시간이 오래 걸렸다면 계산하는 시간이 아니라 계산기를 찾는 시간 때문이었을 거다.

필자가 제시하는 방법은 적정가치를 5분 안에 산정한다.

이렇게 5분 만에 계산한 결과가 얼마나 믿을 만할까? 방법 1로 계산한 결과는 보통주 시가총액 229조에 적정주가 38,400원이다. 그리고 오늘 날짜(2019년 11월 28일) 삼성전자의 시가총액은 306조, 주가는 51,300원이다. 우리가 계산한 결과와는 약 33%의 차이가 난다. 적지 않은 차이다.

시세현황 [2019/11/28]	
종가/전일대비	51,000 / −900
52주 최고가/최저가	53,700 / 37,450
수익률 (1M/3M/6M/1Y)	+0.00 / +16.19 / +20.56 / +18.89
시가총액 (상장예정포함, 억원)	3,405,642
시가총액 (보통주, 억원)	3,062,498
발행주식수 (보통주/우선주)	5,969,782,550 / 822,886,700

아무래도 시장참가자들은 삼성전자의 미래에 대해 더 높은 기대를 하는 것 같다. 그리고 이 부분은 시장 컨센서스를 통해서도 확인할 수 있

다. 삼성전자의 실적에 대한 향후 컨센서스는 다음과 같다.

IFRS(연결)	2016/12	2017/12	2018/12	2019/12(E)	2020/12(E)	2021/12(E)
매출액	2,018,667	2,395,754	2,437,714	2,315,377	2,551,748	2,778,917
전년동기대비(%)	0.60	18.68	1.75	-5.02	10.21	8.90
컨센서스대비(%)	0.61	-0.39	-1.59	-	-	-
영업이익	292,407	536,450	588,867	272,452	375,135	498,632
전년동기대비(%)	10.70	83.46	9.77	-53.73	37.69	32.92
컨센서스대비(%)	3.30	-1.32	-4.19	-	-	-
당기순이익	227,261	421,867	443,449	220,053	294,808	391,129
전년동기대비(%)	19.23	85.63	5.12	-50.38	33.97	32.67
컨센서스대비(%)	3.00	0.41	-4.80	-	-	-
지배주주순이익	224,157	413,446	438,909	217,207	290,513	385,560
비지배주주순이익	3,104	8,422	4,540	-	-	-
자산총계	2,621,743	3,017,521	3,393,572	3,538,911	3,810,219	4,182,719
부채총계	692,113	872,607	916,041	914,379	998,994	1,076,846
자본총계	1,929,630	2,114,914	2,477,532	2,624,530	2,811,225	3,105,871
지배주주지분	1,864,243	2,072,134	2,400,690	2,542,591	2,726,540	3,019,089
비지배주주순이익	65,387	72,780	76,842	81,939	84,684	86,782
ROE(%)	12.48	21.01	19.63	8.79	11.03	13.42

2019년 예상 ROE 8.79%를 바닥으로 하여 2020, 2021년에 ROE가 계속 상승할 것으로 예상한다. 지금 시점은 2019년을 한 달 앞두고 있으므로, 2019년 말을 기준으로 주가를 산정해보면 어떨까? 컨센서스에 따른 2019년 말 지배주주지분은 254조, 2020년 예상 ROE는 11.03%이다. 이를 바탕으로 RIM에 의한 기업가치를 산정하면 다음과 같다.

$$\text{주주가치} : 254조 + \frac{254조 \times (11.03\% - 8\%)}{8\%} = 254조 + \frac{7.696조}{8\%} = 약\ 350.2조$$

$$\text{주가(주당가치)} : \frac{350.2조}{6,792,669,250} = 51,556$$

현재 주가 51,300원과 큰 차이가 없다. 아직은 예상에 불과하지만 1년 후인 2020년을 기준으로 기업가치를 산정해보면 어떨까? 2020년 말 지배주주지분 273조, 2021년 예상 ROE는 13.42%를 바탕으로 주가를 산정하면 다음과 같다.

$$주주가치: 273조 + \frac{273조 \times (13.42\% - 8\%)}{8\%} = 273조 + \frac{14.797조}{8\%} = 약\ 457.9조$$

$$주가(주당가치): \frac{457.9조}{6,792,669,250} = 67,419$$

2020년 말의 가치이므로 요구수익률 8%를 적용하여 현재가치로 할인하면 67,419 ÷ 1.08 = 62,425원의 결과를 얻을 수 있다. 지금 주가와는 22% 정도 차이가 발생한다. 필자가 10년 동안 사용한 여러 가지 가치평가 방법(앞에서 애널리스트들이 사용한다고 소개한 10여 가지 방법 모두) 중에서 가장 실용적이고 현실을 가장 잘 설명하는 방법이 바로 이 방법이다. 어딘가에 더 좋은 방법이 있을 수도 있고, 필자가 쓴 방법을 나중에 버릴 수도 있겠지만,* 지금까지 필자가 일반투자자에게 제시할 수 있는 최고의 방법이라고 생각한다.

Advice

*5~6년 전에는 증권사 직원들에게 DCF로 '기업가치평가'를 강의했다. 그 당시에는 필자의 '양심을 걸고' 그게 가장 좋은 방법이라고 생각했다.

HTS에서 자기자본과 ROE구하기

RIM 계산에 필요한 자료를 HTS나 인터넷으로 구해 보자. 필요한 자료는 회사의 지배주주지분과 ROE다. HTS의 화면 구성은 증권사마다 다르다. 일단 개인투자자들이 가장 많이 쓰는 HTS중 하나인 키움증권의 사용법이다. 영웅문 HTS에 접속한 후 '투자정보 – 기업분석 – [0919]기업분석'을 선택한다.

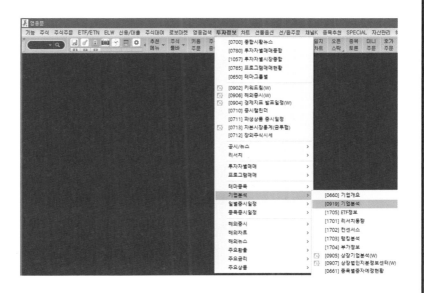

그럼 다음과 같은 창을 볼 수 있다.

이제 화면을 계속해서 아래로 내려보면 'Financial Highlight'라는 항목이 등장하고 그 아래에 약식 재무지표가 나타난다. 중간쯤에 보면 연도별 지배주주지분이 등장하는데, 최근년도(2018년) 지배주주지분 '2,400,690'을 확인할 수 있다. 단위가 '억 원'이므로 240조 690억 원에 해당한다.

스크롤을 조금 더 내려보면 ROE도 확인할 수 있다. 과거 3년 ROE가 나오고 다음 연도의 예상 ROE도 기재가 되어 있다. 과거 3년간의 ROE는 '12.48/21.01/19.63'이고 금년도 예상 ROE는 8.79이다. 이 자료들을 이용해서 S-RIM을 통해 회사의 적정가치를 산정하면 된다.

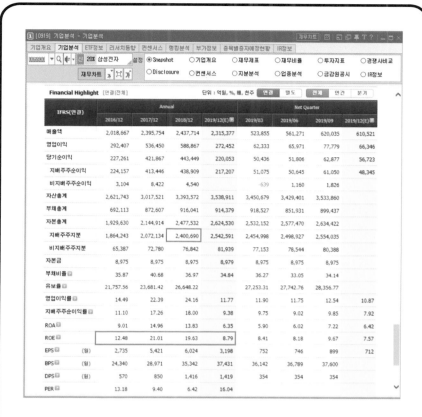

한국투자증권의 eFriend에서는 '투자정보 – 기업분석 – [0614] 기업편람'
을 선택해서 같은 화면을 볼 수 있다.

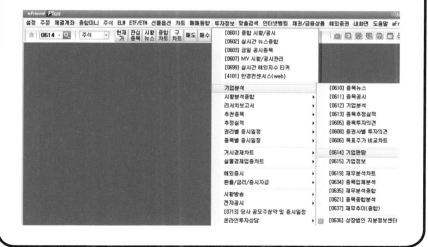

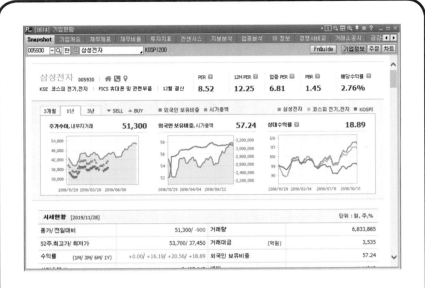

마찬가지로 NH투자증권의 QV HTS에서는 '주식 – 7503 상장기업 분석' 항목에서 동일한 내용의 조회가 가능하고, 미래에셋대우의 Qway에서는 '투자정보 – 종목입체분석 – 1538 재무제표분석(Fnguide)'에서 확인이 가능하다.

이렇게 증권사마다 메뉴 순서나 명칭은 다르지만 '기업분석' 혹은 '재무제표 분석' 등과 같은 제목으로 제공한다. 그런데 이 화면은 굳이 증권사 HTS를 켜지 않아도 확인이 가능하다. 이 내용은 대부분 증권사가 자체적으로 제공하는 내용이 아니다. Qway의 메뉴명에 포함된 'Fnguide'는 바로 재무데이터를 가공하여 증권사에 제공하는 업체의 이름이다. 그리고 인터넷에서 Fnguide 홈페이지에 접속하면 굳이 HTS를 켜지 않아도 원하는 종목의 지배주주지분과 ROE를 조회할 수 있다. 인터넷에 접속하고 주소창에 'comp.fnguide.com'을 입력하면 다음과 같은 화면이 뜬다.

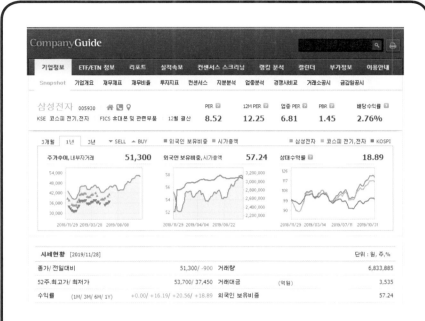

＊HTS사용법이 아닌 fnguide
에 접속하는 방법을 바로 설명
할 수도 있지만, fnguide가 해
당서비스를 언제까지 무료로
제공할지 모르기 때문에 HTS
에서 찾는 법을 기본적으로 설
명하였다.

바로 우리가 HTS를 통해 봤던 그 화면이다. 이제 당신이 사용하는 증권사 HTS와 상관 없이 인터넷만 접속하면 적정주가 계산에 필요한 자료를 조회하여 구할 수 있다.＊

적정주가를 계산하는
최선의 방법

Advice

＊이쯤에서 다시 한번 밝히자면 필자의 직업은 '공인회계사'이다. 회계가 가지고 있는 한계나 문제점을 어찌 보면 가장 잘 알고 있는 직업이다.

완벽한 가치평가 방법이라는 건 없을 것이다. 자연이 아닌 인간이 만든 것 중에 '완벽'이라는 단어를 붙일 수 있는 게 있을까? 하지만 최선의 방법은 있다. 필자의 지식 범위와 능력 안에서 RIM이 시중에 알려진 다른 어느 방법보다 최선의 방법이라고 주장하는 이유는 다음과 같다.

먼저 사람들이 많이 사용하는 PER이나 PBR은 재무제표가 가진 한계점을 그대로 반영한다.＊ PBR은 회사의 장부상 가치를 기준으로 삼아 고평가인지 저평가인지 구분한다. 장부상 자기자본이 100억 원인데 시가총액이 90억 원밖에 하지 않으니 싸다는 것이다. 하지만 회계장부에 기록되는 자산은 가치가 정확히 반영되지 않는 경우가 많다.

토지를 예로 들어보자. 1970년대 후반에 설립된 회사가 있다. 설립 당시 자금이 많지 않았기에 서울 외곽 삼릉공원 근처 자갈밭 1,000평을 당시 가격으로 평당 4만 원에 매입해 본사건물을 지었다. 회사의 장부에는 토지 가액이 4천만 원으로 기록됐다. 그리고 현재까지 처분하지 않았고,

장부상에 여전히 4천만 원으로 잡혀 있다. 하지만 지금 이 땅의 시가는 어느 정도일까? 왕의 묘인 능이 3개 있어 삼릉공원이라 불리던 저 묘지 옆 자갈밭의 현재 위치는 선정릉 옆 테헤란로이다. 평당 4만 원 하던 땅은 지금 평당 1억 원에 거래되고 있다. 장부상으로는 4천만 원이지만 실제 가치는 1,000억 원인 것이다. 이 기업의 PBR을 계산하는 것이 의미가 있겠는가?

PER도 마찬가지다. 앞에서 여러 번 얘기했지만, 회사의 이익이라는 것은 얼마든지 '조정'이 가능하다. 2011년 IFRS가 도입되었을 때 금융권에서 IFRS에 대한 강의요청이 많았다. 당시에 증권사 강의를 가면 가장 많이 받던 질문이 하나 있었다.

"IFRS가 도입되면 수혜주가 뭐가 있을까요?"

IFRS로 바뀐 회계처리 사항을 공부하는 것도 중요하지만, 그것보다 대박 날 종목 하나 찍어달라는 얘기다. 그 질문대로 IFRS 도입으로 주가가 오를 수혜주가 어떤 것이 있었을까 살펴보자. 당시 'IFRS 도입 수혜주'에 대한 수 많은 기사가 나왔는데 대표적인 내용이 다음과 같았다.

Advice

＊＊출처_뉴스핌 2011년 5월 15일자

IFRS도입…에너지 · 은행 · 금융지주 '수혜'＊＊

국제회계기준(IFRS) 도입으로 은행, 금융지주사 등 대부분 금융업종에서 자본 및 당기순이익이 증가하는 긍정적인 효과를 거둔 것으로 나타났다. 일반 업종에서는 에너지와 해운이 가장 큰 수혜를 봤다.

15일 금융감독원이 은행과 카드, 자동차, 전자, 조선 등 18개 주요 업종에 대해

업종별로 2~10개사를 선정해 총 65개사를 대상으로 IFRS도입에 따른 재무 영향을 분석한 결과, 에너지와 은행, 금융지주사 등은 수혜업종으로 부각됐지만, 항공 등은 부정적인 영향이 컸다.

금감원이 17개 금융사의 변동현황을 분석한 결과 은행과 금융지주사는 신종 자본증권 분류 변경과 대손충당금 적립기준 변경 등으로 자본과 당기순이익이 모두 증가했다.

특히 은행과 금융지주사는 전체적으로 각각 13.3%, 13.6%의 자본 증가 효과를 거뒀다. 당기순이익 또한 은행이 10.21%, 금융지주가 12.42% 늘어났다. 부동산신탁은 당기순이익이 42.83%나 증가했다.

은행과 금융지주사들은 만기연장이 가능하고 무배당시 이자를 지급하지 않는 하이브리드 채권을 부채에서 자본으로 분류하면서 은행은 8.3%, 금융지주는 7.2%의 자본이 증가하는 효과를 거뒀다. 반면 카드사는 2.82%, 캐피탈사는 10.63%의 순익 감소가 발생한 것으로 분석됐다.

일반업종에서는 에너지와 해운업종이 IFRS 도입으로 가장 큰 수혜를 봤다. 반면, 항공(-24.6%) 업종은 가장 타격이 큰 것으로 나타났다.

자산재평가에 따른 공정가치 평가액이 적용됨에 따라 에너지업종은 39.8% 자본이 증가하는 효과를, 수익인식기준 변경에 따라 항공업종의 경우 20.6% 자본이 감소하는 결과가 발생했다.

한편 금감원은 IFRS 도입에 따른 회계변경효과와 실제 영업실적, 재무상태 변동효과의 명확한 구분이 필요하다며 재무제표 주석에 기재된 IFRS 사전공시사항과 차이조정 공시 등을 확인해 투자판단시 활용할 것을 당부했다.

대체로 이런 기사가 많이 발표됐는데, 요점은 IFRS 도입으로 인해 '자본과 당기순이익'이 증가한다는 것이다. 자본이 증가하니 PBR로 평가했을 때 적정주가가 상승할 것이고, 당기순이익이 증가하면 PER로 평가하는 가치가 늘어난다. 이런 내용으로 투자종목을 선별하려는 분들께 필자가 전했던 내용은 한 가지였다.

"전부 헛소리라고 생각하시면 됩니다."

금감원이 17개 금융사의 변동현황을 분석한 결과 은행과 금융지주사는 신종자본증권 분류 변경과 대손충당금 적립기준 변경 등으로 자본과 당기순이익이 모두 증가했다. IFRS가 도입되었다. 무엇이 바뀌는가? 회계기준이 바뀌었기 때문에 회계처리 방법이 달라진다. 이 때문에 이익이 개선되는 기업도 생겨나고, 자본이 증가하는 기업도 생긴다. 그런데 회계처리가 달라졌다고 왜 기업가치가 달라질까? 쉽게 질문해 보자. 회계처리는 언제 하는가?

장사 도중에 할까, 문 닫고 나서 할까?

문 닫고 나서 하는 게 결산이다. 12월 31일이 지나면 회사는 장부를 마감한다. 그리고 1월에 작년 실적에 대해 결산을 한다. 회계 부서에서 10여 일간 가결산을 해보니 실적이 나빠졌다. 전년도 이익이 200억 원이었는데 100억 원으로 줄어든 것이다. 사장님도 당황한다.

"왜 이렇게 실적이 나빠졌어? 무슨 방법 없어?"

이대로라면 주가도 내려가고 실망한 주주들의 항의도 빗발칠 것이다.

주주총회에서 사장과 임원들의 급여를 깎으라고 할지도 모른다. 이때 회계팀장이 조심스럽게 제안한다.

"기계장치 내용연수를 늘려볼까요?"

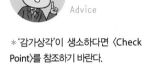

* '감가상각'이 생소하다면 〈Check Point〉를 참조하기 바란다.

회사에 100억 원짜리 기계장치가 있는데 5년 정도 사용할 것으로 예상하고 1년에 20억 원씩의 감가상각비를 인식하고 있었다.* 만약에 내용연수를 5년에서 10년으로 변경한다면 감가상각비는 10억 원이 되어 비용은 10억 원 줄고, 이익이 10억 원 늘어난다. 내용연수를 변경하려면 누구의 승인·허가를 받아야 할까? 내용연수는 회사에서 '합리적으로 추정'하는 것이다. 누군가의 허락이나 신고가 필요한 부분이 아니다.

구매 당시 10년 정도 사용할 것으로 예상했던 기계장치가 있다. 그런데 이듬해에 갑자기 밀려든 제품 주문을 소화하느라 하루 24시간을 계속해서 가동했다고 하자. 이로 인해 기계 수명이 5년으로 줄었다면 계속해서 10년 동안 상각하는 게 맞을까, 아니면 5년으로 수명을 단축해 상각해야 할까? 당연히 후자가 '합리적'이다. 반대로 5년 간 쓸 줄 알았던 기계인데 주문이 줄어 별로 사용하지 않는 바람에 새 기계처럼 유지되고 있다면 내용연수를 10년으로 늘리는 것이 '합리적'일 수 있다. 내용연수를 연장해 이익이 늘었다는 것만으로 무조건 분식이라고 할 수는 없다. 방법은 이뿐만이 아니다.

재고자산 평가방법도 바꿔볼까요?

재고자산에 대한 원가 흐름의 가정은 '주식가치를 측정하는 방법들' 편에서 다루었다. 언제 사온 재고자산이 먼저 팔리느냐는 가정에 따라

이익이 달라진다. 이렇게 해서 또 이익이 10억 원 늘어날 수 있다. 여러 번 얘기하지만, 회계상의 이익은 여러 가지 가정을 바탕으로 한 추정이다. 그러므로 가정이 바뀌면 이익도 바뀌게 된다.

회계팀에서 가정을 하나씩 바꿔 이익을 10억씩 늘릴 때마다 이 기업의 가치는 늘어날까?

처음에 말했지만, 회사의 장사는 이미 끝났다. 그리고 장사가 끝난 시점에 기업의 가치는 정해졌다. 문 닫고 남들 다 퇴근했는데, 경리직원 혼자 남아 숫자를 이리저리 두드린다고 기업가치가 달라지지 않는다. 회계처리 방법이 달라졌다고 기업가치가 달라지는 것은 말이 안 된다.

만약 회계처리에 따라 기업가치가 달라진다면, 가치평가 방법이 잘못된 거다!

Advice

** 2018년부터는 다시 '예상손실액' 기준으로 회귀했다.

앞의 기사에서 회계처리 방법이 IFRS로 바뀜에 따라 자본과 당기순이익이 늘어나니 수혜주라고 했다. 정확히 따지자면 이들은 수혜주가 아니라 되려 '피해주'인 경우가 많다. 기사에서 금융지주사의 이익이 늘어난 이유로 '대손충당금 적립기준이 변경'됐음을 거론했다. IFRS가 도입되면서 대손충당금의 적립기준이 '예상손실액'에서 '발생손실액'으로 변경됐다.** 은행이 돈을 빌려주면 못 받고 떼이는 경우를 대비해서 대손충당금을 쌓아야 하는데, IFRS 도입 전에는 돈을 떼일 확률을 계산할 때 '예상손실액'을 기준으로 했다. 즉, 얼마나 떼일지 예상되는 금액만큼 충당금을 쌓았다.

회사가 고객에게 대출해 준 대출금이 110억 원이라고 하자. 이 중 100

억 원은 아직 만기가 되지 않은 정상적인 대출채권이고, 10억 원은 만기가 왔지만 고객이 갚지 않아서 연체된 금액이다. 과거에도 회사가 대출을 해줬다가 만기에 채권을 회수하지 못하고 연체되는 확률(연체율)이 5%였다. 이렇게 연체된 채권에 대해서 80%는 연체 이후라도 회수되었지만, 20%(연체 후 대손율)는 최종적으로 못 받고 떼였다고 가정하자. 즉, 100억 원을 빌려주면 5억 원이 연체되고, 이 5억 원 중 1억 원은 못 받게 된다. 회사는 이렇게 정상채권 100억 원에 대해 연체율과 대손율을 적용해서 1억 원의 충당금을 쌓는다. 그리고 이미 연체된 채권 10억 원에 대해서는 2억 원의 충당금을 쌓는다. 결국 이 회사는 3억 원의 충당금을 쌓아야 한다.

구분	대출금액	연체율	연체 후 대손율	충당금 적립액
정상채권(연체 전)	100억	× 5%	× 20%	= 1억
연체채권	10억		× 20%	= 2억
합계	110억			3억

과거에는 이렇게 정상채권에 대해서도 연체율을 적용해 연체가 '예상'되는 금액을 따지고, 대손율을 적용하여 충당금을 적립했다. 그런데 IFRS가 예상손실액이 아닌 발생손실액을 기준으로 적립하도록 적립기준을 바꾼 것이다. 즉, 아직 연체 전인 정상채권에 대해서는 충당금을 적립하지 않고, 연체가 '발생'한 채권에 대해서만 충당금을 적립하도록 한 것이다. 위의 사례라면 IFRS에 따라 적립해야 할 충당금은 연체채권에 대해서만 2억 원을 적립한다. IFRS 전보다 1억 원의 충당금이 줄어든다. 적립해야 할 충당금이 줄어들기 때문에 그만큼 비용도 줄어들고 회사의 이익은 늘어난다. 자산금액도 과거에는 채권 110억 원에서 충당금 3억 원을 차감한 107억 원이었다면, 이제는 충당금 2억 원을 차감한 108억

원으로 1억 원이 늘어난다. 자산이 1억 원 늘었으니 그에 따라 자본도 1억 원 늘어난다. 이렇게 이익이 1억 원 늘어나고, 자본도 그만큼 늘어 '이익과 자본이 모두 증가하는 수혜주'에 포함된 것이다.

그렇다면 정말 금융지주사의 가치가 늘어난 것일까? 충당금을 2억원 쌓는 것과 3억 원 쌓는 것은 기업가치에 영향을 주지 않는다. 실제로 얼마를 떼이고 얼마를 받느냐가 중요하지 그 이전에 얼마의 '숫자'를 쌓아두었는지는 기업가치와 무관하다. 예금 100억 원에 대해 충당금 10억원을 쌓았다가 100억 원을 모두 회수한 A은행과 충당금 1억 원을 쌓았다가 100억 원을 모두 회수한 B은행의 기업가치가 달라 보이는가? 도중에 얼마를 쌓았든지 간에 같은 금액을 회수했다면 가치는 같아야 한다. 오히려 세금을 고려하면 이 기업의 가치는 감소한다. 충당금을 적게 쌓고 비용을 적게 잡아 이익이 늘어나면 그에 대한 세금도 늘어날 것이다. 실제 바뀌는 건 하나도 없는데도 충당금이란 '숫자'가 줄고, 이익이라는 숫자가 늘었다는 것 때문에 세금은 '현금'으로 내야 한다. 이익이라는 숫자를 얻고 세금이라는 현금을 잃었으니, 기업가치는 오히려 감소해야 한다. 그러니 IFRS 도입으로 자본과 당기순이익이 모두 늘어나는 바람에 세금이 나가게 된 경우는 기업가치가 감소해야 한다. 수혜주가 아니라 피해주인 거다. 그런데 PER이나 PBR로는 자본과 당기순이익이 증가했으니 기업가치가 증가했다고 나온다.

이익은 이렇게 조정할 수 있기 때문에 조정할 수 없는 현금으로 가치평가를 해야 한다는 것이 DCF다. 내용연수를 변경한다고 해서 회사의 현금흐름이 바뀌진 않는다. 대손충당금을 쌓는 기준이 바뀐다고 해도 마찬가지다. 만약 이로 인해 세금이 늘어난다면 그 부분은 현금흐름에 영향을 준다. 그러니 이익이 늘어서 세금을 더 내게 되면 현금흐름 입장에서는 기업가치가 감소한다는 바른 결과가 나온다. 이 때문에 DCF가

가치평가방법의 바이블로 사용되고 있다. 하지만 회계상의 가정을 하지 않는 대신 다른 가정을 한다. 바로 할인율과 성장률에 대한 가정인데, 이 가정에 따라 기업의 가치가 얼마나 바뀌는지는 앞에서 보였다. 장사하는데 귀찮게 하는 동네 건달을 쫓아내려고 전국구 조폭을 데려온 느낌이다. 게다가 앞에서 얘기했듯이 계산도 너무 어렵다. 독자 중에 현금흐름표를 작성해 본 사람이 얼마나 있을지 모르겠다. DCF를 하기 위해서는 미래의 현금흐름을 추정해야 한다.

필자가 사용하는 RIM은 기본적으로 현금흐름이 아닌 회계이익을 바탕으로 계산한다. 초과이익을 계산하기 위해서 ROE를 추정하는데, 회계이익으로 계산한 자료이다. 그렇다면 앞에서 지적했던 PER이나 PBR이 가진 문제점을 그대로 지닐 수 있다. 바로 조금 전 필자가 강조하지 않았던가? 회계처리가 달라진다고 기업가치가 달라진다면 잘못된 가치평가방법이라고. 이 때문에 학계 혹은 실무에서 RIM보다 DCF를 선호하는 사람이 훨씬 많다. RIM의 장점을 한 가지 더 알려드리겠다.

RIM은 회계처리 방법의 차이를 상쇄해버린다!

뭔가 있어 보이는 말인데 조금 어렵다. 쉽게 얘기하자면 RIM은 회사의 꼼수를 무력화할 수 있다. 어떻게 된 이야기인지 예를 들어 보자. 앞에서 보여드린 'IFRS 수혜주' 기사에 이런 내용도 있었다.

일반업종에서는 에너지와 해운업종이 IFRS 도입으로 가장 큰 수혜를 봤다. 반면, 항공(-24.6%) 업종은 가장 타격이 큰 것으로 나타났다.
자산재평가에 따른 공정가치 평가액이 적용됨에 따라 에너지업종은 39.8% 자본이 증가하는 효과를, 수익인식기준 변경에 따라 항공업종의 경우 20.6% 자본이 감소하는 결과가 발생했다.

자산재평가에 따라 자본이 증가하는 효과가 있다는 내용이 있다. 장부가액 100억 원이던 토지를 재평가를 통해 300억 원으로 증가시키면 자본이 200억 원 증가하고 PBR은 낮아지니 저평가로 인식되어 주가가 올라갈 것이라는 주장이다. 하지만 이것도 착시현상일 뿐이다. 300억 원의 가치가 있는 땅이 장부에 100억 원으로 적혀 있다고 100억 원으로 평가해서는 안 된다. 그 땅의 가치는 장부에 얼마로 적혀 있든 간에 300억 원인 것이다.

서부T&D라는 회사가 있다. 2015년 말 자산이 8,838억 원인데, 그중에서 투자부동산이 7,169억 원이다. 자산의 80% 이상이 부동산이다. 장부가액 7,169억 원은 원가법을 적용한 금액인데, 주석을 확인하면 공정가치가 8,725억 원이다. 장부에 공정가치보다 1,556억 원 낮게 기재되어 있다. 만약 이 회사가 이 투자부동산에 대해서 자산재평가를 한다면 순자산이 1,556억 원 증가할 것이다. 그럼 회사의 주가도 그만큼 올라야 할까?

잘 생각해보자. 이 회사는 투자부동산을 제외하면 다른 자산은 거의 없다. 자산은 9,000억 원 가까이 되는데, 매출액은 550억 원이고 당기순이익은 (-)53억 원이다. 그런데 이 회사의 주식을 산 투자자들은 과연 뭘 보고 투자했을까? 투자자들이 이 회사 부동산이 장부상으로는 7,000억 원이지만, 실질가치는 그보다 더 높다는 것을 모르고 투자했을까? 장부상으로는 얼마에 기재됐던 그 자산이 중요한 자산이고, 투자자들이 현명하다면 실질가치는 이미 주가에 반영되어 있다. 만약 회사가 재평가를 통해 부동산의 가격을 1,556억 원을 증가시켰다면, 2015년 말 자산은 10,394억 원이 된다. 2015년 말 이 회사의 시가총액에 순차입부채를 더한 기업가치는* 이미 10,401억 원이다. 이 회사가 자산재평가를 한다고 해서 기업가치가 더 늘어나야겠는가? 자산재평가를 하면 주가가 오를 것으로 생각하는 건 둘 중 하나다. 이 회사의 주주들을 바보로 여기는 것이거나(지금 주가에 자산가치가 반영이 안 되어 있다고 보거나), 아니면 앞으로 바보들이 투자할 것이라고 기대하는 것(장부상으로 늘었으니 기업가치가 늘어난 줄 알고 투자하는 사람들이 있을 거라고 기대하는 것)이다.**

어쨌든 자산재평가가 기업가치를 바꿔서는 안 된다. 그럼 RIM은 어떨까? 회계상의 자본과 이익을 바탕으로 계산하기 때문에 재평가로 자본이 늘어나면 가치도 달라질까? 앞에서 다루었던 사례에 자산재평가를 더해보자. RIM을 처음 설명할 때 보였던 사례다. 자기자본이 100억 원이고, 주주의 요구수익률이 10%인데 ROE가 14%라면 기업가치는 이렇게 산정한다.

Advice

*종종 착각하는 경우가 있는데 기업가치(EV)와 시가총액은 다르다. 보통 기업가치는 회사가 가진 자산의 전체 가치를 말한다. 자산은 부채와 자본의 합계이므로, 기업(자산)가치는 결국 부채가치와 자본가치를 합한 값이 되어야 한다. 상장사의 시가총액이라는 것은 주주 입장의 자본가치만을 의미하므로 여기에 부채가치, 즉 채권자 입장에서 빌려준 순차입부채의 가치를 더해야 기업가치가 된다. 전체 기업가치에서 채권자의 몫(순차입부채)을 빼야 주주가 가져갈 수 있는 주주가치(시가총액)가 되는 원리다.

**실제로 자산재평가를 통해 주가가 상승하는 경우도 분명 있다. 앙드레 코스톨라니의 표현을 빌리자면 주식시장을 살필 때 중요하게 보아야 할 것이 있다. 바로 주식이 바보보다 더 많은지, 아니면 바보가 주식보다 더 많은지이다.

$$100억 + \frac{100억 \times (14\% - 10\%)}{10\%} = 100억 + \frac{4억}{10\%} = 140억$$

자, 이제 이 회사가 자산재평가를 한다고 가정하자. 토지의 장부가격이 시가보다 100억 원만큼 낮게 평가되어 있어서 재평가를 통해 100억 원 늘렸다. 그러면 자산이 100억 원 증가하고, 그만큼 자본도 증가해서 이제 회사의 자본은 200억 원으로 바뀐다. 자본가치가 늘어난 것이다. 대신에 회사의 ROE는 어떻게 되는가? 토지를 재평가했다고 해서 회사의 이익이 늘어나지는 않을 것이므로 14%이던 ROE는 7%(14억/200억)가 된다. 재평가 후의 회사를 RIM으로 평가하면 다음과 같다.

$$200억 + \frac{200억 \times (7\% - 10\%)}{10\%} = 200억 + \frac{(-)6억}{10\%} = 140억$$

어떤가? 재평가 전의 기업가치가 140억 원이었는데, 재평가 후에도 기업가치는 140억 원이다. 자산가치가 100억 원 늘어난 대신 초과이익의 가치는 그만큼 줄어서 기업가치는 그대로 유지가 된다.

물론 RIM이 회사의 모든 분식과 속임수를 다 걸러내는 것은 아니다. PER과 마찬가지로 이익을 조작한 회사에 대해서 잘못된 결론을 얻는다. 이론적으로 따지면 현금흐름을 바탕으로 하는 DCF가 더 우위에 있다. 그런데도 RIM은 실용적이다. 무엇보다도 DCF에 비해 추정해야 할 변수가 적다. RIM을 원래의 수식으로 나타내면 다음과 같다.

$$V_0 = B_0 + \sum_{t=1}^{\infty} \frac{(ROE_t - r_e) \times B_{t-1}}{(1 + r_e)^t}$$

뭔가 굉장히 어려워 보이는데 겁먹을 필요는 없다. 우린 이미 삼성전자를 가지고 실습까지 마쳤다. 저 복잡한 식을 몇 가지 가정으로 단순하게 정리하면 다음처럼 된다. 바로 우리가 써왔던 식이다.

$$\text{기업가치} = \text{자기자본} + \frac{\text{초과이익}}{\text{할인율}}$$

$$V = B_0 + \frac{B_0 \times (ROE - k_e)}{k_e}$$

여기서 자기자본(B_0)은 변수인가, 상수인가? 값이 정해져 있는 상수이다. 회사의 최근 자기자본이 얼마인지만 확인하면 된다. 남아 있는 변수는 딱 두 가지다. 바로 회사의 ROE와 주주의 요구수익률(k_e)이다. 이 두 가지만 추정하면 적정주가를 산정할 수 있다. DCF가 추정 혹은 계산해야 할 것들(영업현금흐름, 예상세율, 운전자본 변동, CAPEX, 타인자본비용 등등)에 비하면 훨씬 쉽게 적용할 수 있다. 워런 버핏이 버크셔해서웨이의 주주서한에 자주 언급한 말이 있다. 필자도 전적으로 동의하는 말이다.

"정확하게 맞히려다 완전히 빗나가는 것보다 대충이라도 맞히는 편이 낫다"

감가상각비

집에 프린터가 없어 집 앞 문구점에서 매번 문서를 출력하던 당신은 프린터를 한 대 살까 고민 중이다. 문구점에서는 장당 출력비가 100원인데, 종잇값은 40원밖에 하지 않기 때문이다. 프린터 가격을 알아보았더니 100,000원이고, 한 대 사면 보통 5년 정도는 쓴다고 한다. 레이저프린터의 토너는 따로 사야 한다. 토너는 개당 4만 원이고, 1,000장까지 출력이 가능하다. 토너 비용이 장당 40원 정도이니, 종잇값을 더해서 장당 80원에 출력할 수 있다. 1장당 출력비 20원씩을 줄일 수 있다고 판단한 당신은 프린터를 샀다. 그리고 1년 동안 500장을 출력했다. 프린터 구매는 당신에게 이익이었을까, 손해였을까?

출력비용을 장당 20원씩 절감할 수 있으니 무조건 이익이라고 생각한다면 바로 감가상각에 대한 개념을 고려하지 않은 것이다. 500장을 출력해 1년간 총 1만 원 (500장 × 20원)의 비용을 아꼈다. 5년 동안 매년 500장을 출력한다면 총 5만 원의 비용을 아끼게 된다. 하지만 당신이 5만 원을 아끼려고 산 프린터는 10만 원이다. 오히려 5만 원이 손해인 셈이다. 소위 '기곗값도 못 건지는 손해'가 발생한 거다. 10만 원에 산 프린터를 5년 동안 쓴다고 했으니, 이에 대한 비용으로 연 2만 원까지도 고려해야 올바른 의사결정이 가능하다. 기곗값을 건지려면 최소한 1년에 2만 원씩은 아껴야 하고, 해마다 1,000장 이상 출력할 때 프린터 구매가 이익이 된다. 결국 프린터값 10만 원에 대해서도 연 2만 원씩을 비용으로 계산하는 것이 '감가상각비' 이다. 말 그대로 풀어보자면 '감가(減價)' 즉, 가치가 감소하기 때문에 '상각(償却)' 즉, 깎아나가는 비용이다.

감가상각비를 정하기 위해서는 세 가지 가정이 필요하다. 첫째로 프린터를 몇 년 쓸 것인지 예상해야 한다. 위와 같이 5년을 쓸 것으로 예상했다면, 연간 감가상각비는 2만 원이지만, 10년을 쓴다고 가정하면 감가상각비는 1만 원이 된다. 이렇게 추정한 자산의 사용기간을 '내용연수'라고 한다. 다음으로 '잔존가치'에 대한 추정도 필요하다. 이 프린터의 수명이 다했을 때 그냥 버리는 것이 아니라 중고로 1만 원에 팔 수 있다면 어떨까? 그러면 감가상각할 금액은 9만 원이 된다. 1만 원은 중고가격으로 건질 수 있으므로 9만 원만 뽑아내면 되는 것이다. 내용연수가 지난 다음에 남는 가치를 '잔존가치'라고 한다. 마지막으로 필요한 것은 감가상각의 방법이다. 위에서는 프린터의 가치가 5년 동안 일정하게 감소할 것으로 예상하여 연 2만 원씩 상각비를 계산했는데, '일정한 금액'으로 상각한다고 해서 이것을 '정액법'이라고 한다. 이 외에 '정률법'이라는 방법도 있는데 '일정한 비율'로 상각하는 방법이다. 이 계산법은 초기의 상각비가 크고, 시간이 지날수록 줄어드는 방법이다. 만약 프린터를 40%의 정률법으로 상각하면 매년 감가상각비는 다음과 같다.

1년차 : 100,000 × 40% = 40,000원
2년차 : (100,000 − 40,000) × 40% = 24,000원
3년차 : (100,000 − 64,000) × 40% = 14,400원

그 외에도 여러 가지 방법이 있는데, IFRS 도입 이후 대부분의 기업은 유형자산에 대해서 정액법으로 상각하고 있다.

ROE를 어떻게
예측할 것인가?

Advice

*2부 중 〈연결재무제표와 별도,
개별재무제표〉 참조

    RIM을 위해 필요한 변수는 두 가지라고 밝혔다. 바로 회사의 ROE와 할인율이다. 먼저 ROE를 어떻게 정할지 얘기해보자. ROE를 계산하는 것은 어렵지 않다. 〈Check Point〉 편에서* 밝혔듯이 연결재무제표에서 가치평가는 지배주주 몫으로 해야 한다. 따라서 ROE도 '지배주주ROE'를 구해야 한다. 지배주주ROE는 지배주주순이익을 지배주주지분으로 나누면 된다. 굳이 계산하는 게 귀찮다면 그냥 HTS만 봐도 나온다.(만약 본인이 사용하는 HTS에 ROE가 제공되지 않는다면 증권사를 바꾸는 걸 심각하게 고려하기 바란다.) 하지만 우리에게 필요한 건 이미 지나간 과거의 ROE가 아니다. 주가는 미래를 반영하기에 앞으로의 ROE에 대한 추정이 필요하다. 이것은 결코 쉬운 일이 아니다. 필자는 종종 강의 중에 이렇게 주장한다.

투자자가 재무제표를 공부해야 하는 이유는 바로 ROE를 추정하기 위해서다!

Advice

*많이 쓰이는 용어이지만, 필자 개인적으로는 이해하기 힘든 명칭이다. 어떻게 주식의 '전문가'라고 자부할 수 있는지 모르겠다. 불사신, 초능력자, 교주 이런 단어들이 주는 느낌과 다르지 않다.

**하지만 조심해야 한다. 계좌수익률을 보여주며 자신의 실력을 자랑하는 경우에도 함정이 있다. 짧은 기간에 보여주기 위한 수익률이라면 얼마든지 속임수를 써서 만들어볼 수도 있다.

이에 관한 내용은 이 책의 끝에서 다시 강조할 것이다. 예고를 하자면, 투자자 입장에서 가장 중요한 재무지표는 ROE다. 당신이 직접투자에 어려움을 느껴, 남에게 돈을 맡긴다고 생각해보자. 5명의 소위 '주식전문가'*라는 사람들이 와서 자신이 최고라고 주장한다. 모두 자신이 최고라고 주장하는 이들의 실력을 과연 무엇으로 비교하고 확인할 것인가? 잘 생각이 나지 않는다면 다음 중에서 선택해보자.

① 투자경력(기간) ② 나이
③ 방송출연횟수   ④ 투자금액 ⑤ 투자수익률

아마도 대다수의 독자가 5번을 선택했으리라 본다. 투자에 있어서 수익률보다 중요한 게 어디 있겠는가?** 투자수익률이 가장 좋은 사람한테 돈을 맡겨야 하는 것은 당연한 일이다. 그런데 이 투자수익률을 어떻게 계산할까? 바로 투자한 금액에 대비해 얼마의 수익이 났는지를 확인해야 한다. 만약 이른바 주식전문가에게 돈을 맡기는 것이 아니라 기업에 맡긴다면 어떨까? 기업은 주주가 맡긴 돈을 자본(지배주주지분)으로 처리한다. 그리고 여기서 나오는 이익이 지배주주순이익이다. 즉, ROE가 그 회사의 투자수익률에 해당한다. 주식전문가의 투자수익률이 가장 중요한 지표이듯이, 회사의 ROE가 투자자에게는 가장 중요한 지표가 된다. RIM모델을 살펴보면 ROE가 주주의 요구수익률보다 얼마나 높으냐에 따라 기업가치가 올라가게 되어 있다. 따라서 ROE를 추정하는 것이 가장 중요하다.

초보투자자가 회사의 내년도 ROE를 예측한다는 것은 쉬운 일이 아니다. 기본적으로 회사의 자본구조와 자산회전율, 레버리지에 따른 손익 추정이 되지 않으면 접근하기 어렵다. 그러니 처음에는 전문가에게 의존

ROE를 구하러 가자!

초보운전

Advice

＊＊＊증권사마다 컨센서스를 제
공하는 메뉴와 화면이 다르다. 대
표적인 HTS 몇 개에서 실제 자료
를 확인하고 계산하는 방법을 '사
례실습'코너에 실었으니, 실습을
해보기 바란다.

하자. 고맙게도 규모가 큰 일명 라지캡(large-capital)의 경우에는 애널리스트들의 컨센서스 자료가 있다. 분명 한계가 있고 완전하지 않은 자료이지만 초보 투자자의 섣부른 '감'에 비하면 더할 나위 없이 좋은 자료이다. 그러니 컨센서스가 있다면 이를 이용하기를 추천한다.＊＊＊ 증권사 HTS마다 다르지만 대체로 아래와 같이 표시된다.

Financial Highlight [연결 | 전체]

IFRS(연결)	Annual			
	2016/12	2017/12	2018/12	2019/12(E) ?
매출액	2,018,667	2,395,754	2,437,714	2,315,377
영업이익	292,407	536,450	588,867	272,452
당기순이익	227,261	421,867	443,449	220,053
지배주주순이익	224,157	413,446	438,909	217,207
비지배주주순이익	3,104	8,422	4,540	
자산총계	2,621,743	3,017,521	3,393,572	3,538,911
지배주주순이익률 ?	11.10	17.26	18.00	9.38
ROA ?	9.01	14.96	13.83	6.35
ROE ?	12.48	21.01	19.63	8.79
EPS				3,198
BPS				37,431
DPS				1,419

ROE(%)

(지배주주순이익(연율화) / 지배주주지분(평균)) * 100

이 회사의 경우 ROE에 대한 2019년 추정치가 8.79%가 된다. 모든 기업이 이렇게 ROE 추정치가 제시되면 좋겠지만, 규모가 작은 스몰캡(small-capital)의 경우에는 컨센서스가 없다. 아래와 같이 컨센서스 자료가 비어 있다면 어떻게 해야 할까?

Financial Highlight [연결 | 전체]

IFRS(연결)	Annual			
	2016/12	2017/12	2018/12	2019/12(E) ?
ROA ?	11.60	12.46	12.80	
ROE ?	13.90	15.04	16.12	

이렇게 컨센서스가 없는 경우에는 별도로 추정해야만 한다. 이 사례의 경우 2019년 ROE는 어느 정도로 예상하는가? ROE가 3년간 계속해서 약 1.1%씩 상승하고 있는 회사다. 2019년에는 어떨까? 여기에 답은 없다. 2019년에도 1.1%가 상승하여 17.2% 정도를 예측값으로 넣어도 된다. 그런데 ROE가 계속해서 높아지는 경우는 드물다. 사실 ROE를 유지만 해도 복리효과 때문에 회사의 이익에 가속도가 붙게 된다. 필자의 경우는 이렇게 상승 혹은 하락추세가 있으면 보통 마지막 값을 예측치로 사용한다. 이 사례라면 16.12%를 추정ROE로 사용하겠다. 아래의 경우(감소추세)는 13.66%를 사용한다.

Financial Highlight [연결 | 전체]

IFRS(연결)	Annual			
	2016/12	2017/12	2018/12	2019/12(E) ?
ROA ?	9.91	8.42	7.89	
ROE ?	17.76	15.64	13.66	

그렇다면 추세가 없고, 아래처럼 증가와 감소가 교차할 때는 어떨까?

Financial Highlight [연결 | 전체]

IFRS(연결)	Annual			
	2016/12	2017/12	2018/12	2019/12(E) ?
ROA ?	6.76	8.53	7.92	
ROE ?	11.75	14.33	12.68	

이럴 경우에 필자는 평균을 낸다. 이때 최근의 추이를 좀 더 반영하기 위하여 가중평균을 구한다. 최근값인 2018년 ROE에 3을 곱하고, 2017년엔 2, 2016년엔 1을 곱한 다음 6으로 나눠주는 것이다. 계산해보면 다음과 같이 약 13.08%가 예상된다.

$$\frac{12.68 \times 3 + 14.33 \times 2 + 11.75 \times 1}{6} = 13.075$$

물론 재무제표나 사업보고서를 분석하는 눈이 넓어지고, 투자하는 회사에 대한 이해가 늘면 독립적으로 ROE를 예측해볼 수도 있을 것이다. 하지만 아직 이런 부분에 대해 자신이 없는 초보라면 대강 이렇게라도 추정하는 수밖에 없다. 버핏의 투자 철학 중 하나가 잘 아는 기업, 잘 아는 분야에만 투자하고, 모르는 기업에는 투자하지 않는 것이다. 투자의 세계에서는 스트라이크 아웃이 없으므로 자신이 좋아하고 잘 칠 수 있는 공이 들어올 때까지 기다린다는 것이다. 필자도 같은 생각이다. 국내 상장사만 해도 투자할 수 있는 회사가 2,000개나 있는데, 굳이 잘 모르는 회사에 투자해야 할 이유가 있을까?

개인 투자자가 펀드매니저에 비해 유리한 조건이 하나 있다. 바로 정말 마음에 드는 주식을 발견할 때까지 자금을 그냥 묵혀두더라도 뭐라고 할 사람이 없다는 거다. 그러니 잘 알지도 못하는 회사에 성급하게 투자하지 않아도 된다. 필자가 '모르는 기업'으로 분류하고 투자하지 않는 기준이 있다.

회사의 ROE를 예측할 수 없다면 아직 그 기업에 대해 잘 모르는 것이다!

할인율은 어떻게 정할 것인가?
: 이론적 방법

RIM 계산을 위해 필요한 두 번째 변수는 할인율이다. DCF에서 할인율이 달라짐에 따라 결과가 크게 달라짐을 앞에서 보였다. 비록 RIM이 DCF보다 그 영향이 적다고는 하지만, 마찬가지로 할인율 변화에 따라 기업가치는 달라질 수 있다. 주주 입장에서 주식가치를 계산할 때 적용하는 할인율을 주주의 '요구수익률'이라고 부른다. 일반적으로 k_e로 표시한다. 이론상으로 k_e를 구하는 가장 일반적인 방법은 CAPM이다. CAPM 식은 다음과 같다. 처음 접하시는 분들은 뒤의 〈Check Point〉를 확인하기 바란다.

$$k_e = R_f + \beta \times [E(R_m) - R_f]$$

R_f : 무위험이자율 β : 당해 주식의 베타 $E(R_m)$: 시장포트폴리오의 기대수익률

CAPM을 통해 주주 요구수익률을 구하기 위해서는 일단 세 가지 변수가 필요하다. 바로 무위험 이자율과 베타, 그리고 시장 포트폴리오의

기대수익률이다. 무위험이자율은 위험이 없는 자산에서 얻을 수 있는 수익률로 일반적으로 국채수익률을 쓴다. 주식베타 같은 경우에는 HTS에서 회사의 베타를 확인할 수 있다. 시장 포트폴리오의 기대수익률은 일반적으로 코스피 수익률을 사용한다.＊

여기까지가 책 혹은 학교에서 하는 소리다.

뒤의 〈Check Point〉에서도 그렇지만, 학교나 시험장에서는 위의 값들을 준다. 변수들을 주고 결괏값을 계산하라고 나온다. 하지만 이를 실제로 적용하려면 반대상황에 놓인다. 문제에서 물어보는 계산은 엑셀 프로그램이나 계산기가 해주는데 오히려 변수를 주지 않는다. 그렇다면 국채수익률은 어디서 구할까? 대표적인 곳으로 '금융투자협회 채권정보센터'라는 사이트(www.kofiabond.or.kr)가 있다. 오늘 날짜로 확인한 국채수익률 화면은 다음과 같다.

| 종류명 | 잔존기간 | 최종호가수익률 | | | |
| | | 당일 | | 전일대비 | 전일 |
		오전	오후		
국고채권(1년)	10월~1년	1.373	1.365	-0.017	1.382
국고채권(3년)	2년 6월~3년	1.402	1.385	-0.045	1.430
국고채권(5년)	4년 6월~5년	1.496	1.475	-0.044	1.519
국고채권(10년)	9년 6월~10년	1.642	1.630	-0.037	1.667
국고채권(20년)	18년~20년	1.598	1.595	-0.032	1.627
국고채권(30년)	28년~30년	1.559	1.554	-0.034	1.588
국고채권(50년)	48년~50년	1.560	1.555	-0.034	1.589

국채수익률이 얼마인지 확인하다 보면 한 가지 고민이 생길 것이다.

무위험 이자율을 구할 때 국고채는 몇 년 만기를 사용할까?

무위험 이자율로는 국채수익률을 사용한다고 하는데, 막상 확인해보면 국고채가 한 가지가 아니다. 만기가 1년에서 50년까지 일곱 가지나 된다. 1년 만기와 50년 만기는 수익률이 0.19% 차이가 난다. 크지 않은 차이로 보이지만, DCF 같은 모델에서는 영향이 적지 않게 날 수 있다. 도대체 몇 년 만기 국고채를 사용해야 할까? 사실 이에 대한 답은 없다. 필자가 그동안 공부한 교과서나 수험서 모두가 무위험 이자율의 대용치로 국고채수익률을 얘기하지만, 막상 몇 년 만기의 국고채 수익률을 써야 하는지는 언급이 없었다.*

*필자가 관련 업무를 할 때도 으레 5년 만기 국고채를 사용했지만, 왜 그런지에 대해서 이유를 들어본 적은 없다.

이와 관련하여 참고할 만한 논문이 하나 있어 소개한다. 경제개혁연구소의 이은정 연구원이 쓴 〈DCF 적용 시 사용된 할인율의 적정성 분석〉이라는 논문이다. 회사가 합병이나 영업양수도(다른 회사의 영업을 통째로 사오는 것)를 하려면 가치평가가 필요하다. 합병하려는 회사의 가치를 산정해서 혹시 과도한 대가를 지급하는 불공정합병은 아닌지 검토하는 것이다. 이 논문은 이러한 합병이나 영업양수도 과정에서 어떤 가치평가 방법이 쓰이고, 또 가치평가에 사용된 가정은 적정한지 검토하였다. 결론을 보면 2013년부터 2014년까지 총 223건의 거래 중 167건이 수익가치의 평가방법으로 현금흐름 할인법(DCF)을 사용하였다. 이중 할인율 결정방법이 구체적으로 기재되지 않은 2건을 제외한 165건을 살폈는데 이때 사용한 무위험 이자율의 만기는 다음과 같다.

	영업양수도		합병		계	
	건수	비중	건수	비중	건수	비중
3년	7	7.22	1	1.03	8	8.25
5년	40	41.24	7	7.22	47	48.45
10년	23	23.71	15	15.46	38	39.18
20년	4	4.12	0	0.00	4	4.12
소계	74	76.29	23	23.71	97	100.00
알수없음	38		30		68	

	영업양수도		합병		계	
	건수	비중	건수	비중	건수	비중
계	112		53		165	

　　결과를 보면 만기를 확인할 수 있는 97건 가운데 가장 많은 47건(48.45%)이 5년 만기 국고채 수익률을 무위험 이자율로 사용하였다. 하지만 10년 만기를 사용한 경우도 38건(39.18%)이나 되어 5년 만기를 사용한 경우와 차이가 크지 않다. 그리고 3년 만기나 20년 만기를 사용한 경우도 있다. 과연 이들 중 어떤 것을 사용하는 게 맞을까?

정답이 있다면 저렇게 다양한 만기가 사용되지도 않았을 것이다. 무위험 이자율로 사용하는 국고채의 만기는 정해져 있지 않다.

　　시장 포트폴리오의 기대수익률, $E(R_m)$은 어떨까? 일반적으로 코스피 수익률을 사용한다고 하는데, 코스피 수익률은 몇 %일까? 코스피 수익률을 계산하는 방법도 여러 가지가 있다. 앞에서 다뤘던 평균수익률로 구할 수도 있고, CAGR로 구할 수도 있다. 코스피를 구성하는 종목에 대한 가중치를 모두 동일하게 줄 수도 있고,(EWR : equal weight return) 시가총액을 고려하여 계산할 수도 있다.(VWR : value weight return) 일별, 주별, 월별 수익률을 구할 수도 있으며, 기간을 얼마로 할지도 정해져 있지 않다. 굉장히 다양한 방법들을 열거했는데 저것들을 알아야 한다는 게 아니라 그만큼 답이 정해져 있지 않다는 얘기다. 계산을 극도로 단순화한 사례를 하나 들어본다.** 다음은 거래소 홈페이지(www.krx.co.kr)에서 구한 코스피 지수 통계자료이다. 1995년부터 2015년까지 연월 초의 주가지수와 연월 말의 주가지수를 비교하여 1년간 등락률이 계산되어 있다. 이 등락률을 코스피 수익률의 대용치로 사용할 경우 단순

Advice

＊＊이해를 돕기 위한 예시일 뿐, 학문적으로 사용해서는 안 되는 방법이다.

평균으로 구한 3년, 5년, 10년 평균 수익률은 다음과 같다.

연	연월초	연월말	등락폭	등락률	3년 평균	5년 평균	10년 평균
1995	1,027.45	882.94	−144.51	−14.06			
1996	882.29	651.22	−231.07	−26.19			
1997	647.67	376.31	−271.36	−41.90	−27.38		
1998	374.41	562.46	188.05	50.23	−5.95		
1999	565.10	1,028.07	462.97	81.93	30.09	10.00	
2000	1,028.33	504.62	−523.71	−50.93	27.08	2.63	
2001	503.31	693.70	190.39	37.83	22.94	15.43	
2002	698.00	627.55	−70.45	−10.09	−7.73	21.79	
2003	633.03	810.71	177.68	28.07	18.60	17.36	
2004	816.26	895.92	79.66	9.76	9.25	2.93	6.47
2005	896.00	1,379.37	483.37	53.95	30.59	23.90	13.27
2006	1,383.32	1,434.46	51.14	3.70	22.47	17.08	16.26
2007	1,438.89	1,897.13	458.24	31.85	29.83	25.47	23.63
2008	1,891.45	1,124.47	−766.98	−40.55	−1.67	11.74	14.55
2009	1,132.87	1,682.77	549.90	48.54	13.28	19.50	11.21
2010	1,681.71	2,051.00	369.29	21.96	9.98	13.10	18.50
2011	2,063.69	1,825.74	−237.95	−11.53	19.66	10.05	13.57
2012	1,831.69	1,997.05	165.36	9.03	6.49	5.49	15.48
2013	2,013.74	2,011.34	−2.40	−0.12	−0.87	13.58	12.66
2014	2,013.11	1,915.59	−97.52	−4.84	1.36	2.90	11.20
2015	1,914.24	1,961.31	47.07	2.46	−0.83	−1.00	6.05

연도별 코스피 지수 등락률을 보면 (−)51%에서 (+)82%까지 그 폭이 매우 크게 나타난다. 이 때문에 최근 3년 평균 (−)0.83%, 5년 평균 (−)1.00%, 10년 평균 (+)6.05%로 어떤 것을 선택하느냐에 따라 7% 이상의 차이가 발생한다. 변동성을 줄이기 위해 가장 긴 10년 평균을 사용하더라도 2014년에는 10년 평균이 (+)11.20%인데 반해 2015년에는 (+)6.05%로 10년 평균이 1년 만에 2배 가까이 차이가 난다. DCF에서 이 정도의 차이는 결괏값에 엄청난 격차를 불러온다. 사실 이처럼 연초

도대체 시장 포트폴리오의 기대수익률은 얼마일까?

대비 연말 지수 등락률을 수익률로 사용한다거나, 평균값을 기하평균이 아닌 산술평균을 사용하는 것은 바르지 못하다.

학문적으로 의미 있는 결과를 소개한다. 서울대의 황이석 교수님이 쓰신 《CFO 강의 노트》는 가치평가에 관한 이론과 실무를 아우르는 명저 중의 명저다. 이 책에서는 주주의 요구수익률에 대해서도 내용의 상당 부분을 할애하고 있는데, 시장수익률의 평균도 산출해서 제시하고 있다.[*] 개별 종목에 대한 가중치에 따라 단순평균 수익률(EWR)과 가중평균수익률(VWR)로 구분한 시장수익률(R_m), 그리고 시장위험프리미엄($E(R_m) - R_f$)은 다음과 같다.

* 여기서는 결괏값만 인용하여 소개한다. 가치평가나 재무관리에 관심이 있으신 분들은 책을 꼭 읽어 보시길 권한다.

연도(2009년 기준)	R_m(EWR)	R_m(VWR)	R_f	R_m(EWR) − R_f	R_m(VWR) − R_f
3년 평균	23.96%	22.34%	5.14%	18.82%	17.20%
5년 평균	43.10%	24.79%	5.03%	38.07%	19.76%
7년 평균	38.60%	22.67%	4.93%	33.67%	17.74%

어떤 방법을 쓰느냐에 따라 결괏값이 큰 편차를 보인다. VWR 방식이 그나마 고른 값을 보이나 시장위험 프리미엄 17%는 직관적으로도 너무 커 보인다. 교수님도 최고경영자들의 설문결과는 대체로 8% 안팎을 제시하고 있음을 밝혔다.

어쨌거나 결론은 시장위험 프리미엄을 딱 몇 %라고 꼬집어 말할 수 없다는 것이다.

마지막 변수인 베타는 어떨까? 종목별 베타는 HTS에서 쉽게 확인해 볼 수 있다. 그런데 증권사별로 제공하는 베타가 모두 같은 값일까? HTS에서 보이는 재무정보 대부분은 증권사가 직접 산출한 것이 아니다. 정보제공업체로부터 받은 정보를 가공하여 HTS에 서비스하는데, 대표적인 정보제공업체 두 곳이 에프앤가이드와 와이즈에프엔이다. 양사에서 동일종목(아모레퍼시픽)에 대해 제공한 베타값이다.

Figure 1. 에프엔가이드 제공베타

시세현황 [2016/09/13]			(단위 : 원, 주, %)
종가 / 전일대비	378,000 / −5,500	거래량	106,986
52주 최고가 / 최저가	441,000 / 346,500	거래대금 (억원)	406
수익률 (1M / 3M / 6M / 1Y)	−2.83 / −7.80 / +5.73 / +7.69	외국인 보유비중	35.27
시가총액 (억원)	243,725	베타	0.91728
발행주식수 (보통주 / 우선주)	58,458,490 / 10,557,830	액면가	500

Figure 2. 와이즈에프엔 제공베타

시세 및 주주현황 [2016/09/13]			
주가 / 전일대비 / 수익률	378,000원 / −5,500원 / −1.43%	액면가	500원
52주 최고가 / 최저가	443,000원 / 341,000원	시가총액 (억원)	243,725
거래량 / 거래대금	106,986주 / 406억원	52주 베타	0.86
발행주식수 (보통주 / 우선주)	58,458,490 / 10,557,830	외국인지분율	35.27%
수익률 (1M / 3M / 6M / 1Y)	−2.83% / −7.80% / +5.73% / +7.69%		

같은 날 같은 종목 베타가 0.92와 0.86으로 차이가 난다. 어떤 것이 맞을까? 실제 베타를 계산하는 방법은 수없이 많다. 베타는 기준이 되는 지수의 등락과 해당 종목의 등락 간에 '상관관계'라는 것을 계산하여 산출한다. 코스피가 오늘 1% 오를 동안 해당 종목은 얼마나 올랐는지를 비교하는 것이다. 이때 몇 년을 비교해볼까? 이 측정 기간에 따라 1년 베타, 3년 베타, 5년 베타 등 다양한 베타값을 구할 수 있다. 또 비교하는 주가도 매일매일을 비교할 것이냐, 아니면 매주, 혹은 매월로 비교할 것이냐 하는 측정 간격에 따라 각각 일 베타, 주 베타, 월 베타가 모두 다르게 나온다. 도대체 어떤 베타값을 써야 할까?

결론적으로 필자가 하고 싶은 얘기는 하나다. 책이나 학교, 시험장에서 말하는 주주의 요구수익률에는 '정답'이 있다. 하지만 실제 주식가치를 평가하기 위한 답은 없다. 필자가 주식투자를 하면서 DCF를 버린 가장 큰 이유다. DCF에서는 할인율과 성장률에 대한 가정이 무척 중요한데, 거기에 대한 현실적인 답이 없다는 것이다.

CAPM

대학에서 재무관리 과목을 배울 때 빠지지 않고 등장하는 것이 바로 CAPM이다. 네이버에서 검색하면 다음과 같은 내용이 확인된다.

CAPM

자본자산 가격결정모형. 자본시장이 균형상태를 이룰 때 자본자산의 기대수익과 위험의 관계를 설명하는 모형. CAPM은 증권시장이 경쟁적이라면 예상위험 프리미엄은 시장위험, 즉 베타 계수에 따라 비례해서 변화한다고 설명한다. 즉 자본자산평가 모델은 개별종목의 총위험을 시장에 연관되어 나타나는 위험(체계적 위험)과 시장과 상관없이 나타나는 위험(비체계적 위험)으로 분류하고 시장과 상관없이 나타나는 위험은 분산투자에 의해 제거될 수 있다고 본다. 따라서 체계적 위험에서 보상받을 수 있는 방법은 시장과 관련된 베타 계수뿐이다. 이런 의미에서 모든 투자자는 동시에 동일한 내용의 정보를 입수할 수 있다는 효율적 시장가설을 전제로 하고 있으며 어떤 분석에 의해서도 증권시장을 상회하는 것보다 저가의 증권을 계속해서 찾아낸다는 것은 곤란하다고 한다.

출처 [네이버 지식백과] CAPM (매일경제, 매경닷컴)

필자가 검색된 내용을 옮긴 이유는 한 가지다.

보다시피 뭔가 굉장히 어렵다!

초보자도 쉽게 이해할 수 있으면 좋으련만, 대학에서 3~4시간 이상 가르치는 내용을 단 몇 페이지로 축약하기가 쉽지는 않다. 그러니 다소 어렵더라도 좌절하지 않았으면 좋겠다.

CAPM은 Capital Asset Pricing Model의 약자다. 우리말로 '자본자산 가격결정모형'이라고 부르는데, 일반투자자 입장에서는 주식과 같은 투자자산들의 가격이 어떻게 결정되는지 연구한 모델 정도로 생각하기 바란다.* 모델을 수학적으로 도출하고 증명하는 것은 학문의 영역으로 남겨두고 결론만 전해본다.

CAPM의 핵심인 자산의 가격은 수익률에 따라 정해지는데, 이 수익률은 위험에 비례한다는 것이 결론이다. 시장에 존재하는 여러 가지 자산의 위험과 수익이 다음과 같다고 가정하자. 자산의 위험은 1~5점까지이고, 숫자가 더 클수록 위험한 자산이다. 수익도 1~5점

* 여기부터 설명하는 내용은 재무관리를 전공한 교수님들이 보시면 '고개를 내저을' 내용이다. 단 한 분의 독자라도 더 고개를 '끄덕이도록' 하는 게 이 글의 목적이다.

까지로 숫자가 클수록 더 수익성이 높은 자산이다. ⓐ는 위험 1에 수익 2인 자산이며, ⓕ는 위험 3에 수익 2와 같이 정해진다.

수익 \ 위험	1	2	3	4	5
5					
4				ⓖ	ⓗ
3		ⓒ	ⓔ		
2	ⓐ		ⓕ		ⓘ
1	ⓑ	ⓓ			

일단 ⓐ와 ⓑ를 비교해보자. 두 자산의 위험은 1로 같지만, 수익은 ⓐ가 2이고, ⓑ는 1이다. 당신이라면 ⓐ와 ⓑ 중 어디에 투자하겠는가? 이성적인 투자자라면 ⓐ를

두고 ⓑ에 투자하지는 않을 것이다. 부담하는 위험이 같다면 당연히 수익이 높은 자산을 선택하지 않겠는가? ⓒ와 ⓓ, ⓔ와 ⓕ, ⓗ와 ⓘ에 대해서도 마찬가지로 ⓓ, ⓕ, ⓘ는 투자자의 외면을 받게 된다. ⓑ, ⓓ, ⓕ, ⓘ가 시장에서 거래가 되려면 각각 ⓐ, ⓒ, ⓔ, ⓗ만큼의 수익을 낼 수 있어야 한다. 낮은 수익률로 살아남지 못하는 ⓑ, ⓓ, ⓕ, ⓘ를 제거하면 투자 후보는 이제 아래 그림처럼 ⓐ, ⓒ, ⓔ, ⓖ, ⓗ만 남는다.

수익＼위험	1	2	3	4	5
5					
4				ⓖ	ⓗ
3		ⓒ	ⓔ		
2	ⓐ		ⓕ		ⓘ
1	ⓑ	ⓓ			

이 상황에서 ⓒ와 ⓔ를 비교해보자. 둘은 이번에는 수익은 3으로 같지만 ⓒ는 위험이 2이고 ⓔ는 위험이 3이다. 같은 수익을 내는데 더 위험하다면 마찬가지로 사람들의 선택을 받을 수 없다. ⓖ와 ⓗ 중에서 ⓗ 역시 사람들의 외면을 받는다. 결국, 시장에 있는 자산 중에서 살아남을 수 있는 것은 아래와 같이 ⓐ, ⓒ, ⓖ뿐이다.

수익＼위험	1	2	3	4	5
5					
4				ⓖ	ⓗ
3		ⓒ	ⓔ		
2	ⓐ		ⓕ		ⓘ
1	ⓑ	ⓓ			

ⓐ, ⓒ, ⓖ는 위험과 수익이 각각 (1, 2), (2, 3), (4, 4)로 어느 한 자산이 다른 자산보다 월등하다고 할 수 없다. ⓐ에서 ⓖ로 갈수록 위험이 증가하지만, 수익도 증가한

다. 이렇게 시장에는 위험이 크면 그만큼의 수익도 큰 자산만 살아남게 된다. 결국, 효율적인 시장에서 살아남아 있는 자산은 위험과 수익률이 비례하게 된다는 것이 CAPM의 주장이다. 그리고 바꿔 말하면 사람들이 위험한 자산에 투자할 때는 더 높은 수익률을 요구한다는 말이 된다. 문제는 위에서 숫자 1~5로 표시한 위험과 수익을 어떻게 구할 것이냐는 점이다. 수익은 %로 표시하는 수익률로 구할 수 있다. 그렇다면 위험은 어떻게 측정할 것인가?

CAPM에서 위험은 베타(β)로 측정한다. β는 주식의 위험을 변동성의 크기로 측정한다. 다음 두 종목의 차트를 비교해보자. '도레이케미칼'이라는 종목과 '이화산업'이라는 종목의 1년간 주가를 차트의 폭을 같게 하여 그린 것이다.

Figure 3. 도레이케미칼

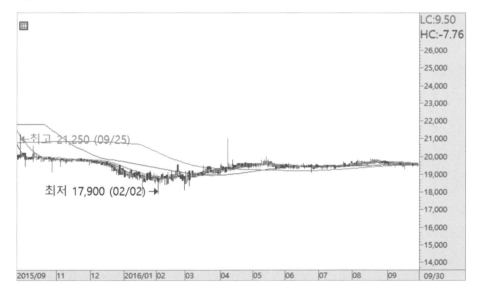

Figure 4. 이화산업

　두 종목 중 어디에 투자하는 것이 더 위험해보이는가? 아래에 있는 이화산업이 더 위험해 보인다. 도레이케미칼의 경우 1년 동안 최저가 대비 최고가의 차이가 20%도 되지 않는다. 단 하루의 상·하한가 폭도 되지 않는다. 최고가에 매입했더라도 손실률은 7.8%이고, 최저가에 매입했더라도 수익률은 9.5%이다. 반면에 이화산업은 최저가 대비 최고가가 63%다. 이 63%의 변화는 단 14일 동안 이루어졌다. 그 이후로도 최저가와 최고가를 수차례 왕복하고 있다. 단 2주 만에 60% 넘는 수익을 낼 수도 있지만, 3주 만에 다시 같은 금액의 손실을 볼 수도 있다. 이처럼 주가의 변동성이 크면 주주의 요구 수익률도 높아진다. 도레이케미칼에 투자하는 투자자와 이화산업에 투자하는 투자자 중 누가 더 욕심이 크겠는가?*

*어디까지나 CAPM과 베타에 대한 이해를 돕기 위한 설명일 뿐, 필자가 주장하는 바는 아니다. 이에 대한 필자의 생각은 다음 장 〈주식투자를 위한 현실적인 대안〉에서 밝힌다.

　베타는 기준지수를 정하고 해당 종목이 상대적으로 얼마나 변동하였는지를 측정한다. 간단히 말해, 코스피 지수가 10% 상승하는 동안 주가가 20% 상승한 종목이라면 베타가 2가 되고, 5% 상승했다면 베타가 0.5가 되는 식이다. 그럼 코스피 지수의 베타는 얼마가 될까? 자기 자신과 똑같이 움직일 테니 이 경우에는 베타가 1이다. 자, 그러면 위험과 수익률이라는 두 가지 축이 정해졌다. x축은 위험을 베타로, y축은 수익률로 아래와 같은 기본 축을 그린다.

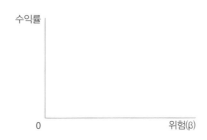

자, 여기서 위험이 0인 자산의 수익률은 어느 정도가 될까? 위험이 하나도 없는 자산을 '무위험 자산'이라고 하고, 이 자산의 수익률을 '무위험 수익률'이라고 부른다. 현실에서 '100% 완벽'이라는 것은 존재하기 힘들겠지만 그래도 가장 위험이 낮다고 보는 투자상품이 국채다. 보통 사람들은 예금이 가장 안전하다고 생각하지만, 저축은행 사태에서 보았듯이 은행도 도산의 위험이 있다. 은행보다 더 안전한 것이 국가일 것이다. 즉, 국채가 가지고 있는 위험은 대한민국이 도산할 위험을 말하므로, 은행보다도 훨씬 위험이 낮은 무위험에 가까운 자산이 된다. 그렇다면 국채에 투자해서 얻을 수 있는 수익률이 곧 무위험 수익률이 된다. 이 무위험 수익률을 기

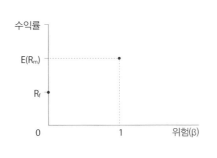

호로 R_f라고 표시하자. 그러면 아래 그림과 같이 무위험 수익률의 위치를 표시할 수 있다. 추가로 코스피의 베타는 1이라고 했으므로, 코스피의 기대수익률을 $E(R_m)$으로 표시하면 마찬가지로 코스피의 위험(β=1)과 수익률의 위치를 표시할 수 있다.

이렇게 표시된 두 점을 직선으로 잇게

되면 이것이 바로 'CAPM식'이 된다.* 종목의 위험에
따른 수익률을 구할 수 있게 된 것이다.

＊위험과 수익률이 왜 꼭 직
선의 관계로 나타나는지 의문
일 수 있다. 이는 CML(Capital
Market Line: 자본시장선)의
도출과 마코위츠의 포트폴리
오이론에 대한 이해가 필요
한 내용이므로 여기서는 생
략한다. 관심 있는 독자는 시
중의 재무관리 교재를 참고
하기 바란다.

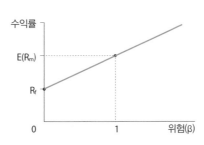

이를 식으로 나타내면 아래와 같다.

$$k_e = R_f + \beta \times [E(R_m) - R_f]$$

R_f : 무위험이자율 β : 당해 주식의 베타 $E(R_m)$: 시장포트폴리오의 기대수익률

만약, 국채수익률이 2%이고 코스피 수익률은 8%인데, 특정 종목의 베타가 0.8이
라면 이 종목에 대한 기대수익률은 다음과 같이 구한다.

$$k_e = R_f + \beta \times [E(R_m) - R_f] = 2\% + 0.8 \times (8\% - 2\%) = 6.8\%$$

주식투자를 위한
현실적인 대안

Advice

＊＊1997년 버크셔 연례 주주총
회에서 했던 얘기로, 《워런 버핏의
위대한 동업자, 찰리 멍거》(트렌 그
리핀 저)에서 인용했다.

　　결론적으로 필자는 할인율을 계산할 때 CAPM을 사용하지 않는다. 이와 관련해서 버핏의 유일한 동업자인 찰리 멍거가 했던 얘기 한 토막을 소개한다.＊＊

"주식의 변동성으로 위험을 측정한다는 말은 미친 소리다."

　　투자자에게 위험은 주가가 변하는 것이 아니라, '원금을 날려버리는 것' 혹은 '충분한 수익률을 얻지 못하는 것'이라는 멍거와 버핏의 주장에 동의한다. 학교에서 가르치니 당연한 것으로 여겼지만, 주가가 올라 변동성이 커지는 것이 위험이라면 필자는 그 위험을 감사히 받아들이겠다. 필자는 변동성을 위험으로 보고 그에 비례하여 할인율을 산출하는 CAPM을 사용하지 않는다.

CAPM을 사용하지 않는다면 어떻게 주주의 요구수익률을 구한단 말인가…

사실 이에 대한 답은 없다. 학교에서 워낙 CAPM을 정답으로 가르쳐 서 그런지 다른 대안에 대한 고민도 많지 않아 보인다. 버핏과 멍거도 CAPM의 대안에 대해서는 구체적으로 제시하고 있지 않다. 하지만 한 가 지 산출 가능한 방법이 있기는 하다. 바로 주주들에게 설문조사를 하는 것이다. 삼성전자에 투자한 모든 투자자에게 몇 % 정도의 수익을 기대하 고 있는지 설문을 해서 주주의 '요구수익률'을 산정하는 방법이다. 하지 만 매초마다 계속해서 바뀌는 주주들에게 설문조사를 하기란 현실적으 로 어렵다.

필자가 제시할 수 있는 가장 현실적인 대안은 한 가지다. 지금 우리가 구하려는 건 주주의 요구수익률인데, 누가 주주가 되려고 하는가? 바로 당신이다. 즉, 이 회사의 주식을 살지 말지, 다시 말해 주주가 될지 말지를 고민하는 사람은 당신이다.

그러니 당신의 요구수익률을 사용하는 것이 가장 현실적인 대안 이다.

다소 허망한 결론일 수도 있지만 아직은 필자가 제시할 수 있는 유 일한 대안이다. 삼성전자에 투자하면서 5%만 먹어도 괜찮다는 사람과 20%는 먹어야 한다는 사람은 매수하는 가격이 서로 달라야 한다. 생각하 는 기업의 가치도 같을 수 없다. 연 100%를 욕심내는 사람은 아마 정상적 인 투자종목을 찾을 수 없을 것이다. 당신이 투자하는 종목에 대해 몇 % 의 수익을 기대하는지 '요구수익률'을 정하라.

사실 이 방법은 투자자의 '감'을 요구하는 방법이다. 오랜 기간 투자를 통해 내공이 쌓이다 보면 종목을 바라보는 눈과 시장을 내다보는 견해가 생긴다. 하지만 여기에는 두 가지 문제점이 있다. 첫째, 초보자는 아직 이 감이 부족하다는 점이다. 둘째, 오랜 시간 연륜을 쌓은 투자자는 자신의 감이 떨어지는 것을 스스로 알지 못한다는 문제가 있다. 이에 대한 보완책으로 필자가 추천하는 방법이 있다. 투자에서는 되도록 '감'의 영역을 줄이고, '데이터'의 영역을 넓히는 것이 좋다. 요구수익률을 100% 감에 의존하기보다는 객관적인 데이터에 연동하는 것이 좋다. 그리고 어떤 데이터에 연동할 것인지가 바로 연륜이나 지혜가 될 수 있다. 한 가지 질문을 해보자. 삼성전자에 투자하는 투자자들의 요구수익률이 20년 전에 비해 높아졌을까, 낮아졌을까? 1990년대에 주주들이 요구하던 수익률보다는 많이 낮아졌을 것이다. 이유는 바로 '금리'가 하락했기 때문이다. 20년 전에 주식투자를 하며 연 10%의 수익을 내겠다고 하면 바보 소리를 듣는다. 은행 금리도 10%인데, 주식에 투자하면서 10%를 먹겠다는 사람은 없었을 것이다. 하지만 지금 주식에 투자하면서 연 10% 수익을 내면 충분히 잘한다는 소리를 듣는다. 은행 금리가 1%의 초저금리이기 때문이다. 따라서 주주의 요구수익률은 금리와 연동하는 것이 합리적이다. 미국의 금리 인상 소식이 들릴 때마다 주식시장이 휘청이는 이유도 금리가 인상되면 주식에 대한 할인율이 상승해 적정가치가 하락하기 때문이다. 수급적인 측면에서도 금리가 높아진다면 위험자산인 주식보다는 안전자산인 예금으로 자금이 옮겨갈 수 있으므로 악재가 될 것이다. 이러한 이유들 때문에 어떻게든 가치평가에 사용할 할인율은 금리에 연동하는 것이 좋다.

　　금리도 여러 가지가 있는데, 필자가 참고하는 금리는 회사채 수익률이다. 주식투자는 결국 개별회사에 투자한다는 얘기이므로 회사가 발행하는 채권의 수익률을 참조한다. 채권에는 신용등급이라는 게 존재한다. 믿을만하고 안정적인 회사(AAA)부터 위험한 회사(C)까지 등급이 매겨져 있다. 여기서 보통 'BBB-'까지를 '투자등급'으로 분류하고 그 이하를 '투기등급'으로 분류한다. 그리고 각각의 등급에 따른 금리스프레드(가산금리)를 구할 수 있다. 안전하고 등급이 높은 회사채는 얻을 수 있는 수익률이 낮지만, 위험한 등급의 회사채는 수익률이 높다.

아래는 한국신용평가(www.kisrating.com)에서 제공하는 오늘 날짜(2019년 11월 29일) '등급별 금리스프레드'이다.

구분	3월	6월	9월	1년	1년6월	2년	3년	5년
국고채	1.26	1.29	1.36	1.36	1.36	1.38	1.39	1.48
AAA	1.55	1.6	1.63	1.65	1.66	1.67	1.71	1.78
AA+	1.58	1.62	1.65	1.66	1.67	1.69	1.73	1.83
AA	1.61	1.66	1.68	1.7	1.7	1.72	1.76	1.89
AA-	1.64	1.69	1.71	1.73	1.73	1.75	1.79	1.98
A+	1.71	1.76	1.78	1.8	1.81	1.83	1.97	2.38
A	1.86	1.91	1.94	1.96	1.97	2.01	2.26	2.82
A-	2.08	2.15	2.2	2.23	2.27	2.37	2.71	3.42
BBB+	2.73	3.14	3.51	3.74	4.11	4.64	5.34	5.58
BBB	3.11	3.64	4.09	4.41	4.92	5.58	6.39	6.63
BBB-	3.78	4.43	5.02	5.39	6.03	6.73	7.75	8.05
BB+	5.23	5.99	6.62	7.1	7.72	8.45	9.69	10.34
BB	5.94	6.74	7.39	7.89	8.56	9.32	10.61	11.33
BB-	6.48	7.28	7.94	8.45	9.13	9.9	11.19	11.93
B	10.26	11.25	12.06	12.71	13.61	14.57	16.16	17.31

필자는 여기서 투자등급에 해당하는 BBB- 5년 금리(8.05%)를 RIM에 적용하는 요구수익률로 사용한다.

앞에서 삼성전자의 사례에 사용한 8%의 할인율은 이렇게 구한 것이

Advice

＊이는 투자 초기에 형성된 필자의
투자철학이다. 종목을 고를 때 '5년
안에 2배는 가지 않을까'라는 관점
에서 종목을 골라왔다.

다. 두 가지 측면에서 이 값을 사용한다. 첫째, 주식에 투자하면서 최소 투자등급에 해당하는 회사채 수익률 정도는 얻을 수 있어야 한다고 본다. 둘째, 5년 만기 수익률을 사용하는 것은 필자가 특정 종목에 투자할 때 5년까지는 기다릴 생각으로 투자하기 때문이다.＊

이런 식으로 할인율을 설정했을 때의 장점이 몇 가지 있다. 먼저 앞에서 언급했던 대로 '감이 아닌 데이터'를 통해 객관적인 주식가치평가가 가능해진다. 또한 시중금리에 자연스럽게 연동된다는 장점도 있다. 투자자가 고려해야 할 수많은 경제지표가 있지만 가장 중요한 것이 금리라고 생각한다. 또 한 가지 장점은 기업들의 신용위험이 커지면 자연스럽게 기업가치가 낮아진다는 점이다. 필자는 앞에서 밝힌 대로 주식의 가격변동위험(베타)을 진정한 위험으로 보지 않지만, 신용위험(기업의 재무상태가 나빠져 원금을 상환하지 못할 위험)은 반영할 필요가 있다고 본다. 회사채의 금리스프레드는 바로 이 신용위험을 반영하고 있다.

그렇다면 신용위험을 반영해서 회사채 등급이 높은 종목은 낮은 할인율을 사용하고, 등급이 낮으면 그에 맞는 높은 할인율을 사용하려는 투자자도 있을 것이다. 하지만 필자는 이 방법을 선호하지 않는다. 위험이 높다고 해서 높은 할인율을 적용하지는 않는다.

위험이 큰 종목엔 그냥 투자하지 않는다.

필자에게 위험은 멍거가 말했던 '원금을 날릴 위험'이고, 만약 그런 위험이 높다면 할인율을 높여서 투자할 게 아니라 아예 투자대상에서 제외하는 것이 옳다고 본다. 이렇게 원금을 상환하지 못할 위험이나 상장폐지가 될 위험을 판단하기 위해 재무제표를 분석하는 것이다.

처음부터 밝힌 대로 요구수익률(할인율)에 대한 답은 없다. 하지만 대학에서 가르치는 CAPM보다는 오히려 투자등급 회사채 수익률이 일반 투자자가 주식가치를 계산하는 데 있어서 훨씬 좋은 대안이 될 것으로 기대한다.

회사의 초과이익은
얼마나 지속할까?

　　RIM을 적용하는 데 필요한 ROE와 할인율을 어떻게 결정할지 얘기했으니 마지막으로 한 가지 추가적인 고민을 얘기해보자. 회사가 내는 초과이익은 얼마나 지속할 수 있을까? 앞에서 삼성전자의 2021년 예상 ROE를 이용하여 기업가치를 계산하고 적정주가를 구한 식은 다음과 같다.

$$주주가치 : 273조 + \frac{273조 \times (13.42\% - 8\%)}{8\%} = 273조 + \frac{14.797조}{8\%} = 약 \ 457.9조$$

$$주가(주당가치) : \frac{457.9조}{6,792,669,250} = 67,419$$

　　여기서 67,400원의 가치는 삼성전자가 영원히 5.42%(13.42% - 8%)의 초과이익을 낼 수 있다고 가정했을 때 나오는 결과이다. 과연 삼성전자는 5.42%만큼의 초과이익을 영원히 주주들에게 안겨줄 수 있을까? 영원한 초과이익을 가정하는 것이 합리적이라고 생각하지 않는다. 만약 기업의 초과이익이 시간이 지나면서 감소한다면 적정가치는 어떻게 달라질까? 이렇게 초과이익이 감소할 경우 기업가치가 어떻게 달라지는지에 대해서는 김권중 · 김문철 공저《재무제표분석과 가치평가》에 소개된 'Ohlson 모형'을 응용해 풀 수 있다.* 초과이익이 지속할 경우의 RIM식은 다음과 같다.

$$\text{기업가치} = \text{자기자본} + \frac{\text{초과이익}}{\text{할인율}} = \text{자기자본} + \text{초과이익} \times \frac{1}{\text{할인율}}$$

여기서 초과이익이 감소한다고 가정할 때의 식은 다음과 같이 변형된다. 먼저 초과이익이 지속하는 정도를 지속계수 ω로 표현한다. 만약 ω가 0.9라면 초과이익이 90%만 지속하고, 10%는 감소한다는 의미이다. 초과이익이 해마다 20%씩 감소한다면 ω는 0.8이 되고, 30%씩 감소한다면 0.7이 되는 식이다. 이 초과이익 지속계수 ω를 반영한 RIM식은 다음과 같다.**

$$\text{기업가치} = \text{자기자본} + \text{초과이익} \times \frac{\omega}{(1 + \text{할인율} - \omega)}$$

실제로 계산을 해보자. 앞에서 삼성전자의 적정주가 67,400원은 다음과 같이 구했다.

$$273\text{조} + \frac{273\text{조} \times (13.42\% - 8\%)}{8\%} = 273\text{조} + 14.797\text{조} \times \frac{1}{8\%} = \text{약} \ 457.9\text{조}$$

$$\text{주가(주당가치)} : \frac{457.9\text{조}}{6,792,669,250} = 67,419$$

이제 삼성전자의 초과이익이 연 10%씩 감소하고 90%만 지속한다고 가정하자. 그러면 ω는 0.9가 되어 다음과 같이 기업가치와 주당 가치를 구하게 된다.

$$273조 + 14.797조 \times \frac{0.9}{1 + 8\% - 0.9} = 273조 + 14.797조 \times \frac{0.9}{0.18} = 약\ 347조$$

$$주가(주당가치) : \frac{347조}{6,792,669,250} = 51,084$$

만약 삼성전자의 초과이익이 연 20%씩 감소하여 대략 5년 정도 뒤에는 평범한(주주의 요구수익률 정도의 ROE만 기록하는) 회사가 된다고 가정하면 기업가치와 주당가치는 다음과 같다.

$$273조 + 14.797조 \times \frac{0.8}{1 + 8\% - 0.8} = 273조 + 14.797조 \times \frac{0.8}{0.28} = 약\ 315.3조$$

$$주가(주당가치) : \frac{315.3조}{6,792,669,250} = 46,418$$

정리하면 삼성전자의 적정주가 범위는 초과이익에 대한 가정에 따라 아래와 같이 나타낼 수 있다.

초과이익 가정	적정주주가치	적정주가
영원히 지속	457.9조	67,419원
10%씩 감소	347.0조	51,084원
20%씩 감소	315.3조	46,418원

계산식까지 쓰느라 길어졌지만, 엑셀과 같은 프로그램을 조금이라도 사용할 줄 아는 독자라면 지배주주지분, 예상ROE, 할인율, 주식수, 지속계수만 입력해 자동으로 계산할 수 있도록 수식을 작성하는 것이 어렵지 않을 것이다.

도대체 얼마에 사야
싸게 사는 걸까?

수익을 내려면
싸게 사는 것도
중요해요!

수많은 투자 서적과 투자의 귀재들이 주식을 싸게 사야 한다고 주장한다. 버핏의 스승이자 가치투자의 창시자로 불리는 벤저민 그레이엄이 그의 책《현명한 투자자》에서 가장 강조한 것도 바로 '안전마진'이다. 주식을 내재가치보다 훨씬 싸게 매입해서 안전마진을 확보해야 투자에 성공할 수 있다는 것이다.《현명한 투자자》에서 안전마진 개념을 접한 대부분의 일반투자자가 가지는 의문은 한 가지다.

좋은 얘기이긴 한데, 내재가치는 어떻게 계산하고, 얼마나 더 싸게 사야 한다는 걸까?

이 책에서 소개하는 S-RIM은 여전히 허점도 많고 보완해야 할 구석이 많은 방법이다. 그런데도 투자자들에게 소개하는 이유는, 싸다고 판단할 수 있는 가격을 어렵지 않게 계산할 수 있는 출발점이 되기 때문이다. 앞에서 삼성전자의 적정주가를 ①초과이익이 지속한다고 가정할 때

(67,419원) ②초과이익이 10%씩 감소한다고 가정할 때(51,084원) ③초과이익이 20%씩 감소한다고 가정할 때(46,418원)로 구분하여 산정하였다. 주가가 싸다고 판단하는 필자의 기준은 바로 세 번째 가격인 46,418원보다 쌀 때이다. 즉, 삼성전자가 내는 초과이익이 1년에 20%씩 감소해서 대략 5년 후에 평범한 회사가 된다고* 가정하더라도 최소한 46,418원의 가치는 나오는데, 현재주가가 이보다 낮다면 '싸다'고 보고 매수하는 것이다. 그리고 초과이익이 10%씩 감소한다고 가정한 가격을 적정주가로 보아 51,084원 정도가 되면 1/3정도를 매도한다. 주가가 탄력을 받아 과열되면 초과이익 지속을 가정한 67,419원까지 도달하고 이마저 넘어서는 경우도 있다. 67,419원이 되면 다시 1/3을 매도하고, 나머지 1/3은 지켜본 다음 충분히 올랐다고 판단되는 지점에 매도한다.** 필자가 글을 쓰는 시점(2019년 11월 29일)의 주가 50,300원은 필자가 매수할만한 매력을 느끼는 가격은 아니다. 적정가격 수준이라고 본다.

초과이익 가정	적정주주가치	적정주가	판단
영원히 지속	457.9조	67,419원	매도가격(매도2)
10%씩 감소	347.0조	51,084원	적정가격(매도1)
20%씩 감소	315.3조	46,418원	매수가격

삼성전자 주가가 오를지, 떨어질지는 필자도 모른다. 아니, 필자뿐 아니라 그 누구도 모를 것이라고 본다. 필자는 주가를 예측하지 않는다. 주식시장에서 존경을 받는 분들이 공통으로 자주 하는 얘기가 있다.

주가는 대응하는 것이지 예측하는 것이 아니다.

주가가 앞으로 어떻게 될지는 어차피 모르기 때문에 예측하려고 하

Advice

*수학적으로 정확한 표현은 아니다. 초과이익이 20%씩 사라지는 것이 아니라 80%씩 지속하기 때문에 5년 후의 초과이익은 0.8×0.8×0.8×0.8×0.8 = 0.32768만큼 남게 된다.

**이때 필자도 차트와 여러 가지 정보를 참조해서 판단한다. 아직 '충분히 올랐다고 판단되는 지점'에 대해 판단이 서지 않는 독자라면, 51,084원의 1/2, 67,419원의 1/2을 매도하는 방법을 권장한다.

지 말라는 얘기다. 많은 사람이 "오를 줄 알고 샀는데, 떨어졌어"라는 얘기를 하는데, 어떻게 오를지를 알았는지 신기하다. 어떻게 주가가 오를 줄 안다는 말인가? 주가가 오를지 떨어질지는 아무도 모른다. 예측해도 의미가 없다. 다만 대응을 하는 것이다. 싸면 사고, 비싸면 판다. 만약 누가 필자에게 삼성전자에 투자하라고 하면 필자가 하는 것은 한 가지이다. 46,418원이 되면 사고, 67,419원이 되면 판다. 그렇게 가격에 따라 대응만 한다. 물론 이 가격은 시장의 컨센서스에 따라, 혹은 삼성전자의 새로운 재무제표가 나올 때마다 바뀐다. 만약 삼성전자에 악재가 발생해서 예상 ROE가 13.42%가 아닌 12.0%로 낮춰졌다고 가정하자. 그럼 S-RIM으로 계산한 적정주가 범위는 아래와 같이 변한다.

초과이익 가정	적정주주가치	적정주가	판단
영원히 지속	409.5조	60,286원	매도가격(매도2)
10%씩 감소	327.6조	48,228원	적정가격(매도1)
20%씩 감소	304.2조	44,784원	매수가격

그러면 매도가격은 60,286원으로 바뀌고, 67,419원에 도달하지 못하더라도 팔게 된다. 이렇게 가치를 계산하고 가격과 비교해 매도와 매수를 결정한다. 그래서 필자가 예측하는 건 가격이 아니라 실적이다. 회사의 ROE가 몇 %가 될 것 같은지 예측한다. 이 때문에 차트를 들여다보지 않는다. 실적을 예측하기 위해서는 회사의 비즈니스 모델과 업황, 그리고 재무제표를 들여다봐야 한다. 그런 다음 필자의 예측과 실제 결과가 다르게 나올 때(당연히 다르게 나온다) 그 원인이 무엇인지 파악한다. 그 과정을 통해 회사에 대한 이해를 늘려가고 예측의 정확성을 높여가는 게 필자의 투자법이다. 그것이 필자가 꾸준히 수익을 내는 '비결이랄 것 없는 비결'이고 3부의 주제인 〈수익을 내는 방법〉이다.

사례실습 코너에 당신의 관심 종목을 이 방법으로 실제 평가해보도록 하였다. 실제로 해보시기 바란다. 누군가에게 추천을 받거나, 언론을 통해 전해 들은 종목을 당신이 이 방법으로 평가해보면 대부분이 적정주가보다 높은 가격에서 거래될 확률이 높다. 이미 수많은 투자자가 당신과 같은 이유로, 즉 누군가에게 전해 들은 다음 앞뒤 따지지 않고 매수해서 가격을 이미 높여놨기 때문이다. 당신이 이 피라미드의 마지막층에 들어온 것이다. 누구나 하는 얘기지만 '주가는 미래를 반영해야 한다'.

그리고 주가는 이미 미래를 반영하고 있는 경우가 많다.

사람들은 앞으로 회사가 좋아질 것이라는 기대로 주식을 매수하지만, 주가는 이미 그 기대보다 앞서가는 경우도 많다. 왜 호재에 주가가 내려가느냐고 화를 내는 사람들이 있다. 2016년 4월 6일 셀트리온의 램시마가 미국 FDA 승인을 얻은 날 셀트리온 주가는 7% 하락했다. 왜 호재에도 주가가 하락할까? 간단한 질문을 해보자.

셀트리온 주식을 매수한 투자자 중에, FDA 승인을 얻지 못할 거라 생각한 사람이 있었을까?

물론 시장에는 FDA 승인 가능성을 낮게 보거나 회의적인 사람들이 있었겠지만, 그들은 셀트리온의 주가에 영향을 주지 않는다. 사지 않기 때문이다. 셀트리온 주식을 사는 사람들은 모두 회사의 밝은 미래에 대한 기대를 잔뜩 품은 사람들이다. 그 많은 투자자가 어떤 기대를 하고 있는지, 어느 정도의 성과가 나와야 그 기대를 만족하게 해줄지 차트만 봐서는 알기 힘들다. 가치평가를 하는 이유가 바로 여기 있다. 현재 주가가 적정주가보다 얼마나 높은 수준에 있는지 확인해보면 이미 호재가 주가에 잔뜩 반영되어 있음을 알 수 있다. 대다수 투자자가 좋은 회사에 투자하고서도 손실을 보는 이유다. 이미 높은 기대가 반영된 주가는 기대가 실현된다면 그대로 머물 것이고, 기대를 충족하지 못한다면 하락할 일만 남아 있다.

만약 현재 주가가 적정가격보다 높다면, 그래도 회사를 매수해야 하는 이유를 찾을 수 있어야 한다. 자료와 근거로 자신을 설득해보기 바란다. 그 설득 과정에서 회사와 주식에 대한 이해를 넓혀갈 수 있다. 그러면서 실력이 쌓이고 고수가 된다. 만약 아직 당신이 그런 실력이 없다고 생각한다면 제시할 방법은 한 가지다.

싸게 사라!

그러고 나서 기다림과 관찰이 필요하다. 현재 주가가 싼 데는 대부분 그만한 이유가 있다. 뭔가 먹구름이 낀 것이다. 그 먹구름이 사라질 때까지 얼마나 많은 시간이 걸릴지 모른다. 필자가 올해 수익을 실현한 두 종목 중 하나는 3개월 만에 상한가를 3번 기록하며 구름이 걷혔고, 다른 한 종목은 3년 만에 '겨우' 햇빛을 봤다. 3년 만에 수익을 실현한 종목의 수익률은 104%이다. 3년이나 기다렸다고 했지만, 3년 만에 2배가 올랐으니 마젤란과 버핏을 이긴 종목이다. 지나고 났으니 이겨 냈지만, 그 3년이라는 기간은 결코 만만한 시간이 아니었다. 왜 계속해서 저평가되어 있는지, 언제 구름이 걷힐지, 혹시 내가 잘못 판단하거나 놓치고 있는 게 없을지, 무수한 고민으로 채워지는 시간이었다. 그 시간을 이겨 낼 수 있는 건 자료와 분석이다. 시장이 제시하는 가격보다 내가 생각하는 가치가 옳다는 믿음을 가지기 위해서는 많은 고민과 확인이 필요하다. 마지막으로 다시 한번 강조한다.

주식투자는 절대 쉽지 않다!

가만히 기다린다고 수익이 나는 게 아니랍니다.

S-RIM으로
목표주가 산정하기

실제로 특정 종목의 적정주가 범위를 S-RIM으로 산정해보자. 필자는 '에스티아이'라는 종목을 선택했다. 독자도 관심 있는 종목을 하나 선정하여 같은 순서로 적정주가를 구해보기 바란다. 일단 식을 다시 한번 정리해보자.

$$기업가치 = 자기자본 + \frac{초과이익}{할인율} = B_0 + \frac{B_0 \times (ROE - k_e)}{k_e}$$

먼저 요구수익률을 구하기 위해서 한국신용평가 홈페이지(www.kisrating.com)에 접속하였다. '신용등급 – 등급통계 – 등급별 금리스프레드' 메뉴를 확인하니 BBB– 등급 채권의 5년 수익률이 8.05%이다.

구분	3월	6월	9월	1년	1년6월	2년	3년	5년
국고채	1.26	1.29	1.36	1.36	1.36	1.38	1.39	1.48
AAA	1.55	1.60	1.63	1.65	1.66	1.67	1.71	1.78
AA+	1.58	1.62	1.65	1.66	1.67	1.69	1.73	1.83
AA	1.61	1.66	1.68	1.70	1.70	1.72	1.76	1.89
AA–	1.64	1.69	1.71	1.73	1.73	1.75	1.79	1.98
A+	1.71	1.76	1.78	1.80	1.81	1.83	1.97	2.38
A	1.86	1.91	1.94	1.96	1.97	2.01	2.26	2.82
A–	2.08	2.15	2.20	2.23	2.27	2.37	2.71	3.42

구분	3월	6월	9월	1년	1년6월	2년	3년	5년
BBB+	2.73	3.14	3.51	3.74	4.11	4.64	5.34	5.58
BBB	3.11	3.64	4.09	4.41	4.92	5.58	6.39	6.63
BBB−	3.78	4.43	5.02	5.39	6.03	6.73	7.75	8.05

다음으로 자기자본과 ROE를 구해야 한다. 인터넷 'comp.fnguide.com'에 접속하고 우측의 종목검색 창에 '에스티아이'를 입력하여 조회하였다.

스크롤을 아래로 내려서 Financial Highlight를 확인한다.

지배주주지분	639	859	1,513	1,724	1,525	1,595	1,673	
비지배주주지분	20	11	13	18	10	11	12	
자본금	63	64	79	80	79	79	79	
부채비율	119.06	89.17	66.92	67.48	66.39	53.63	83.74	
유보율	923.50	1,295.10	1,910.66		1,924.89	2,013.43	2,111.53	
영업이익률	12.26	11.56	7.70	9.10	6.63	9.80	10.22	8.51
지배주주순이익률	9.18	8.74	6.80	7.79	7.69	7.95	8.46	7.64
ROA	13.92	16.33	9.42	9.08	8.01	11.12	11.32	6.20
ROE	29.33	33.49	16.44	15.22	13.74	17.71	19.00	13.63

전년도 말 지배주주 지분은 1,513억 원이고, 올해 예상되는 ROE는 15.22% 이다. 만약 당신이 선택한 종목의 예상 ROE가 없다면 과거 ROE를 통해 산 정한다. 상승이나 하락 추세가 있다면 마지막 값을 선택하는데, 회사의 경 우 '29.33/33.49/16.44'로 추세는 없다. 그렇다면 가중평균 ROE를 구한다.

$$\frac{16.44\% \times 3 + 33.49\% \times 2 + 29.33\% \times 1}{6} = 24.27\%$$

회사의 경우에는 과거 평균보다 예상 ROE가 더 낮다. 매출액은 증가할 것 으로 예상하지만 자본이 누적되어 과거만큼의 높은 ROE는 기대하지 못 하고 있다. 주가는 어떨까? ROE가 가장 높았던 2017년을 정점으로 해서 2018년에 하락한 주가가 최근 다시 상승하고 있다. S-RIM에 의한 가치 대 비 현재 주가수준은 어떤지 계산해보자.

$$기업가치 = B_0 + \frac{B_0 \times (ROE - k_e)}{k_e}$$

$$= 1,513억 + \frac{1,513억 \times (15.22\% - 8.05\%)}{8.05\%} = 2,860.6억$$

이제 기업가치를 산정했으니 주식수로 나누어서 주식가치를 구해보자. 이 때, 한 가지 추가로 고려해야 할 사항이 있다. 주식 수를 계산할 때, 자기

주식은 어떻게 처리해야 할까? 복잡한 고민이 필요하지만, 결론적으로 자기주식은 발행주식 수에서 차감한 다음 나누어야 한다. 회계상으로 회사가 자기주식을 취득하면 자본에서 차감하게 되어 있다. 즉, 자기주식 취득만큼 자본이 감소하고, 기업가치도 줄어드는 것이다. 자기주식을 취득하면 기업가치가 작아진다는 점이 이상하게 보일 수 있지만, 주식 수도 줄어들기 때문에 주식가치가 감소하지는 않는다.* 따라서 자기주식은 차감해서 주식가치를 구해야 한다. 회사의 발행주식 수와 자기주식은 FnGuide화면의 '시세현황'과 '주주구분 현황'에서 확인할 수 있다.

＊ 자기주식을 취득하더라도 회사가 비슷한 수준의 이익을 낸다면, 자기자본은 감소하지만 ROE가 증가하여 기업가치는 동일하게 유지되고 주식가치는 증가하게 된다.

시세현황 [2019/11/29]			(단위 : 원, 주, %)
종가 / 전일대비	16,450 / −600	거래량	237,241
52주 최고가 / 최저가	19,850 / 8,250	거래대금 (억원)	39
수익률 (1M / 3M / 6M / 1Y)	−12.96 / +7.17 / +18.77 / +63.68	외국인 보유비중	2.06
시가총액 (상장예정포함,억원)	2,604	베타 (1년)	1.66157
시가총액 (보통주,억원)	2,604	액면가	500
발행주식수 (보통주 / 우선주)	15,830,000 / 0	유동주식주/비율 (보통주)	10,841,977 / 68.49

주주현황			단위 : 주, %
항목	보통주	지분율	최종변동일
성도이엔지(외 4인)	4,337,866	27.40	2019/06/20
자사주	650,157	4.11	2018/10/24
연상흠	71,672	0.45	2018/02/05
송용익	42,928	0.27	2018/03/02
하경렬	20,000	0.13	2018/04/27
윤대풍	18,703	0.12	2018/02/05

주주구분 현황 자세히보기				단위 : 주, %
주주구분	대표주주수	보통주	지분율	최종변동일
최대주주등 (	1	4,337,866	27.40	2019/06/20
10%이상주주				
5%이상주주				
임원 (5%미...	5	163,303	1.03	2018/04/27
자기주식 (자...	1	650,157	4.11	2018/10/24
우리사주조합				

발행주식 수가 총 15,830,000주이고 자기주식은 650,157주이므로, 주식수는 15,179,843주가 된다. 이제 기업가치 2,860.6억을 주식 수로 나누면 다음과 같이 적정주가는 18,845원으로 계산된다.

$$\frac{286,060,000,000}{15,179,843} = 18,845$$

그런데, 이 가격은 회사의 초과이익이 지속한다고 가정했을 때 산정되는 적정주가이다. 회사의 초과이익이 연 10%씩 감소하는 경우와 연 20%씩 감소하는 경우로 나누어 추가적인 주가 범위를 산정해보자. 식은 다음과 같다.

$$\text{기업가치} = \text{자기자본} + \text{초과이익} \times \frac{\omega}{(1 + \text{할인율} - \omega)}$$

여기서 회사의 초과이익은 '1,513억 × (15.22% − 8.05%) = 108.4821억' 이므로 ω가 0.9일 때와 0.8일 때의 기업가치는 다음과 같이 산정된다.

$$\omega = 0.9 \text{일 때} : 1{,}513\text{억} + 108.4821\text{억} \times \frac{0.9}{(1 + 0.0805 - 0.9)} = 2{,}053.9\text{억}$$

$$\omega = 0.8 \text{일 때} : 1{,}513\text{억} + 108.4821\text{억} \times \frac{0.8}{(1 + 0.0805 - 0.8)} = 1{,}822.4\text{억}$$

이를 주식 수 15,179,843주로 나누면 각각의 경우에 따른 적정주가는 다음과 같이 구할 수 있다.

초과이익	적정주주가치	적정주가	판단
지속	2,860.6억	18,845원	매도가격(매도2)
10%씩 감소	2,053.9억	13,530원	적정가격(매도1)
20%씩 감소	1,822.4억	12,005원	매수가격

현재 주가가 16,450원이므로 적정가격을 넘어섰다. 당장 올해의 예상 ROE를 근거로 계산했을 때는 싸다고 볼 수 없는 상태다. 그런데 이 회사의 향후 미래 ROE는 어떨까? 같은 FnGuide화면 메뉴 중 컨센서스를 확인해보자.

IFRS (연결) | 연간		2016/12	2017/12	2018/12	2019/12(E)	2020/12(E)	2021/12(E)
매출액		1,804	2,870	2,866	3,160	3,909	5,377
전년동기대비	(%)	43.75	59.09	-0.14	10.27	23.67	37.57
컨센서스대비	(%)	4.28	-5.82	-	-	-	-
영업이익		221	332	221	288	414	719
전년동기대비	(%)	84.17	50.23	-33.43	30.17	43.91	73.67
컨센서스대비	(%)	12.76	-19.81				
당기순이익		171	252	198	248	339	582
전년동기대비	(%)	67.65	47.37	-21.43	25.25	36.49	71.94
컨센서스대비	(%)	3.01	-21.00	-	-	-	-
지배주주순이익		166	251	195	246	335	576
비지배주주순이익		6	2	3	-	-	-
자산총계		1,444	1,647	2,548	2,918	3,442	3,867
부채총계		785	776	1,021	1,176	1,324	1,205
자본총계		659	871	1,526	1,742	2,117	2,661
지배주주지분		639	859	1,513	1,724	2,098	2,636
비지배주주지분		20	11	13	18	19	25

ROE는 지배주주순이익을 평균 지배주주지분(전기말 지배주주지분과 당기말 지배주주지분의 평균값)으로 나누어 계산한다. 예를 들어 2021년 예상 ROE는 다음과 같이 계산한다.

2021년 평균 자기자본 = (2,098억 + 2,636억) ÷ 2 = 2,367억
2021년 예상 ROE = 576억 ÷ 2,367억 = 24.33%

이렇게 컨센서스에 의한 2020년과 2021년의 연도별 ROE를 계산하여 추가하면 다음과 같다.

	2016/12	2017/12	2018/12	2019/12(E)	2020/12(E)	2021/12(E)
ROE	29.33%	33.49%	16.44%	15.22%	17.53%	24.33%

2019년 가장 낮은 ROE를 기록하고, 그 뒤로는 ROE가 증가할 것으로 기대되고 있다. 2021년 예상 ROE인 24.33%를 바탕으로 기업가치와 적정주가를 계산하면 다음과 같다.

$$기업가치(지속) = 1,513억 + \frac{1,513억 \times (24.33\% - 8.05\%)}{8.05\%} = 4,572.8억$$

$$초과이익 = 1,513억 \times (24.33\% - 8.05\%) = 246.3164억$$

$$\omega = 0.9일 \ 때 : 1,513억 + 246.3164억 \times \frac{0.9}{(1 + 0.0805 - 0.9)} = 2,741.2억$$

$$\omega = 0.8일 \ 때 : 1,513억 + 246.3164억 \times \frac{0.8}{(1 + 0.0805 - 0.8)} = 2,215.5억$$

초과이익	적정주주가치	적정주가	판단
지속	4,572.8억	30,124원	매도가격(매도2)
10%씩 감소	2,741.2억	18,058원	적정가격(매도1)
20%씩 감소	2,215.5억	14,595원	매수가격

컨센서스의 예상대로 2021년 ROE 24.33%를 달성할 수 있다면 현재 주가 16,450원은 적정가격보다 낮은 저가수준으로 판단된다. 3개월 전 주가가 14,000원대였는데 싸게 살 수 있는 매수가격이었다. 필자라면 14,000원에서 매수한 다음 18,000원에서 1/3 매도하고 30,000원 정도에서 1/3을 매도한 다음 주가 추이를 지켜볼 것이다. 물론 금리가 인상된다거나 회사의 예상 ROE 24.33%에 변화가 생겨나는지, 실제 달성하는지에 대해서는 지속적인 모니터링이 필요하고 그에 맞춰 목표가격을 재산정해야 한다.

마치며

이제부터가 시작이다!

필자는 두꺼운 책을 싫어한다. 일단 손이 잘 가지 않고, 읽을 엄두도 나지 않는다. 길고 어렵게 쓰는 건 쉽지만, 짧고 쉽게 쓰는 건 훨씬 어렵다. 필자 혼자서 완결된 책을 써보는 게 처음이기에* 애초 기획했던 내용에서 많은 것을 덜어냈음에도 계획보다 분량이 많아졌다. 더 쉽고 더 짧게 쓰지 못해 부끄럽다. 그런데 내용을 덜어내다 보니 한 가지 걱정되는 부분이 있다.

*공동저자로서 일부분을 집필하거나, 수험생을 위한 문제집을 썼던 적은 있지만, 필자의 주장을 온전히 채워 넣은 건 처음이다.

이 책의 내용이 투자의 결론이라고 생각해서는 절대 안 된다.

자꾸 강조하지만 투자는 어렵다. 책 한 권 읽었다고 모두 알 수가 없다. 증권사 직원들을

354

대상으로 8년 넘게 강의를 해왔지만, '하면 할수록 할 게 많아지는 게 투자공부'라는 생각이 든다. 분량이 꽤 되는 이 책에서 말한 것은 결국 다음의 내용으로 정리할 수 있다.

1. 투자할 때 재무제표는 꼭 보라.
2. 깡통 차고 싶지 않으면 최소한 관리종목 편입이나 상장폐지의 위험이 없는지는 확인하라.
3. 싸게 사서 비싸게 팔아야 한다. 그러기 위해 S-RIM으로 적정주가를 산정하라.

위 내용을 책으로 쓴다고 했을 때 필자의 아내와 매우 친한 지인 중 일부는 우려를 표했다. 이 내용을 강의해서 회계사 연봉의 몇 배를 벌었는데, 책으로 다 알려줘버리면 뭘로 먹고살 거냐는 얘기였다. 필자의 강의를 듣고 '충격'을 받았다고 표현하신 분은 이 강의를 더는 하지 말기를 원했다. 농담이지만, "회계사님이 책을 내면 자기가 모두 사서 없애버리겠다."고까지 했다. 비결을 자신만 알고 남들에게 공개하지 않기를 바라는 마음이었다. 그런데도 책을 쓰는 이유가 몇 가지 있다.

첫 번째는 이 내용이 '완성된 비결'이 아니라, '시작'에 불과하기 때문이다. 이 책이 투자를 시작하는 독자들의 시작점이 되길 바란다. 별거 아닌 내용이지만, 필자가 수년간의 시행착오를 거친 다음 이 만큼 깨우쳤을 때 비로소 필자만의 공부와 분석이 시작되었다. S-RIM을 구성하는 요소는 자기자본, 요구수익률, ROE다. 이 중에서 자기자본은 주어진 상수이고, 요구수익률도 채권수익률을 사용한다면 남은 변수는 ROE뿐이다. 그러므로 투자자가 집중해야 할 건 ROE다. 회사의 ROE가 어떻게 구성되었는지 분해해서 분석하고, 이것이 앞으로 어떻게 변할지 예측이 필요하다. 회사의 과거 ROE로 현재 주가가 설명되지 않는다면, 미래의 ROE가 얼마나 상승해야 하는지 가늠해야 한다. 단순히 '성장주이기 때문에 가치평가로는 설명이 안 돼!'라며 '신도'처럼 투자할 게 아니라, 성장주이기 때문에 얼마나 성장할지, 그렇게 성장했을 때 회사의 자기자본은 얼마나 증가하고, ROE가 몇 %까지 오를지를 예측해서 성장주의 가치를 구할 수 있어야 한다.

앞으로 당신이 걸어야 할 길을 간단히 소개해 본다. 잠깐이지만 어려운 용어가 잔뜩 등장한다. ROE를 분해하면 총자산 회전율, 이익률, 부채비율(레버리지)의 곱으로 구성된다. 총자산 회전율은 다시 매출채권 회전율, 재고자산 회전율, 매입채무 회전율, 유형자산 회전율 등으로 계속해서 쪼개나갈 수 있다. 이익률도 영업이익률과 영업외수익률로 나눌 수 있고, 영업이익률은 다시 매출원가율과 판관비율로 나뉜다. 매출원가율은 재료비율, 노무비율, 기타경비율로 분해할 수 있다. 회사의 부채비율을 확인하는 것은 안전성에 대한 판단을 위해서이기도 하지만, 때에 따라서는 재무 레버리지를 통해 ROE를 극대화할 수도 있다. 이런 것들 때문에 각종 회전율이나 이익률, 레버리지를 분석하는 것이다. 이것들이 결국 ROE에 어떤 영향을 미치는지 확인하고, 어떻게 변할지 예측하기 위해서 재무제표 분석이 필요하다. 어느 정도 수준까지 분석해 나갈지는 투자자의 선택이다. 하지만 출발점과 도착점은 어쨌거나 ROE가 되어야 한다. ROE를 예측해야 적정주가도 산출할 수 있기 때문이다.

시중에 나와 있는 많은 재무분석 책들이 각종 비율을 소개한다. 부채비율, 유동비율, 당좌비율, 매출채권회전율, 재고자산회전율, 영업이익률, 당기순이익률 등등 비율만 100가지 넘게 소개하는 책도 있다. 그런데 막상 그것들을 어떻게 묶어서 어떻게 이용해야 하는지는 얘기하지 않는다. 식물도감처럼 세상에 있는 온갖 풀들을 소개하는데, 막상 그 지식을 이용해 뭘 해야 하는지는 얘기하지 않는 것이다. 책 제목이 '식물도감'이라면 그나마 그런가 보다 할 텐데, 제목이 막상 '건강에 좋은 채식'이니 당황스럽다. 제목과 일치하려면 채식이 몸에 끼치는 영향, 먹을 수 있는 식물과 독이 있는 식물, 손질법, 보관법, 요리법 등을 얘기해야 하지 않을까?

위에서 언급한 'ROE를 분해했을 때 나오는 여러 가지 비율'을 이해할 수 없고 모른다고 해서 걱정하지는 말자. 결국, 미래의 ROE를 예측하자는 것인데, ROE를 예측하는 방법은 앞에서 이미 얘기했다.

① 컨센서스가 있으면 컨센서스를 이용할 것

② 없다면 과거 추세나 평균을 이용할 것

물론 내공이 쌓이면 컨센서스나 과거 평균이 가진 한계를 넘어서는 자신만의 분석도 가능할 것이다. 어쨌든 우리의 도착점이 ROE를 추정하고 적정주가를 산정하는 데 있다는 걸 잊지 말자. '사 먹는 밥'은 식사를 망칠 확률도 낮고 편하다. 하지만 요리를 배워서 좋은 재료로 정성 들여 지은 '집밥'보다는 못하다.

책을 쓴 두 번째 이유는 지치고 외롭기 때문이다. 필자는 수년 전에 이 책에서 다룬 S-RIM을 출발점으로 잡은 이후 오랫동안 많은 길을 걸어왔다. S-RIM을 구성하는 ROE를 분해해서 회사를 분석하고, ROE가 가진 한계점들을 깨뜨렸다.[*] 그리고 이를 바탕으로 여러 가지 이벤트가 주가에 미치는 영향, 예를 들어 자기주식 취득이 적정주가를 어떻게 변화시키는지, CB나 BW의 발행은 어떤 영향이 있는지, 회사의 신규투자나 합병을 어떻게 해석하고 이용할지, 왜 몇몇 종목은 수년간 저평가 상태에서 벗어나지 못하는지 등에 대해 고민하고 분석했다. 하지만 이런 부분에 대해 같이 의견을 나누고 고민할 투자자가 없었다. 깊은 숲속에 있는 이름 모를 맛있는 과일을 발견했는데, 그 맛을 나눌 동료가 없는 것이다. 다들 RIM이라는 숲의 입구에서 서성거릴 뿐 그 이상 들어오질 못했다. 조금만 발을 들이더라도 1년에 한두 번 듣는 강의로는 한계가 있었다. 오랜만에 숲을 찾은 분들은 다시 입구를 찾고 거기서 발을 조금 들이는 것만으로 만족해야 했다. 이 때문에 보물 숲의 입구를 공개하기로 마음먹은 것이다. 많은 사람이 찾아오면 그중 누군가는 맛있는 과일이 있는 곳까지 도달하지 않을까 기대한다. 그때까지 필자는 잠시 엉뚱한 곳으로 떠나 약간은 새로운 도전을 해볼 계획이다.[**]

[*] 대표적인 한계로 과거 ROE에는 일시적 손익이 반영되어 있다는 점, 기타포괄손익으로 처리하는 평가손익은 반영되지 않고 오히려 ROE를 떨어뜨린다는 점 등 회계에 관한 심도 있는 이해가 필요한 부분이 있다. 이런 부분들 때문에 재무제표나 회계처리에 대한 공부가 필요하다.

[**] 물론 투자는 계속할 것이고, 연구도 계속할 것이다. 찾으시는 분들을 위해 온라인 강의는 찍어두겠지만, 금융권에서 해온 오프라인 강의는 몇 년간 거리를 두고 '학원 선생' 노릇을 할 계획이다.

누군가 이유 없이 나에게 호의를 베풀 때는 상대방에게 무언가 다른 목적이 있는 것은 아닌지 의심해볼 필요가 있다. 공짜로 리포트를 제공하는 증권사의 목표가 '고객이 돈을 버는 것'인지, '고객이 매매를 하는 것'인지 알고서 리포트를 읽을 필요가 있다. 마찬가지로 독자는 필자에 대해서도 의심을 해야 한다. 이 책을 쓴 의도가 무엇이냐는 거다.* 책을 써서 이름을 알리고, 인기를 얻어 방송에 출연해 명성을 얻은 다음, 추천주를 알려 준다는 명목으로 유료회원들에게 한 달에 100만 원씩 하는 회비를 벌어들일 목적은 아닐까? 그런 '개수작'을 부리는 것은 아닌지 꼭 의심해봐야 한다. 필자가 책을 쓰게 된 이유를 밝힌 것도 그 때문이다. 물론 이름을 알리고 인기를 얻으면, 강의가 늘고 몸값이 올라 더 많은 돈을 벌 수 있을지 모른다. 그게 일반적으로 책을 쓰는 사람들의 목적일지 모른다. 하지만 필자는 순서가 바뀌었다. 책의 첫 부분에서도 밝혔지만 이미 강의는 더는 소화하기 힘들 정도로 많이 하고 있다. 일정 때문에 매달 거절해야 하는 강의가 늘어나고 있을 뿐이다. 증권업계에서 얻은 명성 덕에 이미 방송에도 출연했다. 추가 출연을 제의받았지만, 시청률에 목매고 자극적인 내용을 원하는 방송의 속성과 맞지 않아 거절했다. 20분의 방송에 어설프고 자극적인 내용을 담기보다는 차라리 한 권의 책을 통해 의미 있고 깊은 내용을 전하고 싶다. 필자가 책을 쓰는 목적은 그보다는 다른 데 있다.

*전문작가가 아닌 이상 대다수의 저자는 책을 팔아 인세 얻는 것을 목적으로 하진 않는다. 특히나 소설이나 교양서적이 아닌 이런 전문서적은 베스트셀러가 되어도 돈벌이가 되지 않는다.

주식시장에서 잘못된 투자로 인해 인생을 포기하는 사람이 줄었으면 좋겠다.

그런 사람들이 많을수록 필자의 수익률은 조금 더 올라갈 수 있다. 본문 중에 잠깐 언급했던 대로 주식보다 바보가 많으면 돈 벌기는 훨씬 쉽다. 하지만 필자가 졸저 한 권 썼다고 해서 주식시장에 바보나 욕심에 눈먼 장님들이 갑자기 사라질 리는 없다. 대신 '투자실패로 일가족 동반자살'같은 기사는 더 보지 않았으면 좋겠다. 마지막에 와서 여태까지 공부한 게 단지 시작일 뿐이라고, 앞으로 가야 할 길은 훨씬 멀고 어렵다고 하는 이유도 여기 있다. 당신이 이 책을 덮으면서 가지는 생각이 다음 두 가지 중 하나였으면 좋겠다. 두 가지 모두 주식으로 인생을 망칠 확률을 줄일 수 있다.

1. 주식이 이렇게 어려운 거였어? 하지 말아야겠다.

2. 주식이 이렇게 어려운 거였어? 제대로 공부하고 올바른 투자를 해야겠다.

둘 중 한 가지 결론에 도달했다면 머리말에 적었던 '이 책을 읽고 책값 이상을 벌 수 있을까?'라는 의문에 답이 될 거라 자신한다.

당신의 인생이 이 책으로 인해 아주 조금이라도 더 행복했으면 좋겠다.

재무제표 모르면 주식투자 절대로 하지마라 최신 개정판

초판 1쇄 발행 2016년 12월 21일
1차 개정 28쇄 발행 2023년 4월 7일

지은이 | 사경인
펴낸이 | 권기대
펴낸곳 | 베가북스
등 록 | 2021년 6월 18일 제2021-000108호
주 소 | 07269 서울특별시 영등포구 양산로17길 12, 후민타워6~7층
전 화 | (02)322-7241
팩 스 | (02)322-7242
e-Mail | vegabooks@naver.com
홈페이지 | www.vegabooks.co.kr
블로그 | http://blog.naver.com/vegabooks
인스타그램 | @vegabooks
페이스북 | @VegaBooksCo
ISBN 979-11-90242-27-1 13320